Olle Hansson

Ciba Geigy Intern

D1660048

Olle Hansson

Ciba Geigy Intern

Aus dem Englischen von Brigitte Mentz
und Matthias Müller

Unionsverlag
Zürich

Der Titel des Originalmanuskripts lautet:
Inside Ciba-Geigy
© by Universitets Forlaget, Oslo

Die firmeninternen Dokumente von Ciba-Geigy sind zum Teil in englischer, zum Teil in deutscher Sprache abgefaßt. Sie wurden, wo immer möglich, nach der deutschen Fassung zitiert.

Die Übersetzung und Veröffentlichung dieser Texte ist mitfinanziert worden von der Christoph Eckenstein Stiftung für das Studium der Beziehungen zur Dritten Welt. Die Meinung des Autors muß mit derjenigen der Stiftung nicht notwendigerweise übereinstimmen.

© der deutschen Ausgabe by Unionsverlag 1987
Zollikerstr. 138, CH-8034 Zürich, 01/557282
Alle Rechte, insbesondere das Recht der Vervielfältigung und Verbreitung, vorbehalten. Kein Teil des Werkes darf in irgendeiner Form (durch Fotokopie, Mikrofilm oder ein anderes Verfahren) ohne schriftliche Genehmigung des Verlages reproduziert oder unter Verwendung elektronischer Systeme verarbeitet, vervielfältigt oder verbreitet werden.

Umschlaggestaltung: Heinz Unternährer, Zürich
Gesetzt aus der Bembo der Firma Linotype
Satz: Uhl + Massopust, Aalen
Druck und Bindung: Kösel, Kempten

ISBN 3-293-00119-X

Inhalt

Gewidmet denjenigen, denen im Zweifel
die Treue zu ihrem Gewissen wichtiger ist
als die Treue zu ihrem Chef

Über dieses Buch

Dieses Buch besteht aus zwei Teilen. Der erste Teil berichtet von einem Wirkstoff, der mehr Menschen zugrunde richtete als Thalidomid. Und doch ist diese Katastrophe weit weniger bekannt als die Contergan-Affäre, und die Lehren daraus wurden nicht gezogen.

Die Geschichte dieses Wirkstoffs zieht sich über zwanzig Jahre dahin, sie begann in den frühen 60er Jahren und ist noch nicht abgeschlossen. Erzählt wird sie von Dr. Olle Hansson, er nahm von Anfang an großen Anteil an ihr und tat mehr als irgendein anderer dafür, daß es zu einer Lösung kam. Es geht hier um die geschädigten Patienten, um Ärzte, die das Medikament verschrieben, um die Schweizer multinationale Firma Ciba-Geigy, die es verkaufte, sowie die Anwälte und Olle Hansson, die die Patienten beim Kampf um die Entschädigung unterstützten. Die Geschichte ist atemberaubend – aber sie stellt vor allem die Frage: Kann so etwas noch einmal geschehen? War das ein Ausnahmefall?

Um diese Frage geht es Olle Hansson im zweiten Teil. Er untersucht dort weitere, jüngere Fälle von Arzneimittel-Marketing durch Ciba-Geigy und andere Firmen. Einzigartig ist hier die reiche Information über die Diskussionen und Entscheidungsmechanismen im Innern der Firma. Es entsteht ein äußerst beunruhigendes Bild. Von anderen Pharma-Firmen hatte Hansson weit weniger interne Unterlagen, aber vermutlich verhielt sich Ciba-Geigy nicht anders als die meisten ihrer Konkurrenten. Haben sich die Firmen inzwischen geändert?

Der Kampf gegen Clioquinol weckte in vielen Ländern ein grundsätzliches Problembewußtsein und ebnete in Entwicklungsländern der Konsumentenbewegung den Weg für Aktionen zugunsten eines verantwortungsbewußten Umgangs mit Medikamenten. Dieser Bewegung war Olle Hansson ein Anreger und Berater. »Wenn heute die Medikamentenproblematik allmählich als eine Frage des Gesundheitswesens, des Kosumentenschutzes und der Menschenrechte gesehen wird, dann hat Olle Hansson diesen

Prozeß gefördert«, sagt Syed Rizwanuddin Ahmad von Health Action International *Pakistan.*

Olle Hansson starb, bevor er dieses Buch ganz fertigstellen konnte. Das wichtigste ist nun, daß wir alle die Lehren ziehen – die Ärzte, die im Gesundheitswesen Tätigen, die Beamten der Gesundheitsbehörden, die Politiker und jeder einzelne von uns. Die Weltgesundheitsorganisation hat ein großes Programm für einen verantwortungsbewußten Umgang mit Arzneimitteln begonnen, vor allem in den ärmsten Ländern.

Diese wesentliche Aufgabe braucht die rückhaltlose Unterstützung der pharmazeutischen Industrie, die in vielen Bereichen Hilfe leisten kann. Wenn dieses Buch dazu beiträgt, unseren Umgang mit Arzneimitteln zu verbessern, ist Olle Hanssons Hoffnung in Erfüllung gegangen.

Mai 1986

Dag Nilsson, Kongsvinger, Norwegen
Andrew Herxheimer, London, England
Eva Lachkovics, Penang, Malaysia
Mats Nilsson, Malmö, Schweden

Wir danken
Mille Hansson für seine Begeisterung, Ermutigung und praktische Hilfe; der International Organisation of Consumer Unions (IOCU), *die Eva Lachkovics beim Ordnen von Olle Hanssons Manuskripten unterstützt hat; Barry Taylor, der geduldig und sorgfältig Olle Hanssons Schwedisch ins Englische übersetzt hat; Ulrich Moebius für die großzügige Hilfe bei Eva Lachkovics' Reisekosten; Ulrich Moebius, Charles Medawar, Per-Knut Lunde und Stanley Adams für uneingeschränkten Rat.*

Vorwort

Dieses Buch wurde nicht zu Ehren von Ciba-Geigy geschrieben. Es schildert jene Tatsachen, über die die Konzernmanager nur ungern sprechen und die sie lieber vertuschen, verzerren, leugnen oder geheimhalten.

Hier werden vertrauliche interne Unterlagen, die von Firmenangehörigen zugänglich gemacht wurden, zum erstenmal offen an den Tag gebracht. Vielleicht hat dies negative Folgen für den Ruf und die finanzielle Position von Ciba-Geigy. Doch als Arzt bleibt mir keine andere Wahl. Der Arzt hat die vorrangige Pflicht, nicht zu schaden. Dies bedeutet unweigerlich: Ich darf nicht schweigen, wenn durch mein Wissen Leiden verhindert werden kann.

Wenn ich feststelle, daß mein Nachbar seine Frau und seine Kinder mißhandelt, dann muß ich versuchen, ihn daran zu hindern, selbst wenn dabei sein Ruf und seine finanzielle Lage Schaden nehmen. Dies ist meine moralische und gesetzliche Pflicht.

Das ist für jeden von uns selbstverständlich; für die Verantwortlichen bei Ciba-Geigy offenbar nicht.

Dieses Buch ist also eine Anklage gegen Ciba-Geigy. Es deckt auf, daß die Firma wider besseres Wissen unnötig Leid und Tod verursacht hat und daß sie bewußt und aus reiner Gewinnsucht Leben und Gesundheit von Menschen gefährdet. Mein oberstes Ziel ist also: solches Leiden zu beenden und in Zukunft zu verhindern.

Es gibt keine Medikamente ohne unerwünschte Nebenwirkungen. Risiken müssen daher immer gegen die zu erwartenden Vorteile abgewogen werden.

Um eine solche Nutzen-Risiko-Analyse durchführen zu können, müssen selbstverständlich vollständige und präzise Informationen über das betreffende Medikament verfügbar sein.

Um diese simple Tatsache (die mehr mit gesundem Menschenverstand zu tun hat als mit medizinischem Fachwissen) wird es im folgenden immer wieder gehen.

Der erste Teil dieses Buches schildert einen der abstoßendsten Skandale der modernen Medizin. Durch meine aktive Rolle bei den Ereignissen gewann ich Einblick in die Vorgehens- und Denkweise von Ciba-Geigy und anderen Beteiligten. Meine Darstellung erhebt dabei nicht den Anspruch auf Vollständigkeit. Dies gilt vor allem für den komplizierten Verlauf der Ereignisse während des jahrelangen Rechtsstreites vor den japanischen Gerichten.

Die Kapitel, in denen es um meine Beteiligung an diesen Ereignissen geht, können als Tagebucheintragungen verstanden werden. Objektiv im Sinne von »unparteiisch« sind sie also nicht, doch sind sie auf jeden Fall authentisch, und ich verbürge mich für ihre Genauigkeit. Dem Leser soll immer klar sein, wann es sich um meine persönliche Meinung handelt und wann um Tatsachen.

Der zweite Teil des Buches enthält hauptsächlich Informationen aus internen Dokumenten von Ciba-Geigy. An einigen Stellen wurden unwesentliche Details weggelassen, zum Schutz der Anonymität meiner Quellen.

All jene Personen, die mir vertrauliches Material zugänglich gemacht haben, sind damit ein außerordentlich hohes persönliches Risiko eingegangen. Dies gilt vor allem für jene, die in Basel arbeiten. Von anderen möglichen Folgen einmal abgesehen, sollte man besonders erwähnen, daß die Schweizer Rechtsprechung Wirtschaftsspionage mit militärischer Spionage gleichsetzt – und das Enthüllen von vertraulichen Firmendokumenten kann in der Praxis durchaus als Spionage (»wirtschaftlicher Nachrichtendienst«) interpretiert werden.

Wenn jemand wirtschaftliche Geheimnisse enthüllt, kann er sich nicht mehr sicher fühlen, selbst wenn diese Geheimnisse Sachverhalte an den Tag bringen, die im Grunde illegal sind. Gesetzesinterpretation ist bekanntlich keine einfache Aufgabe. Die Motive, die meine Kontaktpersonen veranlaßt haben, die vertraulichen Dokumente preiszugeben, werden in diesem Buch beschrieben. An dieser Stelle möchte ich lediglich klarstellen, daß sie ausschließlich aus Idealismus gehandelt haben. Finanzielle Erwägungen spielten dabei in keiner

Weise eine Rolle. Sie handelten weder zu ihren eigenen Gunsten noch im Interesse von Dritten.

Einmal zumindest soll es in diesem Buch gesagt sein: Ich bin kein Feind der pharmazeutischen Industrie, nicht einmal ein Feind von Ciba-Geigy, mit der dieses Buch sich so ausführlich beschäftigt. Ich habe auch keine Geschäftsinteressen in dieser Sache. Jegliche Feindseligkeit in meiner Haltung richtet sich ausschließlich gegen Handlungen, die medizinisch und ethisch nicht akzeptabel sind.

Olle Hansson

I.

»Ich hasse SMON«

von Mieko Hoshi

Mieko Hoshi erkrankte im Alter von 19 Jahren an SMON. Jetzt ist sie 23 Jahre alt. Sie ist mittlerweile erblindet, und ihre untere Körperhälfte ist gelähmt, so daß sie sich überhaupt nicht mehr bewegen kann und den ganzen Tag im Bett liegen muß.

In diesem Herbst ist es vier Jahre her, daß ich an SMON erkrankt bin. Ich bin jetzt eine Frau von 23 Jahren. Die untere Hälfte meines Körpers ist gelähmt, und durch SMON habe ich auch mein Augenlicht verloren.

Ende Juni 1969, als ich gerade von einer schönen Reise zurückgekehrt war, bekam ich Durchfall. Vielleicht hatte ich während meiner Reise verunreinigtes Wasser getrunken. Am 7. Juli ging ich zu einer ärztlichen Untersuchung ins Allgemeine Krankenhaus von Akita. Am 19. Juli wurde ich ins Krankenhaus eingeliefert, weil es mir von Tag zu Tag schlechter ging. Ich kann mich nicht erinnern, womit der Arzt mich an jenem Tag behandelt hat. Nachdem ich bestimmte Medikamente genommen hatte, kam es jedenfalls zu Lähmungserscheinungen, und ich konnte schon bald nicht mehr sprechen.

Ich war sehr erschrocken und schrieb meiner Mutter auf die Handfläche, daß ich den Mund nicht bewegen könne. Meine Mutter erschrak auch sehr und rief sofort zu Hause an. Alle Mitglieder meiner Familie versammelten sich an meinem Bett, aber sie wußten nicht, was sie gegen dieses plötzliche Unglück unternehmen sollten. Mir war so schlecht, daß meine Mutter mir auf den Rücken klopfte, und als ich dann etwas erbrochen hatte, was nach Medikament aussah, ging die Sprachbehinderung wieder zurück. Doch dann wurden meine Zehen ganz taub, und selbst wenn mir die Hausschuhe von den Füßen rutschten, merkte ich es nicht. Nach ein paar Tagen war die Taubheit schon bis zu den Knien hochgestiegen, doch wenn ich versuchte zu gehen – bis dahin hatte ich es noch geschafft –, hatte ich schreckliche Schmerzen. Ich ließ mir die Füße den ganzen Tag lang mit Eis kühlen. Im Laufe der nächsten vier bis fünf Tage stieg die Taubheit bis zur Hüfte hoch, so daß ich überhaupt nicht mehr gehen oder meine natürlichen Bedürfnisse verrichten konnte. Ich habe mich so elend gefühlt und mich so geschämt! Obwohl ich entschlossen gewesen war, für die Verrichtung meiner natürlichen Bedürfnisse niemals ein besonderes Hilfsmittel zu benutzen, mußte ich dann doch eins benutzen, als mein Bauch sich anfühlte, als würde er gleich platzen. Seitdem benutze ich ein Hilfsmittel, ganz am Anfang hat mir eine Krankenschwester dabei geholfen, doch später dann meine Mutter.

Die Taubheit stieg allmählich weiter nach oben, und ich konnte meine Arme nicht mehr vor der Brust kreuzen. Ich wärmte mir die Hände in heißem Wasser. Obwohl der Arzt sagte, daß es schädlich für mich wäre, weiter Schmerzmittel zu spritzen, bat ich ihn darum, weil ich so starke Schmerzen hatte. In dieser Zeit habe ich nur noch geweint. Der Arzt wollte mir Mut machen, indem er mir versicherte, daß ich bestimmt wieder gesund werden würde. Er kümmerte sich sehr um mich und wachte fast jede Nacht an meinem Bett. Doch immer wieder verfiel ich in den gleichen Zustand. Gegen Ende Juli in jenem Jahr flüsterten sich die Ärzte des Krankenhauses gegenseitig zu, daß ich die erste SMON-Patientin des Krankenhauses sei. Doch weil es damals noch nicht klar war, daß SMON von Clioquinol verursacht wird, wurde mir immer weiter Clioquinol gegeben, 6 Tabletten pro Tag, weil wir an die Ärzte und an die Medikamente glaubten. Die zwei Monate im Krankenhaus nahm ich nur Medikamente und Säfte zu mir.

Der Arzt hatte mir nicht gesagt, daß ich SMON-Patientin war, doch im August bat ich ihn, mir zu sagen, wie die Krankheit hieß, an der ich litt. Da ich damals nicht wußte, wie schrecklich SMON ist, war ich nicht so erschrocken, als ich den Namen hörte.

Die Taubheit erreichte schließlich meinen Hals, und mein Sehvermögen begann nachzulassen. Nur ein SMON-Patient kann sich vorstellen, was für fürchterliche Schmerzen ich in Händen und Füßen hatte. Niemand wußte, wie lange diese Schmerzen noch anhalten würden und wie lange ich noch leben würde. Ab Ende August fing ich an, mit Händen und Füßen, die ich im Bett gar nicht mehr bewegt hatte, Übungen zu machen. Wie schmerzhaft es war, die tauben Hände und Füße zu bewegen! Ich wollte nur noch sterben!

Bevor diese Krankheit mich so plötzlich ergriff, hatte ich in einem Bekleidungsgeschäft in der Stadt gearbeitet. Wenn meine Familie und meine Verwandten mich im Krankenhaus besuchten, konnten sie nur noch weinen. Damals konnte ich zum Glück meine Finger wieder ein bißchen bewegen, und ich begann, Rehabilitationsübungen zu machen. Meine Mutter fuhr mich im Rollstuhl zum Übungsraum.

Zu dieser Zeit konnte ich bis zu einer Entfernung von 15 Zentimetern die Dinge wenigstens als Schatten erkennen. Doch im Oktober verlor ich mein Augenlicht vollständig. Davor hatte ich große Angst gehabt. Es war ein solcher Schock. In meinem Kummer wollte ich wirklich nur sterben. In den zwanzig Jahren seit meiner Geburt hatte ich nie an einer Augenkrankheit gelitten, doch Anfang Oktober jenes Jahres erblindete ich völlig.

Ich wurde fast verrückt. Ärzte, Krankenschwestern und meine Mutter paßten immer abwechselnd auf mich auf. Ich wollte sterben, aber ich konnte mich nicht einmal selbst umbringen, weil ich Hände und Füße kaum bewegen konnte. Meine Mutter war von dem ständigen Pflegen so erschöpft, daß sie zwei Tage lang krank im Bett lag.

Ich glaubte meinem Arzt, als er sagte, daß ich mich nach vier Monaten wieder von meiner Augenkrankheit erholt haben würde. Doch die vier Monate gingen vorüber, und nichts geschah. Um diese Zeit fielen mir auch alle Fingernägel ab, und es dauerte eine Weile, bis neue nachwuchsen.

Januar 1970 aß ich wieder mit Stäbchen, obwohl meine Hände immer noch gelähmt waren. Im Februar konnte ich trotz der täglichen Rehabilitationsübungen meine Füße nicht mehr wie früher bewegen. Im März versank ich in Kummer, als mir klar wurde, daß SMON unheilbar ist. Danach wurde ich von einem hervorragenden Arzt in Sendai (Nordjapan) behandelt, doch der Zustand meiner Augen änderte sich nicht.

Als einer der Ärzte an mein Bett kam, um mich zu untersuchen, bat ich ihn, mein Herz zum Stillstand zu bringen, doch meine Bitte stieß auf taube Ohren, und als er mein Zimmer verließ, sagte er nur, daß ich warten solle, bis jemand mit einem schwachen Herzen ihn bäte, mein starkes Herz zu transplantieren. Ich weinte und weinte und aß überhaupt nichts mehr, um endlich zu sterben. Schließlich entschloß ich mich, nach Hause zurückzukehren, und am 29. März ging ich wieder nach Hause.

Mein Vater hatte einen sehr hohen Blutdruck, und jeden Abend nach der Arbeit kam er an mein Bett, um mich zu trösten. Doch zwei Wochen nach meiner Heimkehr brach er morgens im Büro zusammen. Er starb im Alter von 51 Jahren. Mein Vater hatte sich so sehr um mich gesorgt, daß er schon in diesem Alter verschied. Hätte ich doch an seiner Stelle sterben können. Ich wünschte mir, ich hätte sein Gesicht wenigstens noch einmal sehen können. Ich fragte mich, warum unserer Familie soviel Unglück zustoßen mußte und warum Gott uns nicht rettete.

Ich wurde rasch schwächer, und so mußte ich am 24. August wieder ins Krankenhaus. In dieser Zeit begann man anzunehmen, daß SMON durch Clioquinol verursacht würde. Doch was bedeutet das für mich? Man hatte mir vierzehn Monate lang Clioquinol gegeben. Es war alles zu spät. Ich weiß nicht, wie lange ich in dieser Ecke des Krankenhauses noch am Leben bleiben kann. Es ist mir unmöglich, mich von hier fortzubewegen, blind und gelähmt, wie ich bin.

Es hat mir niemand etwas über meine Krankheit erzählt, aber ich weiß, daß ich nie wieder gehen und sehen werde. Ich weiß einfach nicht, wen ich hassen soll. Ich wünschte, ich könnte wenigstens ein bißchen sehen und mit meinen Füßen gehen, selbst wenn ich mich dahinschleppen müßte. Es ist wirklich traurig, so zu denken. Der Arzt vom Krankenhaus hat uns gesagt: »Ich habe nie behauptet, daß das Krankenhaus und wir keine Verantwortung für Ihr Leiden haben. Wir werden also unser Möglichstes tun, Sie zu retten. Wenn Sie wollen, können Sie uns verklagen. Ich werde jede Strafe annehmen.« Meine Mutter und ich konnten nur weinen.

Meine Mutter ist fünfzig. Ich bete zu Gott um die Erhaltung ihrer Gesundheit. Ich kann keine Minute ohne sie sein. Wenn meine Mutter krank wird, dann weiß ich nicht, wie ich mich am Leben halten soll. Ich hasse SMON, das mich in eine so verzweifelte Lage gebracht hat. Ich möchte wieder gesund werden. Ich hoffe, die Versicherung wird uns noch besser helfen können.

Jetzt weiß ich, daß SMON unheilbar ist, sofern nicht in dieser Welt ein Wunder geschieht. Je mehr ich an diese Krankheit denke, desto mehr verliere ich das Interesse am Leben. Doch ich habe diese Gedanken immer wieder verworfen. Ich muß mir selber Mut machen, um weiterleben zu können. Im Rehabilitationszentrum habe ich versucht, meiner Mutter einen Schal zu stricken und auch eine Tasche und einen langen Rock für mich. Ich stricke jetzt ein Unterhemd für meine Mutter. Außerdem habe ich die Brailleschrift gelernt. Alle Leute im Krankenhaus sind sehr nett zu mir.

Solange die Krankenversicherung zahlt, kann ich im Krankenhaus bleiben. Doch wenn in einem Jahr die Versicherung abläuft, werde ich das Krankenhaus verlassen müssen, weil die Gebühren für die ärztliche Behandlung ohne Krankenversicherung hoch sind. Ich hoffe, daß die Pflegekosten so bald wie möglich vom Staat übernommen werden. Es ist selbstverständlich, daß der Staat uns großzügige und aktive Hilfe leisten muß, da die Regierung am 13. März 1972 zugegeben hat, daß SMON durch Clioquinol verursacht wird.

Die Geschichte von SMON in Japan

Mitte der 50er Jahre erkrankten immer mehr Menschen auf ähnliche Weise wie Mieko Hoshi. Die Ärzte rätselten über eine mysteriöse Krankheit, für die es keine spezifische Diagnose gab. Zunächst wurden nur vereinzelte Fälle einem begrenzten Kreis von Spezialisten bekannt.

Die ersten Fallgeschichten wurden gegen 1960 veröffentlicht, und bald folgten weitere Berichte aus verschiedenen Gegenden Japans. Als die Krankheit gegen 1963 epidemische Ausmaße annahm, gab Prof. Magoziro Maekawa in Kyoto den Anstoß zur koordinierten Erforschung dieser neuen Krankheit. Als mögliche Ursachen wurden unter anderem Umweltgifte, Vitaminmangel, Stoffwechselstörungen und ein Virus in Betracht gezogen. Lange Zeit konzentrierte sich die Forschung auf die Virustheorie.

Dr. Tadao Tsubaki, Professor für Neurologie an der Universität

Niigata, stieß zufällig auf SMON, während er über die Ursache eines anderen neurologischen Leidens forschte. Seine 1965 veröffentlichten Forschungsergebnisse führten zur Entdeckung der spezifischen Schädigungen, die die Krankheit im Körper verursachte, nämlich degenerative Veränderungen der Wirbelsäule, des Sehnervs und der peripheren Nerven. Somit wurden die Symptome erstmals in medizinischen Begriffen beschrieben. In der Folge wurde die Abkürzung SMON für *Subakute myelo-optische Neuropathie* verwendet.

Man hatte jedoch immer noch keinen Hinweis auf die Ursache dieser Krankheit gefunden, die in der zweiten Hälfte der 60er Jahre alarmierende Ausmaße annahm. Als sie massiv in dichtbesiedelten Gebieten ausbrach, sah die Regierung sich endlich zum Handeln veranlaßt, und im September 1969 richtete das japanische Gesundheitsministerium eine Sonderkommission ein, die alle Probleme im Zusammenhang mit SMON untersuchen sollte. Dr. Reisaku Kono, Professor für Virologie am Staatlichen Gesundheitsinstitut in Tokyo, wurde zum Vorsitzenden der SMON-Kommission ernannt.

Inzwischen war eine deutliche Konzentration von SMON-Fällen in geographisch begrenzten Gebieten und in bestimmten Krankenhäusern festgestellt worden, was die Virustheorie zu unterstützen schien.

Während des ersten Jahres forschten 44 Experten in verschiedenen Fachgebieten im Auftrag der Kommission, aber für die Ausbreitung der Krankheit, von der man annahm, daß es sich um eine Infektion handele, ließ sich kein Muster ermitteln. Doch die Ergebnisse der klinischen Studien, die in den *Diagnostischen Richtlinien für SMON* zusammengefaßt wurden, enthielten zwei Details, die später einen Anhaltspunkt für die Ursache der Krankheit liefern sollten: Kurz bzw. etwas länger vor Auftreten der neurologischen Symptome hatte die Mehrheit der SMON-Patienten an Darmstörungen mit Unterleibsschmerzen und Durchfall gelitten. Zweitens hatten einige SMON-Patienten einen grünen Belag auf der Zunge, und manchmal war auch ihr Stuhl grün.

Im Frühjahr 1970 machte man bei der Analyse des grünlichen Urins eines SMON-Patienten die Entdeckung, daß die Färbung auf eine Verbindung von Eisen und Oxychinolin zurückzuführen war. Letzteres war der Wirkstoff eines äußerst beliebten Mittels gegen Durchfall, das in Japan für alle möglichen Unterleibsbeschwerden benutzt wurde. Bei einer Kommissionssitzung am 30. Juni 1970 wurden diese Erkenntnisse zunächst als irrelevant eingestuft.

Zu dieser Zeit hatte die Kommission eine Reihe von Faktoren gesammelt, die auf eine Infektion hinzudeuten schienen; andererseits waren auch einige Faktoren ermittelt worden, die sich mit der Infektionstheorie nicht vereinbaren ließen. Doch obwohl Für und Wider sich ziemlich die Waage hielten, neigte die Mehrheit zur Infektionstheorie.

Es verblüffte Professor Tsubaki, der an der Sitzung vom 30. Juni teilgenommen hatte, daß das Auftreten und die Verbreitung von SMON Ähnlichkeit mit dem Muster der schrecklichen *Minamata-Krankheit* aufwies, und er war beeindruckt von den Faktoren, die gegen eine Virustheorie sprachen. Einige Jahre zuvor war er maßgeblich an den Forschungsarbeiten beteiligt gewesen, die zu der Entdekkung geführt hatten, daß die neurologische Erkrankung, die plötzlich in der Stadt Minamata und deren Umgebung aufgetreten war, durch Quecksilbervergiftung verursacht worden war. Er fragte sich, ob sich im Fall der rätselhaften SMON-Krankheit vielleicht eine ähnliche Ursache aufspüren ließ. Könnte der gemeinsame Nenner der SMON-Fälle nicht Oxychinolin sein?

Oxychinolin-Präparate waren weltweit schon seit Jahrzehnten in Gebrauch, wurden hochgeschätzt und für gänzlich risikolos gehalten. Professor Tsubakis Verdacht muß folglich absurd geklungen haben. Trotzdem begannen er und seine Kollegen, diese Möglichkeit nachdrücklich zu prüfen.

Im ersten Krankenhaus, das sie überprüften, litten etwa 30 Patienten an SMON. Alle hatten vor ihrer Erkrankung Oxychinolin eingenommen! »Obwohl ich nicht glauben wollte, daß zwischen diesem Arzneimittel und der Krankheit eine Verbindung bestand, führte ich die Untersuchung zu Ende«, sagte Tsubaki. Fieberhafte Nachforschungen in den darauffolgenden Wochen brachten immer mehr Tatsachen zutage, die auf Oxychinolin als Verursacher von SMON hindeuteten. So wurde z. B. festgestellt, daß in einem Krankenhaus nur die von einem bestimmten Arzt behandelten Patienten betroffen waren. Als er das Krankenhaus wechselte, »verschwand« SMON aus dem ersten Krankenhaus und begann im zweiten aufzutreten. Danach befragt, bestätigte der Arzt, daß er seinen Patienten Oxychinolin verschrieben hatte. An einem anderen Krankenhaus konnte das Auftreten von SMON mit der über einen bestimmten Zeitraum erfolgten Einnahme von Oxychinolin in Verbindung gebracht werden.

Weitere derartige Verbindungen ließen sich in rascher Folge herstellen. Freilich gab es dabei auch viele Schwierigkeiten. So zeigten sich z. B. Krankenhäuser und Ärzte nur ungern bereit, Einblick in Krankengeschichten zu geben. Schließlich konnten Tsubaki und seine Kollegen folgendes feststellen:

- 96% der von ihnen untersuchten SMON-Patienten hatten nachweislich Oxychinolin eingenommen, eine extrem hohe Zahl (verglichen mit anderen verschriebenen Medikamenten);
- die durchschnittliche Frist zwischen dem Beginn der Medikation mit Oxychinolin und dem Auftreten der Symptome betrug bei einer Tagesdosis von 600 mg Oxychinolin 48,8 Tage, bei einer Tagesdosis von 1200 mg 29,4 Tage;
- der Ausbruch von SMON an einem der untersuchten Krankenhäuser im Jahr 1968 ließ eine deutliche Parallele zwischen der Zahl der erkrankten Patienten und der Menge der verabreichten Oxychinolin-Tabletten erkennen;
- von 263 Patienten mit Darmbeschwerden, die mit Oxychinolin behandelt worden waren, wurden 29 SMON-Fälle ermittelt (11%), wohingegen unter 706 Patienten mit ähnlichen Darmbeschwerden, die *nicht* mit Oxychinolin behandelt worden waren, kein einziger Fall von SMON entdeckt wurde.

Schon die ersten Ergebnisse waren dermaßen überzeugend, daß das Gesundheitsministerium informiert wurde, noch bevor die Untersuchung abgeschlossen war und eindeutige Beweise vorlagen. Prof. Tsubaki erklärte später bei seiner Zeugenaussage während des Prozesses, daß er sich im klaren darüber war, welche enorme Verantwortung er damit auf sich genommen hatte:

> »Wenn sich nun herausgestellt hätte, daß SMON nicht von diesem Arzneimittel verursacht wurde, hätte das den betroffenen Pharma-Firmen erhebliche Unannehmlichkeiten bereitet, und schließlich hätte ich als Wissenschaftler und als Mensch eine schwerlastende Verantwortung auf mich nehmen müssen, weil

ich eine unbegründete Hypothese publik gemacht hätte. Ich war trotzdem bereit, diese Verantwortung zu übernehmen. Ich hatte mich schon einmal in einer ähnlichen Lage befunden, als es um die Minamata-Krankheit ging. Damals hatten wir auch schließlich den Mut aufgebracht, die Ergebnisse unserer Untersuchung zu veröffentlichen. Doch wir hatten zu lange gezögert und sind uns inzwischen der Tatsache schmerzlich bewußt, daß eine frühzeitigere Veröffentlichung unserer Erkenntnisse möglicherweise bewirkt hätte, daß es heute weniger Opfer der Minamata-Krankheit gäbe.«

Tsubaki gab zu, daß selbstverständlich eine Fehleinschätzung möglich war. Doch die Nachteile, die sich aus einem Verbot dieser Medikamente ergeben konnten, wurden im Vergleich zum Leiden der Patienten als nicht so schwerwiegend angesehen. Und so nahmen er und seine Mitarbeiter das Risiko auf sich und empfahlen, die Oxychinolin-Präparate zurückzuziehen. Doch anfangs stießen sie bei ihren ärztlichen Kollegen auf wenig Kooperationsbereitschaft. Am 7. August 1970 informierte Prof. Tsubaki die Medien über seinen Verdacht. Wahrscheinlich waren die Behörden aufgrund des starken Interesses seitens der Presse zu raschem Handeln gezwungen. Bereits am 8. September 1970 waren Verkauf und Verwendung von oxychinolinhaltigen Präparaten (186 waren damals in Japan auf dem Markt!) verboten.

Die Skepsis und die Proteste gegen die »voreilig gezogenen« Schlußfolgerungen wurden zum Schweigen gebracht, als im Herbst 1970 die Zahl neuer SMON-Erkrankungen rapide abnahm. Im Juli waren noch 177 neue Fälle verzeichnet worden, während im Oktober nur 16 und im November 4 neue Fälle gemeldet wurden. Insgesamt wurden von den Neurologen zwischen dem 1. Januar und dem 7. September 1970 399 Fälle gemeldet, zwischen dem 8. September 1970 und dem 30. September 1971 waren es lediglich 37. Man kann davon ausgehen, daß diese Zahlen die allgemein veränderte Lage widerspiegeln. Anfang 1971 war SMON so gut wie verschwunden!

Wie zu erwarten war, konzentrierte sich die Kommission in ihrer weiteren Forschung auf Oxychinolin, während einige einsame Anhänger der Virustheorie mit ihren Forschungsarbeiten immer mehr in die Sackgasse gerieten. Die verschiedenen Untersuchungen, die von der Oxychinolin-Hypothese ausgingen, fügten sich wie die Teile eines Puzzles zusammen – ein Puzzle, dessen Bild eindeutig zeigte, daß die »Viruskrankheit« SMON tatsächlich aus der Pillenschachtel kam.

Über viele Jahre hinweg hatten die Hersteller behauptet, daß Oxychinolin vom Darm nicht in den übrigen Körper resorbiert werde, jedenfalls nicht in meßbaren Mengen, und somit ein unbedenklicher Wirkstoff sei. Die vereinzelten Berichte, die die Behauptungen der Pharma-Firmen in bezug auf die Resorption widerlegten, waren kaum zur Kenntnis genommen worden, schon gar nicht in Japan. Doch jetzt konnten die japanischen Forscher mühelos nachweisen, daß Oxychinolin resorbiert wurde und sich ohne Schwierigkeiten im Urin und im Blutserum der Patienten nachweisen ließ, selbst mehrere Monate nach der letzten Einnahme.

Die Untersuchung verstorbener SMON-Patienten ergab, daß das Ausmaß der Schädigung und ihre Verarbeitung im Nervensystem von der Gesamtmenge des eingenommenen Oxychinolins abhing. Bemerkenswert war auch, daß sich Oxychinolin oft in der Netzhaut ansammelte sowie im Rückenmark und in den peripheren Nerven, vor allem im Ischiasnerv, der die Beinmuskulatur steuert.

Zu den Untersuchungsergebnissen, die Oxychinolin am stärksten belasteten, gehörten die Toxizitätstests, die an Hunden und Katzen durchgeführt wurden. Durch die Verabreichung von Oxychinolin ließen sich bei diesen Tieren neurologische Symptome herbeiführen, die dem klinischen SMON-Bild beim Menschen glichen. Darüber hinaus ließen sich auch mikroskopische Veränderungen im Nervensystem nachweisen, die mit jenen identisch waren, die der Obduktionsbefund bei SMON-Patienten ergeben hatte. Diese Ergebnisse standen im krassen Kontrast zu den von den Pharma-Firmen vorgelegten tierexperimentellen Untersuchungen.

Die SMON-Kommission ermittelte auch, daß die allmähliche Zunahme im Jahresverbrauch von Oxychinolin in Japan der jährlichen Zahl neu gemeldeter SMON-Fälle entsprach. Ende der 60er Jahre hatte der Gesamtverbrauch von Oxychinolin bereits 30 000 bis 35 000 kg pro Jahr erreicht. Bei einer geschätzten Tagesdosis von 1 Gramm entspricht dies dem Tagesverbrauch von 100 000 Menschen. Man schätzt, daß mindestens eine Million Japaner oxychinolinhaltige Präparate eingenommen haben.

Bis Ende März 1972 betrug die Gesamtzahl der von der Kommission erfaßten SMON-Fälle 9249, von denen 5839 als »erwiesen« und 3410 als »Verdachtsfälle« eingestuft wurden. Oft ging aus den Krankengeschichten oder anderen Untersuchungen nicht klar hervor, ob ein Patient Oxychinolin genommen hatte oder nicht. Dazu kommt, daß die Patienten gewöhnlich nicht wußten oder sich nicht erinnern konnten, welche Präparate ihnen verschrieben wurden. Oft haben auch Ärzte und örtliche Gesundheitsbehörden aus Furcht vor juristischen oder finanziellen Konsequenzen bewußt verhindert, daß der Zustand der Patienten bekannt wurde. Daher ergab sich die relativ hohe Zahl von »Verdachtsfällen«. Doch weil sie das für SMON typische klinische Bild aufwiesen, kann man mit großer Sicherheit davon ausgehen, daß es sich auch hier um SMON-Erkrankungen handelte.

Es sollte auch berücksichtigt werden, daß eine große Zahl leichter und selbst schwerer Fälle aus den eben genannten Gründen nie gemeldet oder entsprechend anerkannt wurden. Von zuverlässiger Quelle wird daher geschätzt, daß die tatsächliche Zahl oxychinolingeschädigter Menschen in Japan 20000 und womöglich sogar 30000 betragen hat! Um die letzten Zweifel auszuräumen, überprüfte die SMON-Kommission, ob eventuell irgendein Umweltgift beim Auftreten von SMON eine Rolle gespielt haben könnte. Trotz eingehender Analysen konnte nichts entdeckt werden, was auf eine solche Kausalbeziehung hinwies.

Detaillierte soziologische Untersuchungen ergaben, daß SMON-Patienten zusätzlich zu ihrer physischen Qual unter schweren sozialen und wirtschaftlichen Benachteiligungen zu leiden hatten und daß SMON zu der Zeit, als es noch als ansteckende Krankheit galt, in der Bevölkerung große Unruhe auslöste. Diese Angst bewirkte wiederum eine Isolierung der Patienten und damit eine Verschlimmerung ihres Elends. Und das hatte dann zur Folge, daß widersinnigerweise sogar noch mehr Oxychinolin genommen wurde. Obwohl das Arzneimittel keine therapeutische Wirkung hatte, glaubte man, daß man sich damit gegen SMON schützen könne, da die Krankheit gewöhnlich mit Symptomen im Unterleib einsetzte. Zum Beispiel gerieten viele Patienten, die sich im großen *Ihara City Hospital* wegen Magen-Darm-Beschwerden, wie Bauchschmerzen und Durchfall, behandeln lassen wollten, sogleich in den Verdacht, SMON zu haben. Sie wurden in die Isolierstation eingewiesen und mit einer massiven Oxychinolin-Therapie behandelt. Der Durchfall hörte nicht auf. Daß Oxychinolin selbst Durchfall verursachen kann, war den Ärzten nicht bekannt und war von den Herstellern nie erwähnt worden, obwohl ihnen diese Tatsache bekannt war. Zurückblickend ist es kein Wunder, daß sich bei diesen Personen SMON-Symptome entwickelten – die Einlieferungsdiagnose war »bestätigt«, und die Oxychinolin-Behandlung wurde fortgesetzt.

Ein ganz gewöhnlicher Durchfall, der höchstwahrscheinlich nach einigen Tagen auch ohne Behandlung abgeklungen wäre, sollte so bei vielen Menschen zu lebenslanger Invalidität führen! Untersuchungen der SMON-Kommission über die Genesungschancen von SMON-Geschädigten ergaben, daß ihr Zustand sich selbst in den schwersten Fällen nicht weiter verschlimmerte, sobald die Oxychinolin-Medikation abgebrochen wurde.

Am 13. März 1972 veröffentlichte die SMON-Kommission ihre Schlußfolgerung, daß »die große Mehrheit der Patienten, die klinisch als SMON-Fälle eingestuft wurden, unter neurologischen Schäden litten, die durch Oxychinolin verursacht wurden«. In einem weiteren Bericht aus dem Jahr 1974 wird festgestellt, daß sich seitdem keine neuen Tatsachen ergeben hätten, die Zweifel an der Richtigkeit dieser Schlußfolgerungen aufkommen lassen könnten.

Das Verbot von Oxychinolin im Jahr 1970 bewirkte, daß SMON in Japan verschwand – doch die meisten Opfer leben noch. Etwa 10 bis 15% von ihnen sind inzwischen nicht mehr fähig, ohne ständige Pflege auszukommen. Zwischen 3 und 6% sind vermutlich an SMON gestorben.

In Japan gab es 11 007 offiziell anerkannte SMON-Opfer.

Eine unvorhersehbare Tragödie?

Oxychinolin ist der Sammelname für eine Anzahl von Derivaten des chemischen Stoffes 8-Hydroxychinolin. Am bekanntesten ist 5-Chlor-7-Jod-8-Hydroxychinolin, gewöhnlich als Clioquinol oder Chinoform bezeichnet. Die antiseptischen Eigenschaften der Oxychinolin-Verbindungen wurden bereits 1881 von Donath entdeckt, und im Jahr 1900 lancierte Ciba Clioquinol als Wunderpulver unter dem Namen VIOFORM. Anfang der 30er Jahre wurden ermutigende Ergebnisse durch Clioquinol-Behandlung bei verschiedenen, zumeist unspezifischen Darminfektionen berichtet. 1934 begann Ciba Clioquinol unter dem Namen ENTERO-VIOFORM zur oralen Anwendung bei solchen Infektionen zu vertreiben.

VIOFORM und ENTERO-VIOFORM waren ein Glückstreffer für die Firma und blieben es auch nach ihrer Fusion mit Geigy im Jahr 1970. Wenige Arzneimittel erzielten einen derart phantastischen finanziellen Erfolg. Die Qualitätsansprüche, die man damals an Arzneimittelprüfungen stellte, waren nicht hoch, was den anhaltenden Erfolg der Produkte teilweise erklären mag.

ENTERO-VIOFORM hatte einen derart gesicherten Ruf als unbedenkliches und wirksames Präparat, daß Ciba über Jahrzehnte nie aufgefordert wurde, eine nach modernen wissenschaftlichen Maßstäben erarbeitete Dokumentation über den therapeutischen Wert, die pharmakologischen Eigenschaften und die Nebenwirkungen vorzulegen. Daß das Präparat weltweit über 50 Jahre lang, fast bis 1985, als Produktion und Verkauf eingestellt wurden, von Millionen von Menschen verwendet wurde, war Ciba-Geigys Hauptargument für die Qualität des Produktes. Ähnliche Argumente wurden für das clioquinolhaltige Kombiprodukt MEXAFORM vorgebracht.

Vielleicht gab es nie einen Grund, das Produkt zu prüfen, wie es für den angeblich verantwortungsbewußten Arzneimittelhersteller selbstverständlich wäre. Vielleicht gab es nie den leisesten Hinweis auf irgendwelche potentiell ernsten Nebenwirkungen. Vielleicht war SMON gänzlich unvorhersehbar. Oder vielleicht doch nicht?

Über das erste SMON-ähnliche Muster von Symptomen berichtete 1935,[1] ein Jahr nach der Einführung der oralen Darreichungsform von

Clioquinol, P. B. Grawitz in einer argentinischen Zeitschrift. Bei einem von 153 Patienten, die gegen Amöbenruhr mit Clioquinol behandelt worden waren, entwickelte sich eine ernste neurologische Krankheit, zu deren Symptomen eine Lähmung der Beine gehörte. Kurz darauf, im März 1935, wurde ein zweiter Bericht von einem gewissen Dr. E. Barros veröffentlicht,[2] der die vage Haltung des Autors des ersten Berichts heftig kritisierte und zwei weitere Fälle von ähnlichen Clioquinol-Nebenwirkungen beschrieb. »Um die Würde des Berufs und die Gesundheit des Volkes zu schützen«, wies er seine Kollegen eindringlich darauf hin, daß durch Clioquinol ernste neurologische Störungen auftreten können. Er schrieb auch, daß Ciba nach Erhalt seines Berichts versprochen habe, Ärzten zu empfehlen, das Arzneimittel nicht höher als empfohlen zu dosieren. Wie sich später herausstellte, hat die Firma dies nie getan.

Meine eigenen Erfahrungen mit dem Arzneimittel, die mich später mit der SMON-Affäre in Berührung brachten, machten das Argument, daß SMON unvorhersehbar und unvermeidbar gewesen sei, noch zweifelhafter.

1962 wurde auf der Kinderstation in Uppsala, wo ich damals arbeitete, ein kleiner Junge behandelt, der an schwerer Acrodermatitis enteropathica litt. Dies ist eine seltene Haut- und Darmkrankheit, die bei Kindern meist im Zusammenhang mit dem Abstillen auftritt. Damals war noch nicht bekannt, daß die Symptome durch die beeinträchtigte Fähigkeit des Darmes, Zink aufzunehmen, verursacht wurden und daß sie leicht behoben werden können, indem man zusätzlich Zink verabreicht. Wir wandten also die seit den 50er Jahren übliche Standardbehandlung an, die der amerikanische Arzt E. H. Schlomovitz entdeckt hatte, nämlich die mit Oxychinolin.[3] In Verbindung mit dem Oxychinolin konnte das Zink in die Blutbahn gelangen, und die Kinder blieben frei von Symptomen. Dieser Mechanismus wurde aber erst sehr viel später bekannt.[4]

Bei diesem Jungen zeigte sich keine Besserung, solange man sich an die in der Fachliteratur erwähnte Dosierung hielt. Bei höherer Dosierung schlug die Behandlung jedoch an, und der Junge konnte schließlich ohne Beschwerden entlassen werden. Die Oxychinolin-Therapie mußte aber fortgesetzt werden, da eine Absetzung des Medikaments sofort zu einem Rückfall führte. Wir, die wir den Jungen behandelten, wußten nichts über den Wirkungsmechanismus von Oxychinolin. Es fiel jedoch schwer, der gängigen Auffassung Glauben zu schenken, daß es durch seinen lokalen antiseptischen Effekt wirkte. Eine ganze Reihe anderer antibakterieller Substanzen waren bei Patienten, die an der gleichen Krankheit litten, ohne Erfolg ausprobiert worden. Ich stellte zudem fest, daß der Dosierungsunterschied zwischen »keine Wirkung« und »volle Wirkung« relativ klein war. Das brachte mich zu der Überzeugung, daß das verabreichte Oxychinolin zumindest teilweise vom Darm resorbiert wurde und daß es dieser Anteil war, der den therapeutischen Effekt ergab.

Mit dieser Hypothese im Hinterkopf ging ich noch einmal die Fachliteratur durch, und diesmal stieß ich auf Tierexperimente, aus denen hervorging, daß Oxychinolin in konjugierter (mit anderen Stoffen verbundener) Form im Urin von Tieren nachgewiesen werden konnte, wenn ihnen zusammen mit der Nahrung Oxychinolin gegeben wurde! Man konnte daher mit großer Sicherheit annehmen, daß es auch vom menschlichen Organismus resorbiert wurde. Ich schrieb daher die Hersteller an, um weitere Informationen zu bekommen.

Die Reaktion auf diese Anfrage war höchst unbefriedigend.

Unterdessen begann ich die Ausscheidung von Oxychinolin im menschlichen Urin zu untersuchen. Hierbei half mir Hans Larsson, der als Ingenieur bei der Pharma-Firma Ferrosan arbeitete, die auch ein Oxychinolin-Produkt herstellte. Wir untersuchten den Urin von Patienten, die an Acrodermatitis enteropathica litten, von Kontrollpatienten sowie unseren eigenen Urin vor und nach der Einnahme von Oxychinolin.

Das Ergebnis fiel aus wie erwartet. Oxychinolin konnte in nicht unwesentlichen Mengen im Urin nachgewiesen werden! Zufällig hatten wir Oxychinolin auch im Urin eines kleinen Mädchens entdeckt, das mit einer oxychinolinhaltigen Salbe behandelt worden war. Offensichtlich war hier das Oxychinolin durch die Haut eingedrungen. 1963 veröffentlichten wir diese Beobachtungen in einem Aufsatz über Acrodermatitis enteropathica.[5]

Als der kleine Junge mit der schweren Acrodermatitis enteropathica am 2. Oktober zu einer Nachuntersuchung zu uns kam, entdeckten wir Anzeichen einer Sehschwächung. Wir überwiesen ihn zur Augenuntersuchung an Dr. Lennart Berggren, der Optikusatrophie (Sehnervenschwund) diagnostizierte. Es gab zwingende Gründe anzunehmen, daß wir es bedauerlicherweise mit einer Nebenwirkung der Oxychinolin-Behandlung zu tun hatten: unsere neue Erkenntnis, daß Oxychinolin tatsächlich vom Darm resorbiert wurde, die hohe Dosis, die wir zu geben gezwungen waren, sowie die Tatsache, daß Sehnervenschwund als ein Symptom bei Acrodermatitis enteropathica bisher nie beobachtet worden war. Um diesen Zusammenhang zu untermauern, führten wir weitere Untersuchungen durch. Daher wurde unser starker Verdacht, daß Oxychinolin ernste Nebenwirkungen verursacht, erst 1966 publiziert.[6] Unmittelbar nach der Veröffentlichung erschien ein Bericht, der einen ähnlichen Fall in den USA beschrieb.[7] Seither wurde eine beträchtliche Anzahl von gleichgelagerten Fällen veröffentlicht.

1968 veröffentlichten wir eine Untersuchung über den Resorptionsgrad verschiedener Oxychinolin-Präparate. Jeder Patient erhielt eine einzige Tablette eines Präparates, und über einen Zeitraum von 10 Stunden wurde die im Urin ausgeschiedene Menge gemessen. Zwischen 4,6% und 34,9% der verabreichten Menge konnte im Urin durch diesen einfachen und billigen Test nachgewiesen werden. Die Pharma-Firmen hätten ihn zwanzig Jahre früher durchführen müssen.

Die angesehene medizinische Zeitschrift *The Lancet* befaßte sich kurz darauf in einem Leitartikel mit unseren Ergebnissen. Sie mahnte zur Vorsicht mit Oxychinolin und riet von der verbreiteten Praxis ab, bei unspezifischem, gelegentlichem Durchfall Produkte mit dieser Substanz zu verwenden. Vernünftige Worte, die freilich keinerlei Auswirkung auf die Einstellung der Pharma-Firmen gegenüber ihren »Bestsellern« hatten.

1968 erschienen weitere Publikationen, die neue negative Fakten über Oxychinolin aufdeckten. L. O. Mentzing und O. Ringertz stellten fest, daß die vorbeugende Einnahme von Oxychinolin Touristen nur noch anfälliger für die gefürchtete »Salmonelleninfektion« machte.[8] Eine weitere Studie ergab, daß mit Salmonellenbakterien infizierte Mäuse, die mit Oxychinolin behandelt wurden, eine höhere Sterblichkeit aufwiesen als ebenfalls infizierte unbehandelte Mäuse.[9]

Im April berichteten Birgitta Strandvik und Rolf Zetterström in *Lancet* über einen zwölfjährigen schwedischen Jungen, der bei einer akuten Magen-Darm-Infektion mit einem Oxychinolin-Produkt behandelt worden war und schwere neurologische Symptome aufwies, jenen vergleichbar, die bei den japanischen SMON-Fällen auftraten. Die akute Sehbehinderung blieb unheilbar. Schon 1966 hatte Ciba einen Bericht über Sehschwächung nach einer Behandlung mit ENTERO-VIOFORM aus Australien erhalten.

Es gab auch reichlich Belege für die Toxizität bei Tieren, wovon Ciba ebenfalls in Kenntnis gesetzt wurde. Am 22. Dezember 1962 informierte der Schweizer Tierarzt Dr. P. Hangartner Ciba in Basel, daß er im Laufe seiner Praxis beobachtet habe, daß mehrere Hunde, die mit ENTERO-VIOFORM gegen Durchfall behandelt worden waren, epileptische Krämpfe bekommen hätten, die in manchen Fällen tödlich endeten. Er frage sich, ob Ciba entweder aus der Fachliteratur oder aus anderen Quellen von derartigen Nebenwirkungen wisse. In ihrer Antwort behauptete Ciba, daß es sich bei den von Dr. Hangartner beobachteten Symptomen um allergische Reaktionen handle, und bestritt, Kenntnis von ähnlichen Berichten zu haben. In dem Brief ging Ciba mit keinem Wort auf die epileptischen Krämpfe ein. Statt dessen empfahl man Dr. Hangartner den Gebrauch von Cibas Antiallergikum VETIBENZAMIN, falls es wieder einmal zu »allergischen Reaktionen« auf ENTERO-VIOFORM käme.

Dr. Hangartner hatte keinen Anlaß, eine allergische Reaktion zu vermuten, vielmehr schien alles auf eine Resorption von ENTERO-VIOFORM hinzudeuten. Also unternahm er einen weiteren Versuch, das Problem mit Ciba zu klären, und wies darauf hin, daß man bei Durchfall von einer verstärkten Durchlässigkeit des Darmes für ENTERO-VIOFORM ausgehen müsse. Doch Ciba war offenbar nicht willens, diese Warnung ernst zu nehmen. Ihre zweite Antwort glich mehr oder weniger der ersten. Hangartner verlor das Interesse an dieser fruchtlosen Korrespondenz. Sein Bericht lag über ein Jahr bei Ciba, ohne daß die Firma irgend etwas unternahm. Als er wieder anfing, Erkundigungen einzuholen, erhielt er einen Telefonanruf von Ciba:

> »Dieser Mann – ich kann ihn nicht als Kollegen bezeichnen – forderte mich schlicht und einfach auf, meinen Bericht über ENTERO-VIOFORM zurückzuziehen. Wir führten äußerst heftige

Telefongespräche, und er versuchte mich davon zu überzeugen, daß meine Beobachtungen an den Hunden falsch seien!«

Unerschüttert in seiner Überzeugung veröffentlichte er 1965 seine Beobachtungen. Das veranlaßte Ciba, einen Rundbrief an Tierärzte zu schicken, mit der Warnung, daß ENTERO-VIOFORM und MEXAFORM bei Hunden unerwünschte Nebenwirkungen haben könnten. Beide Produkte seien für den Gebrauch beim Menschen bestimmt und sollten nicht für Hunde verwendet werden. Statt dessen empfahl man das Ciba-Produkt FORMO-CIBAZOL.

Im selben Jahr veröffentlichte die schwedische Tierärztin Birgitta Schantz zusammen mit B. Wikström klinische Untersuchungen, die mit denen Hangartners identisch waren.[10]

Kurz danach wurde sie von Ciba in die Schweiz eingeladen, um die wissenschaftlichen Aspekte ihrer Berichte gemeinsam zu diskutieren. Sie wurde bestens bewirtet und zu Sightseeing-Rundfahrten eingeladen. Man schien es nicht sonderlich eilig zu haben, die wissenschaftliche Diskussion zu beginnen. Als Oxychinolin endlich zur Sprache kam, versuchten die Verantwortlichen von Ciba, die Ärztin von der Harmlosigkeit dieser Produkte zu überzeugen. Damals wußte sie nichts von der Existenz anderer Berichte über die Schädlichkeit von Oxychinolin. Ihre Gastgeber erwähnten Dr. Hangartner mit keinem Wort.

Als sie 1969 Ciba über einige interessante Ergebnisse unterrichtete, zu denen sie im Verlauf weiterer Untersuchungen gekommen war, schien man dort nicht sonderlich interessiert. Und als Ciba sich sechs Jahre später wieder an Hangartner wandte – inzwischen mit Geigy fusioniert und bereits in die japanischen SMON-Verfahren verwikkelt –, versuchte man ein weiteres Mal, ihn von der Fehlerhaftigkeit seiner Beobachtungen zu überzeugen, wobei die Argumente mit eigenen Tierversuchen gestützt wurden.

Tatsache war aber, daß Ciba bereits 1939 bei Tierversuchen mit Oxychinolin ungünstige Ergebnisse erhalten hatte. Aber weder Hangartner noch Schantz wurden über ein Protokoll einer Toxizitätsuntersuchung von ENTERO-VIOFORM vom 19. Juni 1939 informiert, das folgende Details enthält: *Katze Nr.* 1 litt am 2. Tag unter starken Krämpfen und starb am 3. Tag unter starken Krämpfen; *Katze Nr.* 2

zeigte nach 12 Stunden leichte Krämpfe, wurde am 2. Tag apathisch und hatte von Zeit zu Zeit Krampfanfälle, bis sie starb; *Katze Nr.* 3 hatte am 2. Tag leichte Krämpfe; *Katze Nr.* 4 hatte nach 3 bis 4 Stunden einen unsicheren Gang und starb; *Katze Nr.* 5 zeigte nach einigen Stunden schwere Krämpfe und starb; *Katze Nr.* 6 hatte nach 2 Stunden schwere Krämpfe und starb; *Katze Nr.* 9 war reizbar, zitterte und war apathisch, bis sie starb; *Katze Nr.* 13 starb unter heftigen Krämpfen (in allen Fällen nach der Verabreichung von ENTERO-VIOFORM). Im Protokoll wird auch erwähnt, daß ein Hund, dem man 0,25 g VIOFORM pro kg gegeben hatte, »schwere Vergiftungserscheinungen zeigte, die erst nach fünf Tagen wieder verschwanden«.

Sowohl Hangartner als auch Schantz wurden 1975 von Prof. Hesse und Dr. Thomann von Ciba-Geigy (Basel) aufgesucht. Inzwischen hatten die Anwälte der japanischen SMON-Patienten die Arbeiten der beiden Tierärzte ausfindig gemacht und mit ihnen Kontakt aufgenommen. Von Ciba-Geigys Standpunkt aus schien es trotz der vorangegangenen Erfahrung lohnenswert zu prüfen, ob man die beiden Tierärzte vielleicht von ihrem Standpunkt abbringen könne.

Kurz nachdem Berggren und ich 1966 in *Lancet* unseren Verdacht veröffentlicht hatten, daß Oxychinolin eine schwere Schädigung des Sehnervs verursachen könnte, wurden auch wir von Ciba kontaktiert. Man lud uns nach Basel ein, wo wir mit Cibas Forschungsdirektor zusammentreffen sollten, um über eine eventuelle Zusammenarbeit bei der Forschung zu diskutieren. Wir standen damals schon mit Birgitta Schantz in Verbindung und waren nicht daran interessiert, das gleiche wie sie zu erleben. So machten wir den Vorschlag, der Forschungsdirektor solle uns in Uppsala besuchen, wenn er mit uns sprechen wolle. Am 1. April 1970 wandte ich mich schriftlich an Ciba mit der Bitte, mir ihre gesamte Dokumentation über ENTERO-VIOFORM und MEXAFORM zuzuschicken. Meine Bitte löste bei Ciba Besorgnis aus. Einer ihrer Pharmakologen rief mich einige Tage später an, um mir die Materialauswahl zu erläutern, die Ciba mir am selben Tag zuschicken wollte. Ich nahm die Gelegenheit wahr, ihm zu sagen, daß ich besonders an einer Erklärung interessiert sei, warum in den Informationstexten zu Cibas Oxychinolin-Produkten das Risiko des Sehnervschwunds überhaupt nicht erwähnt sei. Unmittelbar nach dem Telefongespräch machte ich mir die folgende Notiz: »Hieraus geht hervor, daß Ciba in der Tat über Optikusatrophie als Nebenwirkung der Entero-Vioform-Behandlung Bescheid weiß, aber da die schwedische Arzneimittelbehörde und die Kommission zur Beobachtung von unerwünschten Nebenwirkungen nicht angeordnet hatten, daß dies im schwedischen Arzneimittelverzeichnis aufzuführen sei, hat [Ciba] es auch nicht getan. Es ist nicht möglich festzustellen, ob dies auf ein Versehen zurückzuführen ist.«

In der Folge fügte Ciba dem Informationstext tatsächlich hinzu, daß für ihr Produkt ENTERO-VIOFORM »Optikusatrophie nach längerer Anwendung von Oxychinolin-Derivaten gemeldet wird«. Doch bei Cibas anderen Oxychinolin-Produkten CARBANTREN und MEXAFORM wurden keine Nebenwirkungen aufgeführt. Es wurden ebenfalls keine Nebenwirkungen aufgeführt für die Oxychinolin-Produkte CANTIL MED COLEPUR und COLEPUR, die von der schwedischen Firma Draco hergestellt wurden, die sogar angab, daß »keine Nebenwirkungen ... bekannt sind«.

Andere Hersteller von Oxychinolin zeigten auch kein größeres Verantwortungsbewußtsein. Ein Brief von Sandoz vom 3. Juli 1970 mit zwei unleserlichen Unterschriften lautete folgendermaßen:

> »Bezug nehmend auf den Besuch unseres Mitarbeiters Herrn Arvidsson bei Ihnen, erlauben wir uns, Ihnen in der Anlage Literatur über unser Präparat Intestopan zuzuschicken. Was die Augenschädigungen betrifft, die im Zusammenhang mit der Substanz Broxychinolin [die dem Oxychinolin verwandt ist] gemeldet wurden, wurde unseres Wissens keiner der Patienten mit Intestopan behandelt, weshalb die betreffende Literatur auch nicht in unserem Literaturverzeichnis angeführt ist. Wir hoffen, Ihnen hiermit gedient zu haben, und sind selbstverständlich gerne zu weiteren Auskünften bereit.«

Dies ist in all seiner Schlichtheit ein erschreckendes Dokument. Das Sandoz-Präparat mit dem Phantasienamen INTESTOPAN enthält Broxychinolin als Wirkstoff, doch in der Bibliographie ging man vom Markennamen aus. Die gemeldeten Nebenwirkungen von Broxychinolin schienen die Firma nicht im geringsten zu beunruhigen.

Auch 1971 wurden im schwedischen Arzneimittelverzeichnis immer noch keine Nebenwirkungen für INTESTOPAN erwähnt, auch nicht für das Oxychinolin-Produkt FENILOR, das von der Union Chimique Belgique (UCB) hergestellt wurde. Zyma nannte zwar bei ihrem Produkt ZYMASAN einige Nebenwirkungen, versicherte jedoch zugleich, daß sie unbedeutend seien.

Zwischen Ciba-Geigy (Ciba und Geigy hatten 1970 fusioniert) und mir fand noch ein weiterer unbefriedigender Briefwechsel statt, in dem es um ihre Arzneimittelbeschreibung im Arzneimittelverzeichnis ging. Doch dann setzte man sich wegen einer gänzlich anderen Angelegenheit mit mir in Verbindung. Gegen 1972/73 wollte man meine Ansicht darüber hören, wie die Firma auf der Grundlage vorhandener Erkenntnisse neurologische Nebenwirkungen von der Art, wie sie bei SMON auftraten, hätte voraussehen können!

(Falls sich nämlich der Zusammenhang zwischen Oxychinolin und SMON belegen ließ, hätte sich Ciba-Geigy bei den japanischen SMON-Verfahren auf eine zweite Verteidigungslinie zurückgezogen und ins Feld geführt, daß niemand die neurologischen Nebenwirkungen vom SMON-Typus habe voraussehen können. Ich vertrat da eine andere Meinung.)

In ihrer Verteidigung berief sich Ciba-Geigy dann auch – zu Recht – auf den Artikel 709 des japanischen Zivilrechts, der besagt, daß eine Person nur dann für einen Unfall haftbar gemacht werden kann, wenn sie ihn absichtlich oder durch Fahrlässigkeit verursacht hat.

Über den Nutzen von Oxychinolin

Oxychinolin birgt in sich das Risiko schwerwiegender Nebenwirkungen bei menschlichen Patienten. Hinweise auf diese Tatsache waren Ciba, dem Hersteller dieses Wirkstoffes, spätestens seit 1935 bekannt, also bereits ein Jahr nach der Einführung. In so einer Situation ist eine Nutzen-Risiko-Analyse erforderlich. War denn Oxychinolin so wirksam, daß man es sich leisten konnte, ernste Warnzeichen zu ignorieren? War es ein so großer Segen für die Menschheit?

Es war auf jeden Fall ein finanzieller Segen für Ciba. Man kann mit einigem Recht vermuten, daß die Oxychinolin-Produkte VIOFORM, ENTERO-VIOFORM und MEXAFORM wesentlich zur finanziellen Stabilität von Ciba beigetragen haben, zur Entwicklung dieser Firma zu einem der größten multinationalen Pharma-Unternehmen der Welt.

Medizinisch gesehen basierte der Erfolg des Arzneimittels eher auf seinem guten Ruf, der von einem Arzt zum andern weitergegeben wurde, als auf dem eindeutigen Nachweis seiner Wirksamkeit. Die vage Terminologie von Cibas Gebrauchsempfehlungen läßt auf einen Mangel an harten Fakten schließen; z. B. führte 1966 Cibas Packungsprospekt in Schweden folgende Indikationen auf: »Saure und fermentative Dyspepsie, Sommerdurchfall, Enterokolitis, Dysenterie, Infektionen durch Trichomonaden oder Lamblien usw.«

Selbst ein Leser, dem die medizinischen Begriffe nicht vertraut sind, wird erkennen, daß Angaben wie »Sommerdurchfall« und vor allem »usw.« kaum eine wissenschaftliche Grundlage haben können.

Bereits 1954/55 forderte die US-Arzneimittelbehörde (FDA) Ciba auf, die Indikation »einfacher Durchfall« zu ändern. Man war der Meinung, daß sie zu ungenau sei und darauf abziele, das Arzneimittel auch bei Beschwerden nichtinfektiöser Art wirksam erscheinen zu lassen. Die Indikation wurde in »gewöhnliche infektiöse Diarrhö« geändert.

Einige Jahre später, 1959, legte ein amerikanisches Forschungsteam an der Cornell University Untersuchungen vor, die für Oxychinolin, dessen Wirksamkeit in einem seiner häufigsten Anwendungsgebiete getestet wurde, negativ ausfielen.[11] Bei einer klinischen Prüfung mit 620 Freiwilligen wurde die Wirksamkeit von Clioquinol zur Verhinderung von »Reisedurchfall« mit einem Antibiotikum und mit einem Placebo verglichen. Die Patientengruppe, die mit Clioquinol behandelt wurde, wies tatsächlich insgesamt die meisten Fälle von Durchfall auf und auch die meisten Fälle von akutem Durchfall!

Die FDA informierte Ciba[12] daraufhin, daß Oxychinolin-Präparate ihrer Meinung nach rezeptpflichtig werden sollten, da die von den medizinischen Beratern der Behörde durchgeführten Untersuchungen ergeben hätten, daß die Präparate nur bei ernsten Beschwerden wie Amöbenruhr verordnet werden sollten. Man äußerte sich auch besorgt über das breite Anwendungsgebiet, das für ENTERO-VIOFORM empfohlen wurde, und kritisierte den immer noch vagen Begriff

»gewöhnliche infektiöse Diarrhö« sowie die Behandlungsempfehlungen für Säuglinge und Kleinkinder. »Bei Kindern ist jede Form infektiöser Diarrhö eine ernste Erkrankung (s. o.), bei der der Einsatz von ENTERO-VIOFORM keine anerkannte und akzeptierte Behandlungsmethode ist.« Es war somit klar, daß – schon um 1960 – nach Auffassung der FDA Oxychinolin nur für die Behandlung von Amöbenruhr sinnvoll erschien.

Im Mai 1972 stellte Ciba-Geigy »aus kommerziellen Gründen« den Verkauf von ENTERO-VIOFORM in den USA ein, bevor die FDA Schlußfolgerungen aus den Ereignissen in Japan ziehen konnte.

Die Stellungnahme der FDA ist besonders bemerkenswert, weil sie zeigt, daß sogar schon in den 50er Jahren die Wirksamkeit von Oxychinolin in Frage gestellt wurde und schon früh Fachleute zur Überzeugung gelangten, die Nützlichkeit des Arzneimittels beschränke sich auf die Behandlung von Amöbenruhr. Es scheint, daß eine Kombination von klinischer Urteilskraft und gesundem Menschenverstand ausgereicht hat, um die FDA zu dieser weitblickenden Stellungnahme zu veranlassen.

Erst mehrere Jahre später wurden ähnliche Überlegungen auch in Schweden angestellt, dort ausgelöst durch die Berichte von ernsten neurologischen Nebenwirkungen und bakteriologischen Untersuchungen. Im März 1969 forderte das Gesundheitsamt von den Herstellern eine neue und aktuelle Dokumentation über den therapeutischen Nutzen ihrer Präparate an, wobei man gleichzeitig den Pharma-Firmen empfahl (sprich: sie anwies), »während des Zeitraumes der Überprüfung der medizinischen Eignung [ihrer Präparate] keine Werbung in den Medien zu betreiben«. Die Firmen wurden auch angewiesen, über verschiedene Kanäle über das Risiko von Nebenwirkungen zu informieren und darauf hinzuweisen, daß »die Präparate nicht länger als 3–4 Wochen ununterbrochen verwendet werden sollen«.

Den Herstellern von Oxychinolin wurde ein Jahr Zeit gegeben, die verlangte Dokumentation vorzulegen. Obwohl diese Frist auf Wunsch der Firmen um weitere zwölf Monate verlängert wurde, wurde die Dokumentation auch danach der schwedischen Behörde nicht vorgelegt.

In einem Brief an das schwedische Gesundheitsamt vom

29. März 1972 rechtfertigte Dr. Rune Sannerstedt von Ciba-Geigy (Schweden) im Namen der Mutterfirma in Basel den Gebrauch der Oxychinolin-Präparate. Zum Zeitpunkt dieser Korrespondenz war Ciba-Geigy über die SMON-Tragödie in Japan bereits voll informiert.

Die schwedische Behörde ließ sich freilich nicht beeindrucken. Die Arzneimittelbehörde beschloß am 17. Mai 1972, daß »ab 1. Juli 1972 Acrodermatitis enteropathica als einzig anerkannte Indikation für Oxychinolin-Derivate gilt. Ferner unterliegen ab 1. Juni 1972 diese Präparate der Rezeptpflicht.«

Weder die Entscheidung in den USA von 1962 noch die in Schweden von 1972 veranlaßte Ciba oder später Ciba-Geigy, aus eigenem Antrieb in anderen Ländern Maßnahmen zu ergreifen. Schlimmer noch, offenbar wurde die in anderen Ländern herrschende Unkenntnis so gut wie nur möglich für Verkaufszwecke ausgenutzt.

In den Jahren 1974 und 1975 wurde eine von der *International Organization of Consumers Union* (IOCU) in Auftrag gegebene Studie von Oxychinolin-Produkten aus 40 Ländern durchgeführt. Man stellte beträchtliche Abweichungen bei der empfohlenen Dosis und den Angaben über Nebenwirkungen (falls solche überhaupt genannt wurden) fest. Selbst für identische Präparate gab es je nach Land unterschiedliche Informationen. Erhebliche Abweichungen gab es z. B. bei ENTERO-VIOFORM, das von der Ciba-Geigy-Muttergesellschaft in der Schweiz hergestellt und exportiert wurde. Das gleiche galt für das von der britischen Niederlassung hergestellte ENTERO-VIOFORM: Auf den für den Export in die Bahamas, nach Belize und Neuseeland bestimmten Packungen wurde für eine ganze Behandlung die Dosis von 3 g empfohlen, während für Tanzania die Gesamtdosis mit 15 g angegeben wurde. Der Studie zufolge wurde der Export nach Tanzania später von Ciba-Geigy Schweiz übernommen, die für die Behandlung von chronischem Durchfall eine Maximaldosis von 21 g empfahl.

Daß man es versäumt, Maßnahmen zu ergreifen, die normalerweise erforderlich wären, ist keineswegs als ein »einmaliger Ausrutscher« in der Pharma-Industrie anzusehen, und das Phänomen ist auch durchaus nicht auf Ciba-Geigy beschränkt. Es gibt Hinweise, die auf ein festes Verhaltensmuster, eine Mentalität, schließen lassen. So etwas kann selbstverständlich nicht toleriert werden. Ein derartiges Verhalten hat außerdem katastrophale Auswirkungen auf die Glaubwürdigkeit der gesamten pharmazeutischen Industrie. Daß Ciba-Geigy trotz der nachgewiesenen Gefährlichkeit von Oxychinolin und trotz deutlicher Hinweise auf seine Nutzlosigkeit nicht angemessen reagiert hat, ist nur *ein* drastisches Beispiel.

Solange jedes einzelne Land sich nur um sich selbst kümmert, ohne mit anderen Ländern zusammenzuarbeiten, werden die Pharma-Multis die Oberhand behalten. Diese werden die mangelhaften Vorschriften, die die Vermarktung von Arzneimitteln regeln, so lange wie nur möglich ausnutzen, selbst wenn sie wissen, daß ihr Verhalten medizinisch nicht gerechtfertigt ist.

Ciba-Geigys Verteidigung

Die wichtigsten Hersteller von Oxychinolin wurden vor Gericht gebracht. SMON war in Japan Gegenstand von etwa 20 Prozessen. Leider hat der Ausgang der Prozesse nicht dazu geführt, daß ein gefährliches Arzneimittel, dessen Nutzen zumindest zweifelhaft ist, gänzlich vom Markt verschwand.

Nachdem sich Professor Tsubakis 1970 geäußerter Verdacht bestätigt hatte, daß eins der renommiertesten und gebräuchlichsten Arzneimittel (das sogar zur Behandlung von SMON selbst eingesetzt wurde) die Ursache von SMON war, wurde die Forderung erhoben, daß die Gerichte ermitteln sollten, wer die Schuld und die Verantwortung trage. Die SMON-Verfahren begannen im Mai 1971, angeklagt waren der japanische Staat (dessen Arzneimittelbehörde für die Zulassung und die Kontrolle des Verkaufs von Oxychinolin verantwortlich war), die Pharma-Firmen, die die Produkte vertrieben hatten (hauptsächlich Ciba-Geigy Japan und die japanischen Firmen Takeda und Tanabe), Krankenhäuser und Ärzte.

Ciba war der ursprüngliche Hersteller und beherrschte jahrzehntelang den internationalen Markt. Diese Position wurde 1970 durch ihre

Fusion mit Geigy noch weiter verstärkt. Ein guter Grund, die bei den Verfahren vorgebrachten Argumente der Firma unter die Lupe zu nehmen.

Ihre Verteidigungsstrategie war offensichtlich frühzeitig festgelegt worden, und man hielt an ihr fest, ohne sie zu irgendeinem Zeitpunkt (neu) zu überdenken. Die Hauptargumentationslinie bestand zunächst darin, eine Kausalbeziehung zwischen Oxychinolin und SMON rundum abzustreiten. Falls ein Zusammenhang doch nachgewiesen werden sollte, wollte man – und das war die zweite Verteidigungslinie – behaupten, daß eine neurologische Schädigung durch Oxychinolin nicht vorhersehbar gewesen sei. Die von Ciba-Geigy Japan aus dem Japanischen ins Englische übersetzten Prozeßakten enthüllen diese Vorgehensweise eindeutig.

Ciba-Geigy wies darauf hin, daß Oxychinolin 36 Jahre lang auf der ganzen Welt verfügbar gewesen und verwendet worden sei. Man führte die riesige Menge der in diesem Zeitraum von Ciba hergestellten Substanz an (2650 Tonnen für interne Weiterverarbeitung oder, wie an anderer Stelle aufgeführt, eine Gesamtmenge von an die 4000 Tonnen). Und man stellte die geringe Zahl der SMON-Fälle, die außerhalb Japans gemeldet wurden, dagegen:

> »In Japan jedoch beträgt die Zahl der SMON-Patienten etwa 10 000. Da Japan eine Bevölkerung von etwa 100 Millionen Menschen hat, ist SMON ganz offensichtlich eine speziell japanische Krankheit.«

Mit ihrer Stellungnahme legte Ciba-Geigy nahe, daß es keine Grundlage gebe für die Gerichtsverfahren und daß man sich auf »wichtigere Dinge« konzentrieren solle. Man vertrat sogar den Standpunkt, daß die Ursache »von SMON . . . vor diesem SMON-Prozeß hätte geklärt werden sollen«.

Ciba-Geigy bezeichnete die Oxychinolin-Theorie als »ein bedauerliches Mißverständnis«, »eine falsche Hypothese« und beklagte die Tatsache, daß sie die weitere Forschung nach den Ursachen von SMON verhindern würde. Einzig und allein Ciba-Geigy würde eine derartige Forschung weiterbetreiben. Ihr Sprecher warf sogar den Befürwortern der Oxychinolin-Theorie vor, sie würden die Entwicklung einer wirksamen SMON-Therapie behindern, und fügte hinzu:

»Können wir wirklich sagen, daß diese Leute keinerlei Verantwortung tragen?«

»Wenn uns ein Gerichtsverfahren einzig und allein aus dem Grund aufgezwungen wird, daß die Oxychinolin-Theorie in einem bestimmten Teil der Welt vorherrscht, dann kann man dieses Gerichtsverfahren doch nur als einen ›Geisterprozeß‹ bezeichnen«, lautete eine weitere Beschwerde.

SMON selbst nach dem Gerichtsurteil noch als ein ausschließlich japanisches Problem darzustellen war einer der wichtigsten Bestandteile in Ciba-Geigys Strategie. Die Firma benutzte ihre Verkaufszahlen für 1969, um zu zeigen, daß in Japan keine besonders großen Mengen des Arzneimittels verkauft worden waren.

	Oxychinolin-Verkauf in kg	*Einwohnerzahl*	*Verkauf pro Kopf in mg*
Japan	30 000	100 000 000	300
Schweiz	4 680	6 200 000	750
BRD	27 750	60 000 000	400
Niederlande	5 170	12 000 000	460
Brasilien	28 830	93 000 000	250

Die Zahlen geben, wie üblich, längst nicht das vollständige Bild wieder. Die Behauptungen japanischer Experten, daß in Japan die hochdosierte Langzeiteinnahme zum Teil das massive Auftreten von SMON erkläre, wurden von Ciba-Geigy einfach abgetan. Andere Eigenarten der japanischen Lebensweise, die zu dem japanischen Phänomen beitrugen, wurden nicht einmal als Möglichkeit in Betracht gezogen.

Ciba-Geigy gab an, daß ihr bis 1970 nur 19 Fälle bekannt waren, bei denen Erblindung oder Schädigung der peripheren Nerven gemeldet worden war. Bei zweien dieser Fälle, die von Professor Kaeser in Basel gemeldet wurden,[13] bestünde nach Cibas Einschätzung jeweils ein »wahrscheinlicher« und ein »möglicher« Zusammenhang mit Oxychinolin. Mit einer langen Ausführung über die Grenzen klinischen

Wissens und dessen Interpretation wollte man erklären, daß die 19 Fälle »kein Anlaß für die pharmazeutische Industrie gewesen sind, die Sicherheit des Produktes zu überprüfen, und die Ärzteschaft konnte der Industrie keinen Vorwurf daraus machen, daß sie vor 1966, als Berggren und Hansson ihren Bericht veröffentlichten, keine Maßnahmen getroffen hatte«. Das Versprechen, das man Dr. Barros 1935 in Argentinien gegeben hatte, nämlich daß man vor übermäßigem Gebrauch warnen wolle, wurde mit keinem Wort erwähnt.

> »Doch am 23. Februar 1966, einen Monat nach Erscheinen der Berichte [von Berggren und Hansson], begann Ciba in der Schweiz mit tierexperimentellen Untersuchungen, die die zeitaufwendigste und kostspieligste Form der Sicherheitsprüfung darstellen ... Die bemerkenswerte Schnelligkeit, mit der Ciba auf diese Veröffentlichung reagierte, bestätigt besser als irgendeine andere von der Firma getroffene Maßnahme das permanente Bemühen von Ciba um Objektivität, daß sie nämlich immer die klinischen Konsequenzen im Auge hat und die Meldung spezifischer Fälle ernst nimmt...«

Ciba konnte nach eigenem Bekunden die berichteten Symptome in den Tierversuchen nicht reproduzieren und kam zum Schluß, daß »andere bislang unbekannte Faktoren eine Rolle spielen müssen«. Interessant in diesem Zusammenhang dürfte sein, daß SMON später von Dr. Iwan Darmansjah in Indonesien z. B. bei Affen reproduziert werden konnte, desgleichen von japanischen Forschergruppen bei verschiedenen anderen Tieren.[14 a/b]

Ciba-Geigy hat immer wieder darauf bestanden, daß Oxychinolin nicht für SMON verantwortlich sein könne, weil die Fälle sich vor allem auf Japan konzentrieren. Daß sich nach dem Verbot von Oxychinolin am 8. September 1970 die Zahl neuer Erkrankungen in Japan dramatisch verringert hatte, schien die Firma nicht im geringsten zu verunsichern. Im Gegenteil, es wurde behauptet, die Zahlen über das gleichzeitige Verschwinden von SMON und oxychinolinhaltigen Präparaten würden beweisen, daß es keinen Zusammenhang gab. Zur Erklärung dieser absurden Behauptung führte man die Tatsache an, daß bei 15% der SMON-Fälle die Prüfer nicht in der Lage gewesen waren, einen Nachweis dafür zu finden, daß die Patienten

Oxychinolin eingenommen hatten. Wie bereits erwähnt, ist es oft unmöglich festzustellen, welche Medikamente ein Patient eingenommen hat, weil Laien oft nicht informiert werden oder sich nicht erinnern können. Ciba-Geigy freilich argumentierte so, als sei es eine erwiesene Tatsache, daß 15% der SMON-Patienten nie Oxychinolin genommen hatten. Daraus wurde der Schluß gezogen:

> »Ob man nun dieses Verbot erlassen hätte oder nicht – diese 15% der SMON-Patienten wären nicht betroffen gewesen. Mit anderen Worten: Seit der Verhängung des Verbots kann es keine neuen Oxychinolin einnehmenden Patienten gegeben haben. Das heißt jedoch nicht, daß keine neuen SMON-Patienten, die kein Oxychinolin eingenommen haben, existieren könnten (diese 15% entsprechen ungefähr 250–300 Menschen, ausgehend von 1770 im Jahr 1960 und 2340 im Jahr 1969). Tatsächlich betrug die Zahl der neuen Fälle im Jahr 1971 23, und 1972 wurden erst ab März neue Fälle gemeldet. Aus diesen Tatsachen können wir nur schließen, daß die Entstehung von SMON nicht dadurch beeinflußt wurde, ob der Patient Oxychinolin genommen hatte oder nicht; das Ergebnis wäre in beiden Fällen das gleiche gewesen.«

Ciba-Geigy muß angenommen haben, daß der hypothetische Kausalfaktor bei SMON durch einen bemerkenswerten Zufall genau zur gleichen Zeit verschwand, wie das Verbot von Oxychinolin in Kraft trat.

Ciba-Geigys wiederholter Verweis auf die, wenn auch ungerechtfertigte, doch (aufgrund fehlender Informationen) international angenommene Sicherheit und Wirksamkeit von Oxychinolin deutet auf einen Mangel an soliden wissenschaftlichen Argumenten hin. Auch in Japan wird eine unrichtige Meinung nicht dadurch richtiger, daß sie weit verbreitet ist. Ciba-Geigys Verteidigung konnte jene, die in diesem Fall das Urteil fällen mußten, wohl kaum beeindrucken.

Warum Japan?

Zugegeben: Das massive Auftreten von SMON in Japan ist rätselhaft. Doch durch meine zahlreichen japanischen Freunde habe ich eine Vorstellung von den Umständen bekommen, die das Phänomen einleuchtend erklären.

Der Bauch (*hara*) hat in der japanischen Kultur eine Bedeutung, die weit über das hinausgeht, was das Herz für die Menschen im Westen bedeutet. *Hara* wird als das Zentrum der Gefühle, Empfindungen und der Kraft betrachtet. Eine der erhabensten Vorstellungen für einen Japaner ist *haragei*, die Kunst des Bauches. *Haragei* ist die höchste Form menschlicher Kommunikation: ohne Worte die Wünsche und Bedürfnisse des Freundes verstehen.

Als Folge davon geht man bei den geringsten Anzeichen von Bauchbeschwerden zum Arzt. Die Erwartung japanischer Patienten, daß ihnen etwas gegeben wird, das gut für den Bauch ist, läßt sich etwa mit der Einstellung vieler Patienten in anderen Ländern gegenüber Stärkungspräparaten vergleichen. Die Oxychinolin-Produkte wurden in Japan »Darmregulatoren« genannt, was sie für die Japaner zum Allheilmittel machte.

In Japan ist die gleichzeitige Behandlung mit einem ganzen Sammelsurium von Medikamenten üblich. Diese Praxis wird »Polypharmazie« genannt und soll ein Erbe traditioneller chinesischer Heilkunst sein. Im allgemeinen wird von den Ärzten ebendiese Behandlungsmethode erwartet, und ihr Ruf hängt zum Teil davon ab, wie viele Medikamente sie verschreiben. Ärzte fungieren auch selbst als Apotheker, womit ein zusätzlicher Anreiz entsteht, viel zu verschreiben.

1960 wurde ein Krankenversicherungs-Pflichtsystem eingeführt, wonach die Mitglieder einen monatlichen Versicherungsbeitrag bezahlen. Die Versicherung erstattet dann 70% bis 90% der bei einem Arztbesuch zu bezahlenden Gebühren, deren Höhe sich wiederum nach der Menge der verschriebenen Medikamente richtet. Wie in vielen anderen Ländern führt ein solches System, das auch viele Vorteile hat, zu einem gewissen Desinteresse an den Kosten der medizinischen Behandlung. Möglicherweise hat die Einführung dieses neuen Krankenversicherungssystems in Japan, das mit dem Auftreten von SMON zeitlich zusammenfiel, so eine Einstellung gefördert.

Da die vorgesehene Trennung von Arzneimittelverschreibung und -verkauf in diesem System noch nicht vollzogen worden ist, hängt das Einkommen des Arztes nach wie vor zu einem Teil von seiner Verschreibungspraxis ab. Ärzte kaufen die Arzneimittel zu Preisen, die unter den offiziellen, vom Versicherungssystem festgesetzten, liegen. Doch die Honorare, die sie von der Krankenkasse und den Patienten erhalten, werden nach den offiziellen Preisen kalkuliert. Die Ärzteschaft unterhält enge wirtschaftliche Beziehungen zur Pharma-Industrie. Sondervereinbarungen, Rabatte und andere Anreize sind keine Seltenheit, und die Ärzte verlassen sich stark auf Industrie-Informationen. Vom Standpunkt der Industrie aus ist dies ein ideales Marktsystem. Der gesetzliche Spielraum wurde voll ausgeschöpft – und vielleicht sogar überschritten.

Wie auch anderswo ermuntert das Krankenversicherungssystem die Ärzte nicht, dem einzelnen Patienten viel Zeit zu widmen. Ein beliebter japanischer Arzt kann zwischen 100 und 200 Patienten am Tag »schaffen«! Da bleibt nicht viel Zeit für Erklärungen. Patienten werden selten darüber informiert, was für ein Arzneimittel ihnen verschrieben wird und was für Nebenwirkungen es unter Umständen haben kann. Das ist vielleicht eine Erklärung dafür, daß bei 15% der japanischen SMON-Patienten die Einnahme von Oxychinolin nicht nachgewiesen werden konnte.

Die Oxychinolin-Präparate erfüllten, so wie sie von den Herstellern präsentiert wurden, die kommerziellen Anforderungen an ein »ideales« Medikament, im Sinne des japanischen Marktes. Für die japanische Praxis der Durchfallbehandlung in den 60er Jahren lief das etwa auf folgendes Arzneimittelprofil hinaus:

Indikation: Allgemeine Darmbeschwerden
Dosierung: Kaum irgendwelche ernstzunehmenden Beschränkungen (die empfohlene Dosierung war zwei- bis dreimal so hoch wie in Europa)
Nebenwirkungen: Keine!

Voilà! Der perfekte »Darmregulator« (Ciba-Geigys eigene Bezeichnung). Ein weiterer Faktor, der vermutlich eine entscheidende Rolle gespielt hat, ist die Tatsache, daß Japan das einzige Land war, in dem Ciba-Geigy Clioquinol-Präparate in Pulverform vertrieben hat. Studien von Ciba-Geigy zufolge nimmt der Körper Clioquinol in Pulverform in viel höherem Maße auf als bei Tabletten. Ein Firmenbericht von 1972[15] vermerkt z. B., daß die Bio-Verfügbarkeit (die resorbierte Form eines Wirkstoffes, die für die Wirkung im Körper verfügbar ist) von Clioquinol »in Tablettenform um 74 – 29% geringer ist als bei der Pulverform«. Der Bericht enthält noch weitere Einzelheiten: »Bei sechs untersuchten Versuchspersonen betrug die Resorption der Pulverform (s. o.) jeweils das 1,4-, 1,5-, 3,8-, 1,6-, 3,6- und das 2,4-fache der Tablettenform (s. o.).«

Das heißt, daß die Einnahme in Pulverform das SMON-Risiko erhöht. Während der SMON-Prozesse erwähnten mehrere Zeugen, daß die Pulverform in Japan häufig verwendet werde. Japanische Ärzte schätzen, daß Pulver sogar öfter benutzt wurde als Tabletten, und Ciba-Geigys internen Dokumenten zufolge wurde es *außerhalb Japans nicht angeboten*.

Es existieren zwar keine Studien über die Beziehung zwischen Oxychinolin-Einnahme in Pulverform und SMON in Japan, doch haben jene, die engen Kontakt mit SMON-Opfern hatten, festgestellt, daß sich bei Patienten, die das Pulver eingenommen hatten, viel akutere Symptome der Krankheit zeigten, vor allem was die Sehstörung betraf.

»Über-Verschreibung«, Überdosierung, lange Perioden der Oxychinolin-Verabreichung, erhöhte Resorption durch die Pulverform, kombiniert mit der besonderen Bedeutung des Bauches für den Japaner, sowie die Panik, als SMON epidemische Ausmaße annahm und Oxychinolin zur Heilung und Vorbeugung benutzt wurde – all diese Faktoren haben zweifellos dazu beigetragen, die ganz besonderen Bedingungen für den Ausbruch von SMON in Japan zu schaffen.

Ein gewisses Fehlverhalten der Ärzte, auf das man keineswegs nur in Japan stößt, wirkte sich auch eher ungünstig aus. Es ist natürlich nicht taktvoll, wenn ein ausländischer Arzt wie ich das Verhalten japanischer Kollegen kritisiert. Die offensichtlich unkritische Haltung gegenüber den Informationen der Pharma-Unternehmen ist dort genauso bestürzend wie anderswo in der Welt. Aber ich muß mich doch über die offensichtlich unbekümmerte Art und Weise wundern, in der SMON-Patienten mit Oxychinolin weiterbehandelt wurden, obwohl nicht die geringste positive Wirkung beobachtet werden konnte.

Im Kreuzverhör

Als die Gerichtsverfahren begannen, schienen die Aussichten für die SMON-Opfer hoffnungslos. Ihre finanziellen Mittel (die durch Spenden zusammenkamen) waren minimal im Vergleich zum fast unbegrenzten Kapital ihrer Opponenten. Auf jeden Fall unbezahlbar blieb das Engagement und der selbstlose Einsatz einiger Rechtsanwälte, die sich unter großen persönlichen Opfern für die Patienten einsetzten. Ihre kolossalen Bemühungen und Erfolge haben mich, als ich mit ihnen zusammenarbeitete, tief beeindruckt. Ich begegnete hier Menschen mit herausragenden Qualitäten, ihre Opponenten auf Pharma-Seite waren von erschreckend anderer Art. Für die Zeugen, die für die Angeklagten aussagen mußten – oder die sich, aus Arroganz oder Ignoranz, freiwillig zur Verfügung stellten –, kann ich nur Mitleid empfinden. Eigentlich hätten diejenigen, die für die katastrophalen Entscheidungen letzten Endes die Verantwortung trugen, selbst vor den japanischen Gerichten erscheinen müssen!

1975 setzten sich Vertreter der SMON-Opfer mit Lennard Berggren und mir in Verbindung. Drei Anwälte, der Neurologe Dr. Hirokuni Beppu und Professor Kono, der die SMON-Kommission geleitet hatte, fragten an, ob einer von uns bereit wäre, in Tokyo als Zeuge auszusagen. Wir gaben zu bedenken, daß man einen schwierigen Stand haben würde, wenn man, allein in einem japanischen Gerichtssaal, die raffinierten und möglicherweise irreführenden Fragen der Anwälte beantworten mußte. Zusätzliche Schwierigkeiten würden dadurch entstehen, daß sich in der Medizin nur sehr selten etwas im strengen Sinne des Wortes »beweisen« läßt. Doch die beeindruckende Delegation, die uns aufgesucht hatte, wollte unbedingt einen Zeugen beibringen und nicht nur unsere Veröffentlichungen vorlegen, und so erklärte ich mich nach einigem Zögern bereit. Gegen Ende des Jahres wurde ich vom Bezirksgericht in Tokyo als Zeuge anerkannt. Als das bekannt wurde, bekam ich Besuch von drei japanischen Ciba-Geigy-Anwälten, die den neuen Zeugen offenbar etwas genauer unter die Lupe nehmen wollten. Dieses Vorgehen war insofern bemerkenswert, als es gänzlich gegen die unter japanischen Anwälten üblichen Gepflogenheiten verstieß. Sie wollten auch meine Korrespondenz mit Ciba-Geigy von 1962 und 1963 sehen, die im Konzern angeblich nicht mehr aufzufinden war! Ich versprach, ihnen die Briefe zu zeigen, was sie sehr begrüßten – bis ich ihnen sagte, daß ich dies vor Gericht tun würde.

Jetzt, wo alles vorbei ist, bin ich froh, daß ich damals nach Tokyo ging. Die ungewohnte Aufgabe brachte freilich beträchtliche Belastungen mit sich. Am 20. Januar 1975 wurde ich von den Anwälten der SMON-Opfer ins Kreuzverhör genommen. Daß mein Erscheinen vor Gericht in Japan so erfolgreich war, dürfte, so seltsam es klingt, in erster Linie das Verdienst der Ciba-Anwälte gewesen sein, die mich am 15. März befragten. Ihre Befragung, die Stunden dauerte, ließ keinerlei Schlauheit oder Brillanz erkennen. Schließlich konnte ich die »japanische Höflichkeit«, derer ich mich befleißigt hatte, nicht länger aufrechterhalten. Ich wurde direkter, was es mir leichtmachte, ihre naiven Fragen so »umzulenken«, daß sie zum Eigentor für Ciba wurden. Am Schluß dieses mühsamen Kreuzverhörs war Fujita, einer der Anwälte der SMON-Patienten, überzeugt, daß wir die Schlacht gewonnen hatten. Am Abend des 15. März wurde so gefeiert, wie es sich unter Japanern geziemt.

Ein weiteres, ganz anderes Kreuzverhör ist auch erwähnenswert. Die Zeugenaussage von Prof. Robert Hess, verantwortlich für Ciba-Geigys Abteilung für Pathologie und Toxikologie und seit 1972 Universitätsprofessor, ist ein anschauliches Beispiel für Ciba-Geigys hohe Kunst, die Tatsachen mit wissenschaftlicher Terminologie zu verschleiern. Am 15. und 16. Juni 1974 wurde er im Bezirksgericht von Tokyo von Ciba-Geigys Anwälten befragt. Die Befragung drehte sich um seine tierexperimentellen Untersuchungen zur Ermittlung der Toxizität von Oxychinolin. Der Auftritt wirkte wie sorgfältig geprobt. Hess hatte verschiedene Teile des Gehirns und des Nervengewebes von mit Oxychinolin behandelten Tieren untersucht und sie mit den entsprechenden Gewebeteilen von Kontrolltieren, denen der

Wirkstoff nicht gegeben worden war, verglichen. In seiner detaillierten Schilderung, die er unter Eid abgab, betonte er immer wieder, daß die Versuchstiere keine Unterschiede zu den Kontrolltieren aufgewiesen hätten.

Ein anderes Bild ergab sich drei Monate später, am 10. September, als Prof. Hess von den Verteidigern der SMON-Patienten befragt wurde. Es wurde auf einen Bericht von Tateishi et al. Bezug genommen, der 1971 in *Lancet* erschienen war.[14b] Darin wurde berichtet, daß bei Versuchstieren nach einer Oxychinolin-Behandlung neurologische Schädigungen festgestellt wurden. Die mit dem Stoff in Zusammenhang gebrachte Schädigung ließ sich durch Gewebeuntersuchung der oberen Wirbelsäule nachweisen. Dies war, auf den ersten Blick, ein völlig anderes Ergebnis als das, was im Jahr darauf von Hess[16] in derselben Zeitschrift veröffentlicht wurde. Hess versicherte dem Gericht, daß er und seine Mitarbeiter den Tateishi-Bericht »nach bestem Wissen und Gewissen« hinreichend berücksichtigt hätten.

Die Studie von Hess und seiner Gruppe enthielt jedoch eine entscheidende Schwachstelle, welche die Anwälte der SMON-Opfer aufdeckten. Obwohl Hess zum Zeitpunkt seiner Untersuchung den Tateishi-Bericht kannte, untersuchte er nicht jenen Teil der Wirbelsäule, in dem die Tateishi-Gruppe die schwerwiegendsten Schädigungen entdeckt hatte. Auf die Frage, ob dies zutreffe, antwortete Prof. Hess: »Das trifft zu, und wir sahen keinen Grund, es zu tun.« Nach weiteren Fragen der SMON-Anwälte mußte Hess noch ein Zugeständnis machen:

> Anwalt: »Haben Sie bei den von Ciba-Geigy durchgeführten Experimenten oder Tierversuchen jemals einen Fall beobachtet, wo eine Degeneration der Nerven einsetzte oder begann oder auftauchte? Bitte antworten Sie mit Ja oder Nein, ob Sie dies beobachtet haben ...«

Die Anwälte von Ciba-Geigy protestierten gegen diese Frage, doch der Vorsitzende Richter griff ein: »Bitte beantworten Sie diese Frage.« Und der Anwalt der Kläger fügte hinzu: »Bitte antworten Sie mit Ja oder Nein.«

Prof. Hess: »Die Antwort lautet: ›Ja.‹«

In den Abschriften, die Ciba-Geigy Japan von der zweitägigen

Befragung von Hess durch die Firmenanwälte am 15. und 16. Juni 1974 anfertigte, konnte ich diese Antwort nicht entdecken.

Tateishi und seine Kollegen führten weitere Untersuchungen über die Toxizität von Clioquinol durch, die 1975 veröffentlicht wurden.[17] Sie bestätigten die vorherigen Ergebnisse. In einer der späteren Publikationen gingen Tateishi et al. ausführlich auf die Studie von Hess ein und zogen die folgenden Schlußfolgerungen:

> »Aus unbekannten Gründen wurden bei den Tierversuchen bei Ciba-Geigy ... keine pathologischen Untersuchungen der oberen Wirbelsäule vorgenommen, jener Stelle, wo die pathologischen Veränderungen am häufigsten auftreten. Es muß betont werden, daß andere Forscher in Japan ähnliche Versuche wie wir durchgeführt haben ... und zu ähnlichen Ergebnissen gekommen sind. Im Gegensatz zu den negativen Ergebnissen von Ciba-Geigy können wir die Reproduzierbarkeit der neurologischen Symptome bestätigen, vorausgesetzt, man verwendet die gleichen Tiere und Methoden, die sie verwendet haben.«

Auch andere Aussagen zugunsten von Ciba-Geigy befremden, wenn man die Zeugen näher unter die Lupe nimmt. Prof. H. E. Kaeser etwa, damals Leiter der Neurologischen Universitätsklinik in Basel und einer von Ciba-Geigys »unabhängigen Experten« für die Beurteilung der SMON-Fälle, stand nur noch widerstrebend zu seiner 1969/70 geäußerten Auffassung, daß Oxychinolin akute neurologische Beschwerden, einschließlich Sehnervschwund, verursachen könne. In seiner Stellungnahme am 13. und 14. Oktober 1975 vor dem Bezirksgericht von Kanazawa erklärte er in bezug auf seine frühere Meinung, daß er durch neue Erkenntnisse zur Überzeugung gelangt sei, daß »dieser Wirkstoff Chinoform [Clioquinol] keine spezifische Neurotoxizität aufweist«. Obwohl er Nebenwirkungen durch Oxychinolin nicht vollständig ausschloß, sah er keinen Anlaß, daß andere Länder nun ähnliche Maßnahmen wie Japan treffen und den Wirkstoff verbieten sollten.

Nur wenige Monate später, am 7. Juli 1976, veröffentlichten die Professoren Kaeser und Mumenthaler einen Artikel in der *Schweizerischen Ärztezeitung* mit dem Titel *»Gibt es SMON in der Schweiz?«* Diese Frage wurde bejaht. Die Autoren behaupteten, daß allerdings nur fünf der von ihnen untersuchten Fälle entsprechende Symptome aufwiesen. Aber diese fünf Schweizer SMON-Fälle waren durch Oxychinolin verursacht worden!

Prof. F. Gross, der bis 1968 Leiter von Cibas Abteilung für klinische Forschung war und anschließend Professor für Pharmakologie und Toxikologie an der Universität Heidelberg wurde, sagte ebenfalls bei den SMON-Prozessen aus. Man hätte erwarten können, daß er über einen beträchtlichen Einblick verfügte, da er gegen Ende der 50er Jahre als Direktor des Medizinischen Departements zusammen mit dem Leiter der Gruppe für Infektionskrankheiten für die Entwicklung von MEXAFORM verantwortlich war. Bei der Befragung am 20. und 21. Oktober 1975 behauptete er rundweg, daß der Zusammenhang zwischen SMON und Clioquinol eine reine Hypothese sei und daß Ciba in keiner Weise der Vorwurf der Fahrlässigkeit gemacht werden könne.

> »SMON ist eine Krankheit, die fast ausschließlich in Japan auftritt, und meiner Meinung nach sollte alles getan werden, um herauszufinden, was die Ursache dieser Krankheit ist und warum sie hauptsächlich in Japan auftritt.«

Worauf der Anwalt der Kläger entgegnete: »Ich halte diese Zeugenaussage... für äußerst empörend.«

Vergleich und Urteil

Im Frühjahr 1976 wurde den Hauptangeklagten (Ciba-Geigy und den Firmen Takeda und Tanabe) offenbar endlich klar, daß sie im Begriff waren, die Schlacht zu verlieren. Folglich wurde am 8. Juni ein Vergleich vorgeschlagen – äußerst plötzlich und gänzlich unerwartet, nach einem Gerichtsverfahren, das sich nun schon über Jahre hinzog.

Es wurde eine Pressemitteilung herausgebracht, ein einzigartiges Dokument, das darauf abzielte, eine schlecht informierte Weltöffentlichkeit zu täuschen und den gewinnbringenden Verkauf von Oxychinolin-Produkten noch lange zu ermöglichen.

Ciba Geigy (Japan) Ltd., Tokyo, 8. Juni 1976
KURZE PRESSEMITTEILUNG
Japanischer SMON-Prozeß: Arzneimittelunternehmen bieten Vergleich im Gerichtsfall an.
SMON war eine japanische Krankheit des Nervensystems und Hauptgegenstand eines Prozesses, in welchem Arzneimittel mit dem Wirkstoff Clioquinol als mögliche Ursache der Krankheit vermutet wurden. Vor fünf Jahren begann der Prozeß gegen sechzehn Arzneimittel-Unternehmen, den japanischen Staat, Krankenhäuser und einzelne Ärzte.
Heute unternahmen die drei größten der betroffenen Arzneimittel-Unternehmen, Ciba-Geigy (Japan) Ltd., Takeda Ltd. und Tanabe Ltd., alle aus Osaka, einen wesentlichen Schritt im Hinblick auf einen Vergleich. Die Arzneimittel-Unternehmen erklärten sich vor Gericht bereit, die betroffenen Patienten angemessen zu entschädigen, um so den Prozeß abzuschließen. In Japan ist es Brauch, vor einer solchen Einigung eine formelle Erklärung abzugeben. Die Unternehmen haben deshalb eingeräumt, daß ihre Anti-Durchfall-Präparate mit dem Wirkstoff Clioquinol in Japan in einem ursächlichen Zusammenhang mit SMON stehen.
Die zuverlässigen Untersuchungen haben rund 10 000 SMON-Fälle nachgewiesen. Sie liegen in einem Zeitraum von 15 Jahren, in dem SMON in Japan auftrat. Aber drei Viertel aller Patienten litten an anderen – oft schweren – Krankheiten, darunter Krebs und Tuberkulose, und in den 900 SMON-Fällen, die zum Tode führten, müssen solche Erkrankungen eine Rolle gespielt haben. Die Zahlen aus Japan stehen in auffallendem Kontrast zum Rest der Welt. 40 Jahre Erfahrung mit Millionen von Menschen: kein einziger Todesfall und nur 40 bis 60 Fälle, die eine Ähnlichkeit mit SMON aufweisen.
Auch heute noch bleiben in Japan einige wichtige Punkte ungeklärt: z. B., daß 15% der SMON-Patienten kein Clioquinol eingenommen hatten. Außerhalb Japans gilt immer noch, daß Clioquinol-Arzneimittel eine außerordentlich gute Verträglichkeit aufweisen. Dies zeigt wieder, daß SMON ein japanisches Problem ist.

Bei richtiger Anwendung verbinden clioquinolhaltige Produkte wie ENTERO-VIOFORM und MEXAFORM medizinischen Nutzen und Sicherheit. Ciba-Geigy stellt sie deshalb weiterhin zur Verfügung.

R. Oberholzer O. de S. Pinto

Doch ließ sich die Welt außerhalb Japans durch diese Mitteilung nicht täuschen. Die wissenschaftlichen Daten und das Ergebnis der SMON-Prozesse sprachen für sich, obwohl es vielerorts sehr lange dauerte, bis die Tatsachen endlich zur Kenntnis genommen wurden. Auf jene, die die SMON-Prozesse bis zu diesem Punkt verfolgt hatten und die an der weiteren Entwicklung Anteil nahmen, wirkte diese Mitteilung äußerst befremdend.

Am 17. Januar 1977 präsentierte der Vorsitzende Richter Tsuneo Kabe am Bezirksgericht von Tokyo die *»Stellungnahme des Gerichts als Grundlage eines Vergleichsvorschlags (Teil 1)«* und den *Vergleichsvorschlag (Teil 1)*. In den Dokumenten wird der japanische Staat als einer der Angeklagten genannt, und die Verantwortung des Staates wird festgehalten. Es wird ferner betont, daß die SMON-Katastrophe tatsächlich mit der CONTERGAN-Katastrophe vergleichbar sei, die am 7. Mai 1968 zu einer Stellungnahme des damaligen Gesundheitsministers Sonoda im japanischen Parlament geführt hatte. Damals hatte der Minister zugegeben, daß in erster Linie das Gesundheitsministerium für die Tragödie verantwortlich sei, weil es das Schlafmittel CONTERGAN in Japan zugelassen hatte – »vor allem angesichts der Tatsache, daß das Präparat für die Behandlung von Krankheiten oder zur Rettung menschlichen Lebens nicht unverzichtbar war«.

Im Fall CONTERGAN kam es im Oktober 1974 zu einem Vergleich. Eine der beteiligten Parteien war der japanische Staat. Das Bezirksgericht von Tokyo, das mit der Regelung der SMON-Affäre befaßt war, sah keinen Grund, die beiden Fälle unterschiedlich zu behandeln, und kam so zu folgender Schlußfolgerung:

> »... Die Schmerzen und Leiden der Patienten sind so groß, daß man unter keinen Umständen die Sache auf sich beruhen lassen kann. Geht man davon aus, daß Clioquinol die Ursache von SMON ist, so müssen wir sagen, daß diese katastrophale Krankheit gesellschaftlich verursacht wurde; wenn das so ist, hat der

> Staat, selbst wenn die pharmazeutischen Unternehmen in erster Linie für die Lösung der Situation zu sorgen haben, ... die Aufgabe, gemeinsam mit den Pharma-Unternehmen den Patienten Erleichterung zu verschaffen, ohne sich hinter der Formalität zu verschanzen, daß er zufällig eine Partei bei diesem Prozeß ist.«

Es wurden Obergrenzen für Schadenersatzzahlungen je nach Schwere der Schädigung vorgeschlagen, und der Richter appellierte auch an die Behörden, Gesetze und Vorschriften zu revidieren, um ähnliche Katastrophen in Zukunft zu verhindern.

Am 22. März 1977 verkündete das Gericht Teil 2 seines Vergleichsvorschlags, der sich mit den Pharma-Firmen befaßte, die für die SMON-Katastrophe verantwortlich gemacht wurden. In diesem Teil sah man den durch Oxychinolin verursachten Schaden sogar als noch gravierender an als den durch CONTERGAN entstandenen, da SMON »bezüglich Ausmaß und Schädigung der Opfer viel katastrophaler war als irgendein anderer Arzneimittelunfall«.

Mit Hinweis auf einen Rundbrief, den Ciba 1965 in bestimmten Ländern an Tierärzte verschickt hatte und in dem vor dem Gebrauch von Oxychinolin bei Tieren gewarnt wurde, bedauerte das Gericht, daß Ciba »keine speziellen Vorsichtsmaßnahmen in bezug auf den Gebrauch des Arzneimittels beim Menschen getroffen hat«, wo doch »diese Produkte für den Gebrauch bei Menschen entwickelt wurden«, und daß Ciba weiterhin die Unbedenklichkeit des Stoffes betone ... »Ein beträchtlicher Teil der SMON-Katastrophe in Japan hätte verhindert werden können, wenn Ciba damals entsprechende Maßnahmen ergriffen hätte.«

Das Gericht stellte weiter fest, daß eine Zulassungsentscheidung des Staates die Unternehmen nicht von ihrer Verantwortung befreite. »... Wenn sich die Unternehmen nicht zu dieser Verantwortung bekennen, werden sich auch in Zukunft Arzneimittelkatastrophen nicht verhindern lassen.«

Richter Kabe verstand seinen »provisorischen« Vergleichsvorschlag als Grundlage für eine konstruktive Diskussion. Zunächst waren die SMON-Opfer noch skeptisch angesichts der plötzlichen Verhandlungsbereitschaft der Firmen nach so vielen Jahren unverfrorener Opposition. Einige von ihnen hätten auch gerne gesehen, daß die Schuldfrage durch Urteil festgehalten wird. Es dauerte daher einige Zeit, bis der Vorschlag akzeptiert wurde. Während dieser ganzen Zeit hielt die Firma Tanabe weiterhin an der Virustheorie als Ursache für SMON fest und versuchte sogar zu bewirken, daß das Bezirksgericht von Tokyo als nicht zuständig erklärt wurde.

Der erste der etwa 20 SMON-Prozesse in Japan, dessen Verfahren abgeschlossen wurde, war jedoch der am Bezirksgericht von Kanazawa. Alle 147 als Kläger auftretenden Patienten lehnten am 30. Mai 1977 einen von den Pharma-Firmen vorgelegten Vergleichsvorschlag ab. Im Oktober wurde am Bezirksgericht von Tokyo schließlich ein Vergleich vereinbart, der auf Richter Kabes Vorschlag basierte, und es folgten weitere Vergleiche an anderen Gerichten.

Der Vergleich betraf nur Ciba-Geigy Japan und Takeda Chemical Industries. Man befürchtete daher, daß alle Patienten, die durch ein Tanabe-Präparat geschädigt worden waren – Tanabe glaubte immer noch fest an einen SMON-Virus –, unberücksichtigt blieben. Sie machten mehr als die Hälfte der bekannten SMON-Opfer aus. Es stellte sich schließlich heraus, daß durch die Vergleiche die Bemühungen der Gerichte um eine Urteilsfindung, die auch allen jenen gerecht werden sollte, die meinten, ein Urteilsspruch sei wichtiger als Geld, nicht behindert wurden.

In der Zwischenzeit brachten die Vergleiche für viele die verzweifelt benötigte finanzielle Entschädigung und setzten einer ungebührlich in die Länge gezogenen, beängstigenden Unsicherheit ein Ende.

Ich konnte mich mit ihnen freuen, als ich am 29. Oktober 1977 einen Anruf von Anwalt Etsuro Totsuka bekam, daß der erste Vergleich geschlossen worden sei. Seine Stimme wurde von anderen fröhlichen Stimmen im Hintergrund unterbrochen – wahrlich ein guter Grund zum Feiern!

Das erste Urteil wurde am 1. März 1978 am Bezirksgericht von Kanazawa verkündet. Es kam einem Sieg für die SMON-Opfer gleich und einer vernichtenden Niederlage für die Unternehmen. Leider enthielt das Urteil einen Satz, der die Möglichkeit andeutete, ein Virus könnte eine Rolle gespielt haben, selbst wenn dies bei den 16 Patienten, auf die sich der Urteilsspruch bezog, nicht der Fall war.

Ciba-Geigy und Takeda muß zugute gehalten werden, daß sie die

Virustheorie nie ernsthaft unterstützt hatten. Aber was Tanabe betraf, so führte dieser mehrdeutige Satz zu weiteren Runden im grotesken Spiel von Verschleppung, Fehlinterpretationen und Tatsachenverdrehung. Dadurch konnte das Urteil am Bezirksgericht von Tokyo, das Oxychinolin als einzig mögliche Ursache von SMON eindeutig bestätigte, zwar verzögert, aber nicht verhindert werden. Nun war die Virustheorie ausdrücklich verurteilt.

Dieser Grundsatzentscheid vom 3. August 1978 warf den angeklagten Firmen vor, daß sie sich bereits im Januar 1956, bei Beginn der Clioquinol-Produktion in Japan, »schuldig gemacht haben, indem sie nicht die notwendigen Schritte unternahmen, um mögliche katastrophale Folgen zu verhindern«, ferner daß »ihre Verantwortung in den Jahren danach ständig größer geworden ist«. Es wurde klargestellt, daß die Firmen das Auftreten von Nervenschädigungen hätten voraussehen können und müssen. Die Firmen hatten über entsprechende Erkenntnisse verfügt. In diesem Zusammenhang erwähnte der Gerichtsentscheid u. a. den Bericht aus Argentinien von Dr. Barros aus dem Jahr 1935.

In einem Artikel in der bedeutenden Tokyoer Zeitung *Mainichi* erörterte Dr. Hirokuni Beppu die Verantwortlichkeit der japanischen Ärzte: Wenn die Ärzte ein wenig vorsichtiger gewesen wären, wäre die Ursache von SMON viel früher entdeckt worden, meinte er. Doch im Druck der täglichen Routine kommen die Ärzte – auch in Japan – nicht dazu, die Arzneimittelinformation seitens der Industrie gründlich zu prüfen. Die Ärzte in Japan hätten sich daher auf die Freigabe durch die Arzneimittelbehörde verlassen und betrachteten dies als eine Garantie für den Wert und die Sicherheit des Arzneimittels. Folglich hielt Dr. Beppu eine Verschärfung der Arzneimittelvorschriften für die wesentliche Voraussetzung eines sicheren und rationalen Arzneimittelgebrauchs.

Bevor ich nach dem Hearing im März 1976 aus Tokyo abreiste, fragte ich Professor Kono, was man allgemein als den wichtigsten Auslöser dieser Arzneimittel-Katastrophe in Japan betrachte. Seine Antwort: »Das Gesundheitssystem.«

Statt einer Entschuldigung

Es ist zweifellos Aufgabe der Gesundheitsbehörden, dafür zu sorgen, daß die Arzneimittel, die sie auf den Markt lassen, einen im Verhältnis zu ihrer Nützlichkeit akzeptablen Sicherheitsgrad aufweisen. Sie haben die Pflicht, sich alle relevanten Informationen zu verschaffen. Doch wenn sie es versäumen, auf einer vollständigen Dokumentation der Sicherheit und Wirksamkeit eines Arzneimittels zu bestehen, oder nicht zwingend vorschreiben, daß sie auch nach der Einführung über neue Erkenntnisse informiert werden müssen, so ist das für die Pharma-Firmen kein Grund, entscheidende Fakten zurückzuhalten. Von der pharmazeutischen Industrie sollte man im Gegenteil selbstverständlich erwarten können, daß sie alle relevanten Informationen vorlegt, ohne ausdrücklich dazu aufgefordert zu werden. Man kann also nicht sagen, daß die Fahrlässigkeit der Pharma-Firmen deswegen geringer wird, weil die japanischen Gerichte dem Staat Fahrlässigkeit bescheinigt haben. Das von der Industrie oft benutzte Argument – daß sie nur das tut, was im jeweiligen Land genehmigt oder verlangt ist – ist (selbst wenn es zutrifft) unwürdig und unhaltbar. Als erster Schritt zu einer Verhaltensbesserung wurde von den Firmen daher eine Geste der Sühne verlangt.

In Japan haben Menschen seit alters die Pflicht, sich zu entschuldigen, wenn ein anderer Mensch durch ihre Schuld oder Fahrlässigkeit zu Schaden kommt. Diese Tradition ist für denjenigen, dem Unrecht widerfahren ist, außerordentlich wichtig, und ihre Bedeutung ist für Nicht-Japaner nur schwer zu erfassen. Ein Vergleich ohne vorherige Entschuldigung des Angeklagten ist undenkbar. Es ist auch Brauch, daß der Verantwortliche oder der Höchstgestellte einer Gruppe sich persönlich entschuldigt. Und genau dies taten schließlich die Chefs von Takeda und Tanabe, während Ciba-Geigy Japan sich nur schriftlich entschuldigte. Ihre erste schriftliche Entschuldigung traf zusammen mit ihrem Antrag auf Berufung am 9. Dezember 1976 im Bezirksgericht von Tokyo ein. Darin hieß es unter anderem, daß »wir, die wir Clioquinol-Präparate hergestellt und verkauft haben, mit den Klägern und ihren Familien tiefes Mitgefühl empfinden in ihrem fortgesetzten unerträglichen Leiden; es gibt keine Worte, mit denen sich unsere Trauer ausdrücken läßt. Angesichts der Tatsache, daß von uns hergestellte und verkaufte medizinische Produkte diese Tragödie in Japan verursacht haben, möchten wir uns aufrichtig und ohne Einschränkung bei den Klägern und ihren Familien entschuldigen ... Wir sind uns vollständig im klaren darüber, daß einmal verlorene Gesundheit nie wieder hergestellt werden kann; der einzig mögliche Weg für uns besteht darin, mit Hilfe des Gerichts eine Versöhnung im Einvernehmen mit den SMON-Klägern zu suchen.«

Noch sechs Monate zuvor (und während der ganzen Prozesse) hatte Ciba-Geigy jede Verantwortung und jede wissenschaftliche Tatsache, die gegen die Firma sprach, kategorisch zurückgewiesen. Wie ist es möglich, daß Menschen, die über Jahre (oder eher Jahrzehnte) wider besseres Wissen jede Verantwortung abgelehnt haben, auf einmal aufrichtiges Bedauern und Mitleid ausdrücken können? Ihr geschliffen formuliertes, doch schales Schuldeingeständnis ist ein äußerst zynisches und abstoßendes Dokument, vor allem in Anbetracht von Ciba-Geigys weiterem Verhalten in der Frage von Clioquinol und im Zusammenhang mit anderen Angelegenheiten.

Wenn das Mitgefühl so ehrlich empfunden gewesen wäre, wie auf dem Papier behauptet, wäre es nur anständig gewesen, die traditionelle Erwartung der Patienten zu respektieren. Der Chef der Firma hätte also persönlich sein Bedauern aussprechen müssen. Doch die SMON-Patienten gaben die Hoffnung nicht auf, daß ihnen diese kleine Geste bezeugt würde, die ihnen soviel bedeutete. Anfang 1980 schienen sie ihrem Ziel nahe zu sein. Ciba-Geigy in Basel hatte sich mit einem Treffen aller Beteiligten einverstanden erklärt. Die SMON-Patienten und ihre Anwälte kamen nach Europa und erwarteten eine persönliche Entschuldigung von Dr. Louis von Planta, dem Präsidenten von Ciba-Geigy. Die anstrengende Reise sollte auch anderen zugute kommen; die japanische Gruppe, die durch Frankreich, die Schweiz und Schweden reiste, wollte auf die Gefahren von Oxychinolin aufmerksam machen, das von Ciba-Geigy und anderen Firmen in den meisten Teilen der Welt immer noch vertrieben wurde.

In Basel, Ciba-Geigys Heimatstadt, konzentrierten sie sich auf die Forderungen, daß Ciba-Geigy den Verkauf der Oxychinolinpräparate auch außerhalb Japans einstellen und eine persönliche Entschuldigung abgeben solle. Schwedische SMON-Opfer und ihre Vertreter sowie ich selbst begleiteten sie aus Solidarität. Nach einem Protestmarsch in würdevoller Stille am 30. April 1980 versammelten wir uns in Ciba-Geigys Direktorenrestaurant. Von einem eindrucksvollen Tisch aus, der auf einem erhöhten Podest stand, wollte Ciba-Geigy die Botschaft ihrer Opfer entgegennehmen. Die Verärgerung unter den Japanern wurde zunehmend spürbar, und die für die Ciba-Geigy-Manager bestimmten Stühle wurden vom Podest herab auf den Boden gestellt.

Von Planta hielt es nicht für notwendig, zu erscheinen. Das kam eigentlich nicht überraschend. Er hatte seine negative Einstellung bereits in seinem Brief vom 16. Oktober 1978 an den Anwalt Hiroshi Izumi zum Ausdruck gebracht, in dem er auf die OECD-Richtlinien für multinationale Konzerne und auf Ciba-Geigys dezentralisiertes Management verwies und erklärte: »Angesichts der obengenannten Sachlage sehe ich keine Möglichkeit, persönlich in der von Ihnen angedeuteten Art und Weise einzugreifen, und muß sie daher vielmehr an die Ciba-Geigy (Japan) Ltd. und ihre Vertreter verweisen.« Doch die Kette der Ereignisse, die zu SMON führte, hatte ihren Anfang in Basel. Letztendlich verantwortlich waren Manager bei Ciba-Geigy in Basel und der Präsident selbst.

Die SMON-Opfer, ihre Anwälte, die Ärzte aus Japan und Schweden sahen im Verhalten der Firma eine bedeutungslose und sogar beleidigende Geste, die sie sich nicht gefallen lassen wollten. Sie warteten nicht darauf, daß ein Sprecher anstelle von Planta das Wort ergriff. Hiroshi Izumi erklärte, daß man eine solche Entschuldigung nicht als aufrichtig ansehen könne, vor allem da die Präsidenten von Takeda Chemical Industries und Tanabe Seiyaku Co. sich persönlich aufrichtig entschuldigt hatten. Die Tatsache, daß Dr. von Planta die bereits am 31. März geäußerte Bitte der Japaner ignoriert hatte und nicht erschienen war, könne, so Izumi, »nur als ein Mangel an gutem Willen interpretiert werden«.

Die japanischen und schwedischen SMON-Patienten, von denen einige unter beträchtlichen Opfern gekommen waren, und ihre Vertreter reisten ab, »fest entschlossen, unseren Kampf gegen die Unaufrichtigkeit der Firma und den Vertrauensbruch bis zum bitteren Ende fortzusetzen«.

SMON außerhalb Japans

Es besteht kein Zweifel, daß SMON auch außerhalb Japans auftrat, obwohl aufgrund verschiedener Umstände die Menschen weniger akut betroffen waren. In der Schweiz z. B. gab es SMON, wie Prof. Kaeser und Dr. Wüthrich aus Basel beschrieben haben.[18] In Holland wurde Sehnervschwund, ein Symptom von SMON, bei einem kleinen Jungen festgestellt, der nach der Einnahme von ENTERO-VIOFORM erblindete.[19] Ein ähnlicher Fall wurde aus den USA berichtet in Zusammenhang mit DIODIQUIN, einem Oxychinolin-Präparat, das von der US-Firma Searle hergestellt wurde.[20] In der Bundesrepublik erlitt 1975 ein junger Mann während eines Aufenthaltes im Iran akute Augenschädigung nach einer Behandlung mit MEXAFORM.[21] Auf eine Anfrage im Zusammenhang mit diesem speziellen Fall antwortete Ciba-Geigy, daß »es in Europa keine Hinweise auf einen Zusammenhang zwischen Sehstörungen und der Einnahme von Mexaform gibt«. Ein solcher Zusammenhang sei daher »äußerst unwahrscheinlich«, wurde behauptet.

Auch in Schweden gab es SMON-Fälle, wie ich aus meiner eigenen Praxiserfahrung weiß. Zum Beispiel Frau E., der man empfohlen hatte, bei jeder Mahlzeit eine Tablette MEXAFORM (die Resorption von Oxychinolin ist erheblich größer, wenn es während des Essens genommen wird!) zu nehmen als Vorbeugungsmaßnahme für ihren Urlaub auf den Kanarischen Inseln. Sie verlor das Gefühl in den Füßen, konnte nicht mehr richtig laufen und hatte längere Zeit »ein komisches Gefühl« im Mund und auf der Zunge sowie andere Symptome höchst beunruhigender Art.

Dies sind nur einige Fälle. Die tatsächliche Zahl der SMON-Opfer in der Welt läßt sich nicht einmal annähernd schätzen. In Ländern mit entwickeltem Gesundheitswesen, wie etwa Schweden und die Schweiz, wurde SMON vor dem Ausbruch in Japan kaum jemals richtig diagnostiziert. Selbst in solchen Ländern sind sich die Menschen oft nicht im klaren darüber, wie ihr Arzneimittel heißt, ja, was es überhaupt ist, und Nebenwirkungen werden recht selten gemeldet. Aber was ist mit den Ländern, wo viele Menschen weder lesen noch schreiben können, wo Ärzte mit einer Flut von Patienten und riesigen medizinischen Problemen zu kämpfen haben, wo diagnostische Geräte fehlen und der Zugang zu objektiven wissenschaftlichen Informationen schwierig ist, wenn nicht gar unmöglich, und wo Clioquinol auf äußerst aggressive Art und Weise angepriesen und vermarktet wird?

Nach den japanischen Urteilen im Jahr 1971 fand ich, daß die Zeit nun reif war, auch für die schwedischen Oxychinolin-Opfer Schadenersatz zu verlangen. Im November 1978 setzte ich mich mit ACO, einer schwedischen staatlichen Pharma-Firma, in Verbindung, im Namen von zwei Patienten, die durch das Oxychinolin-Produkt ENTEROKINOL geschädigt worden waren. Anfangs sah es so aus, als ob leicht eine vernünftige Regelung zu erreichen sei. Doch als der Staatsanwalt Ingvar Güllnäs vorschlug, eine gemeinsame Regelung für alle schwedischen Opfer anzustreben, wurden auch noch andere Firmen, vornehmlich Ciba-Geigy und Draco, ein Ableger der schwedischen Firma Astra, mit einbezogen. Dies erschwerte die Lage, da Ciba-Geigy und Draco sich weigerten, bei der Beurteilung der Fälle zu kooperieren.

Ich hätte die Gelegenheit begrüßt, die Oxychinolin-Fälle in aller Offenheit mit einem Arztkollegen zu erörtern. Doch der medizinische Berater für Ciba-Geigy und Draco wurde im Hintergrund gehalten, sein Name wurde trotz dringender Bitten nicht bekanntgegeben. Ich hatte also keine Gelegenheit, Erfahrungen mit ihm auszutauschen, obwohl wir, wie sich schließlich herausstellte, in derselben Stadt (Göteborg) lebten. In all den Jahren, die es brauchte, bis eine Regelung mit Ciba-Geigy und Draco gefunden wurde, ist Dr. Olof Gilland jeder wissenschaftlichen Diskussion ausgewichen. Ich wollte dringend mit ihm sprechen, da ich aus seinen Schlußfolgerungen über die schwedischen SMON-Fälle schloß, daß er zum Teil über andere Informationen verfügte als ich.

Das Verhalten von Ciba-Geigy, Draco und ihren »unabhängigen« Experten verzögerte nicht nur die Entschädigung für die Geschädigten; es war auch erniedrigend und beleidigend für die Patienten (die z. B. immer wieder aufgefordert wurden, sich beschwerlichen Tests zu unterziehen). ACO und ihre Mutterfirma Kabi haben sich vielleicht in der Gesellschaft von Ciba-Geigy und Draco, die Anfang 1980 einen Appell für eine Regelung zurückgewiesen hatten, nicht wohl gefühlt.

ACO stimmte einer Regelung für die beiden Patienten zu, die durch ENTEROKINOL geschädigt worden waren, und ein Schmerzensgeld wurde ausgezahlt. Doch es blieben noch weitere vierzig Patienten, die um ihre Ansprüche kämpfen mußten.

Die meisten schwedischen Opfer hatten ihre Schädigungen mehr als zehn Jahre zuvor erlitten (1972 wurde die Anwendung von Oxychinolin auf Acrodermatitis enteropathica beschränkt, und 1975 wurde es ganz verboten). Das bedeutete, daß die Fälle nach damaligem Recht verjährt waren. Es war nicht zu erwarten, daß man bei den Gerichtsverfahren einen Präzedenzfall zugunsten der Opfer schaffen würde. Ciba-Geigys und Dracos Anwalt machte denn auch keinen Hehl daraus, daß das Gesetz ihm einen starken Trumpf in die Hand gab.

Vor Beginn des Verfahrens im Stockholmer Bezirksgericht schlug der Richter vor, die Parteien sollten einen neuerlichen Versuch unternehmen, einen Vergleich zu finden. Am 10. November 1980 legten daraufhin Ciba-Geigy und Draco einen gemeinsamen Vorschlag vor. Die Firmen wollten eine Pauschalsumme anbieten, die alle Patienten umfaßte. Das Geld sollte dann von ihren Anwälten je nach Schädigung des Patienten verteilt werden.

Doch das Vergleichsangebot enthielt eine Liste von Patienten, die von Ciba-Geigy und Draco »anerkannt« wurden, und auch eine Liste der einzelnen Entschädigungsbeträge, die man als angemessen ansah. Das verstieß jedoch gegen die Vereinbarung. Dabei war Dracos Angebot bis zu einem gewissen Grad annehmbar, Ciba-Geigys hingegen lächerlich. Außerdem wirkten Ciba-Geigys Patienten-Beurteilungen ziemlich willkürlich. Zwei der am besten dokumentierten Fälle – zwei Frauen, die an der Genfer Pressekonferenz zu SMON und an der Demonstration mit den japanischen SMON-Opfern in Basel im April 1980 teilgenommen hatten – fehlten auf ihrer Liste. Zwei andere Frauen mit typischen SMON-Symptomen, die direkt auf Oxychinolin-Behandlung zurückgeführt wurden, fehlten auch. Sie hatten Interviews gegeben und an einer schwedischen Fernsehsendung teilgenommen.

Die Frage nach den Auswahlkriterien der Firmen war daher von entscheidender Bedeutung für die Übergangenen. Eine von ihnen war Frau A., deren neurologische Beschwerden 1965 als multiple Sklerose (MS) diagnostiziert worden waren. MS ist eine chronische neurologische Krankheit, deren Symptome fast jeder möglichen Störung des Nervensystems ähneln können. Seitdem lebte sie in ständiger Angst vor einer Verschlimmerung der Krankheit. Sie hatte von Zeit zu Zeit eine beträchtliche Menge ENTERO-VIOFORM genommen, bis ein deutscher Heilpraktiker sie 1966 davon abbrachte, weiterhin Arzneimittel zu nehmen.

Als sie sich mit mir in Verbindung setzte, bat ich ihren Neurologen, sie noch einmal zu untersuchen. Dabei stellte er fest, daß die Wahrscheinlichkeit, daß sie MS hatte, äußerst gering war, die Wahrscheinlichkeit neurologischer Schädigung durch ENTERO-VIOFORM dagegen groß. Für Frau A. muß die neue Beurteilung eine große Erleichterung gewesen sein. Es bedeutete, daß sie keine Verschlimmerung ihres Gesundheitszustandes mehr befürchten mußte!

Als ich ihr mitteilte, daß ihr Name nicht auf der Liste derjenigen stand, die nach Einschätzung der Firmen durch Oxychinolin geschädigt worden waren, geriet sie in Panik. Für sie bedeutete das, daß sie doch an der gefürchteten MS leiden könnte. Sie war so bestürzt, daß ihr Neurologe psychische Folgen befürchtete. Weder er noch ich konnten verstehen, warum Ciba-Geigys medizinischer Experte Olof Gilland in ihrem Fall SMON als Ursache ausgeschlossen hatte. Der Neurologe wollte dringend mit ihm reden, »bevor es zu spät ist«. Doch keinem von uns beiden gelang es, ein Treffen mit Dr. Gilland zu vereinbaren, obwohl ihm die Dringlichkeit und der Ernst der Angelegenheit klargemacht wurden.

Ciba-Geigys Anwalt Engström sah da gar keine Probleme, da die Firmen einen Pauschalbetrag auszahlen würden, der dann von der Gegenpartei nach eigenem Gutdünken verteilt werden könne, Frau A. würde daher »ihr Geld bekommen«. Ganz offensichtlich konnte er kein Verständnis für die Sorge und das Leiden der Patientin aufbringen, auch nicht für die Tatsache, daß es ihr viel mehr darum ging, eine offizielle Bestätigung für die Art ihrer Erkrankung zu bekommen, als darum, eine finanzielle Entschädigung zu erhalten.

Am 13. Januar 1981 hatte ich schließlich ein Treffen mit Dr. Gilland. Auf meinen Vorschlag erklärte sich der frühere Staatsanwalt Ingvar Güllnäs freundlicherweise bereit, bei diesem Treffen als Vermittler zu fungieren. Zu Beginn des Treffens überreichte ihm Dr. Gilland ein Schriftstück, das er lesen sollte. Bei einer späteren Gelegenheit konnte ich selbst einen Blick darauf werfen. Im wesentlichen wurde darin behauptet, daß mir für das Gebiet, in das ich mich »vorgewagt« hatte, die Kompetenz fehle und daß ich somit den Patienten ein grobes Unrecht zugefügt hätte.

Es entwickelte sich nichts, was die Bezeichnung »Gespräch« oder »wissenschaftlicher Meinungsaustausch« verdient hätte. Man müßte ein Kafka sein, um dieses Erlebnis, das ich als besonders unangenehm empfand, angemessen zu beschreiben. Dr. Gilland war der richtige Mann für Ciba-Geigy.

Als Frau A.s Fall zur Sprache kam, wartete Dr. Gilland mit einer Anzahl von Briefen auf. Sie trugen mehrere Unterschriften. Wie ich erkannte, waren es die Mitglieder von Ciba-Geigys »unabhängiger Gruppe von internationalen Spezialisten der Neurologie«. Alle bestätigten, daß es sich bei Frau A.s Krankheit tatsächlich um MS handele, doch keiner der Spezialisten hatte Frau A. jemals untersucht.

Ungeachtet des unerfreulichen »Gesprächsverlaufs« erhöhte sich das Vergleichsangebot um mehrere zehntausend schwedische Kronen. Die Unannehmlichkeit hatte sich somit also vielleicht gelohnt.

In der Folge kam es zu einem Vergleich. Mehr konnten die schwedischen SMON-Opfer nicht erwarten. Die einzige Alternative wäre ein Prozeß gewesen, nach dem wahrscheinlich die Mehrheit der Opfer überhaupt keine Entschädigung bekommen hätte, weil nach schwedischem Gesetz ihre Ansprüche bereits verjährt waren.

Die Situation in Schweden war außergewöhnlich. Die Zahl der SMON-Patienten war relativ hoch, verglichen mit anderen Ländern, abgesehen von Japan, selbst wenn es nur 18 waren, wie Ciba-Geigy behauptet, und nicht 45, wie ich meine. Ich bin überzeugt, daß der Grund hierfür in dem relativ gut funktionierenden schwedischen System für die Erfassung von Nebenwirkungen zu suchen ist, obwohl es immer noch alles andere als perfekt ist. Die Nachrichten über SMON hatten auch die Öffentlichkeit in Schweden erreicht, so daß Personen, die an SMON litten, sich von selbst meldeten. Hieraus ist die Schlußfolgerung zu ziehen, daß es außerhalb Japans noch zahlreiche unentdeckte SMON-Fälle gibt, wahrscheinlich auch in Schweden. Fehlende Kenntnisse über SMON und nachlässiges Melden von Nebenwirkungen verhinderten, daß diese Fälle als solche diagnostiziert wurden. Dies muß vor allem für die Dritte Welt gelten, wo Selbstmedikation mit Oxychinolin-Präparaten die Regel ist.

Durch die schwedische Erfahrung hat der juristische Aspekt von SMON noch eine neue Dimension bekommen. Wenn schon in Schweden ein derartig widerliches Feilschen um Entschädigung nötig ist, was würde dann in einem Land passieren, wo Justiz und Gesundheitswesen weniger organisiert und die Menschen viel ärmer und ohne Einfluß sind? Diese schwedische Erfahrung hat mich mit noch mehr Entrüstung und Besorgnis erfüllt.

Alarm!

Das Ausmaß der SMON-Katastrophe in Japan ist mir erst relativ spät vollständig klargeworden. Die Meldungen waren zu knapp und vage, die Einzelheiten zu abstrakt und Japan zu weit weg, als daß ich sofort begreifen konnte, was da eigentlich vor sich ging. Genau wie die meisten anderen Leute außerhalb Japans war ich nicht viel weiter gekommen als bis zu der Frage, »warum die Japaner ENTERO-VIOFORM nicht vertragen«, bis ich schließlich enger mit der Sache zu tun hatte.

Abgesehen von den Sprachbarrieren, waren die Japaner verständlicherweise zu sehr in ihrem eigenen Land mit SMON beschäftigt, um im Ausland Alarm zu schlagen.

Meine beiden Besuche in Japan vermittelten mir eine Vorstellung von der Dimension des Problems. Ich wußte jetzt, daß SMON *keine* »japanische Krankheit« war, und mir war klar, daß es höchst unwahrscheinlich war, daß SMON in vielen anderen Ländern, in denen Oxychinolin verkauft wurde, richtig diagnostiziert würde. Ich sah meine Aufgabe darin – und das war vielleicht noch wichtiger, als in Tokyo als Zeuge auszusagen –, wo immer möglich, Menschen über die Gefahren zu informieren und somit darauf hinzuarbeiten, daß der Verkauf von Oxychinolin überall gestoppt wurde. Das Arzneimittel hatte seine nützliche Phase, wenn es je eine gegeben hat, überlebt, doch die Gefahr, die von ihm ausging, war noch nicht gebannt.

Trotzdem schien mir der Gedanke, diese Aufgabe ganz allein auf mich zu nehmen, recht naiv, es kam mir fast wie eine Donquichotterie vor, und ich fühlte mich erst einmal wie gelähmt. Genau zu dem Zeitpunkt wurde ich von der Zeitschrift der Schwedischen Ärztevereinigung *Läkartidningen* gebeten, einen Bericht über meine Erfahrungen mit SMON zu schreiben.

Und das tat ich auch. Mein Bericht erschien am 16. Juni 1976. Er enthielt scharfe Anschuldigungen gegen Ciba-Geigy in unmißverständlicher Sprache. Ich forderte die Industrie wie auch die Ärzteschaft und die Gesundheitsbehörde auf, sich einer öffentlichen Diskussion zum Thema Oxychinolin zu stellen.

Ich veröffentlichte weitere Kritik, darunter einen Artikel in der Publikumspresse, und forderte Ciba-Geigy auf, den Verkauf ihrer oralen Oxychinolin-Produkte, zu denen ENTERO-VIOFORM, MEXAFORM und STEROSAN zählten, in allen Ländern einzustellen.

Ciba-Geigy wollte offensichtlich nicht, daß über diese Sache gesprochen wurde, und rührte sich nicht. Doch ich wollte eine öffentliche Diskussion, um jedermann die Gelegenheit zu geben, sich ein eigenes Urteil zu bilden. Ich provozierte eine solche Diskussion, indem ich einen offenen Brief an Ciba-Geigy schrieb, der am 10. November in *Läkartidningen* veröffentlicht wurde. Mein Brief konzentrierte sich auf drei Fragen: Erstens, ob Ciba-Geigy das Risiko-Nutzen-Verhältnis der Oxychinolin-Präparate für vertretbar hielt, in Anbetracht der durch die Ereignisse in Japan bekanntgewordenen Tatsachen. Zweitens, ob Ciba-Geigy bei der Behauptung bleibe, daß SMON eine »japanische Krankheit« und somit ein rein »japanisches Problem« sei. Und drittens, ob Ciba-Geigy es mit den ethischen und moralischen Normen, auf deren Einhalt Ärzte und Patienten einen Anspruch haben, vereinbaren könne, ein unnötiges Arzneimittel, das schwerwiegende Nebenwirkungen verursachen kann, weiterhin zu verkaufen.

Da man Ciba-Geigy die Gelegenheit gegeben hatte, in derselben Ausgabe der Zeitschrift darauf zu antworten, hatten die Leser die Möglichkeit, die Argumente beider Seiten auf einen Blick zu sehen.

Ciba-Geigy bezeichnete zunächst SMON als eine »auf Japan beschränkte epidemische Krankheit«, deren Ursache immer noch nicht eindeutig geklärt sei. »Es ist ganz offensichtlich, daß zumindest einige Formen des japanischen SMON-Syndroms durch mehr als einen

Faktor oder eine Kombination von Faktoren verursacht werden kann, von denen einer die halogenierten Hydroxychinoline sind.«

Was das Risiko-Nutzen-Verhältnis betraf, verwies man wieder nachdrücklich auf den langjährigen (45 Jahre) Gebrauch des Arzneimittels durch Millionen von Menschen und auf die methodischen Schwierigkeiten, die Wirkung des Arzneimittels bei unspezifischer Diarrhö aufzuzeigen. Da man außerhalb Japans nur wenige Berichte über neurologische Nebenwirkungen erhalten hatte, betrachtete man das Risiko-Nutzen-Verhältnis von Oxychinolin-Produkten als zufriedenstellend, »sofern sie korrekt angewendet werden«. Schon aus der Einführung wurde klar, daß man SMON immer noch als eine japanische Krankheit betrachtete, obwohl man jetzt die Bezeichnung »Japanisches SMON-Syndrom« benutzte. Jedenfalls müsse nach Ansicht der Firma die Situation in Japan gesondert behandelt werden – eine höchst unbefriedigende Ansicht.

Der ethischen Frage wurde geschickt aus dem Weg gegangen. Statt dessen entledigte Ciba sich wieder der Verantwortung, indem sie erklärte, daß nach sorgfältiger Überlegung beschlossen wurde, Oxychinoline in all den Ländern weiterhin zur Verfügung zu stellen, »in denen sie von den Ärzten und den Gesundheitsbehörden als medizinisch gerechtfertigt eingeschätzt werden«.

Die Antwort entsprach voll der Public-Relations-Politik, mit der ich allmählich vertrauter wurde. Kein Wunder, daß Ciba es schwierig fand, die Wirksamkeit von Oxychinolin bei unspezifischer Diarrhö nachzuweisen – das ist nicht leicht bei einer Krankheit, die keine medizinische Behandlung erfordert. Doch sie war nicht in der Lage, meine Behauptung zu widerlegen, daß der Wirksamkeitsnachweis für Oxychinolin modernen Ansprüchen nicht gerecht werde.

Indem sie im Brief auf »unsere Produkte« verwies, statt auf den Wirkstoff selbst, wollte sie die Aufmerksamkeit vom Kern des Problems ablenken. Das ist eine altbekannte Taktik. Eine weitere Taktik bestand darin, die Fälle von neurologischen Nebenwirkungen, die der Firma bekannt geworden waren, so darzustellen, als seien sie repräsentativ für die ganze Welt. Dies war, wie bereits erklärt, absurd. Ciba-Geigy mußte sich doch mindestens genauso wie ich dessen bewußt gewesen sein, daß SMON-Fälle außerhalb Japans größtenteils kaum zu ermitteln waren. Doch man braucht die unbekannten Fälle gar nicht als Argument ins Feld zu führen. Wenn ein Wirkstoff unnötig ist, wie Oxychinolin, dann ist selbst eine einzige dadurch verursachte Schädigung völlig untragbar.

Der Hinweis auf »korrekten Gebrauch« ist auch unklar. Abgesehen von der Tatsache, daß des Lesens und Schreibens unkundige Menschen, die das Arzneimittel von einem Straßenhändler kaufen, keine Möglichkeit haben, sich über den »korrekten Gebrauch« zu informieren, scheint man sich in diesem Punkt bei Ciba-Geigy selbst nicht ganz im klaren darüber zu sein. In Großbritannien empfahl man eine Gesamtdosis von 7 g, in Tanzania 21 g, in anderen Ländern wieder andere Mengen (vgl. S. 104).

In meiner Antwort auf Ciba-Geigys stereotype Darstellung des SMON-Falles versuchte ich, ihre Argumente in den richtigen Zusammenhang zu stellen. Mein Artikel hatte den Titel *Ciba-Geigys Geschäftsmoral*.[22]

Von Ciba-Geigy kamen keine klärenden Stellungnahmen mehr. Statt dessen lud man mich zu einer *Round-table conference* nach Basel ein. Ich lehnte ab. Ich wollte eine objektive und öffentliche Diskussion, kein Treffen hinter verschlossenen Türen. Ich ließ die Firma wissen, daß ich *Läkartidningen* für ein besseres Diskussionsforum hielt, da dort eine breite Beteiligung möglich war.

Trotz Ciba-Geigys Widerstreben, sich auf eine öffentliche Diskussion einzulassen (oder vielleicht sogar deswegen), hatte ich es geschafft, erst einmal erfolgreich Alarm zu schlagen. Im Januar 1977 veröffentlichte die Abteilung für Neurologie und Rehabilitation der schwedischen Kinderärztevereinigung einen Appell an alle Pharma-Firmen, die immer noch Oxychinolin-Produkte vertrieben, den Verkauf sofort einzustellen[22]. Sie wies darauf hin, daß die Gefahr beim oralen Gebrauch dieser Arzneimittel eindeutig erwiesen sei, während ihr therapeutischer Wert zweifelhaft sei und weiteren Gebrauch nicht rechtfertige.

In der Februarnummer beteiligten sich schwedische Ärzte (zum erstenmal) an der Debatte in *Läkartidningen*, indem sie Ciba-Geigys Weigerung, den Verkauf einzustellen, als ethisch unhaltbar verurteilten. In ihrem Artikel wurde zum erstenmal öffentlich der Vorschlag gemacht, Ciba-Geigy zu boykottieren. Dies wurde von der Tagespresse aufgegriffen. Bald erschien ein weiterer wichtiger Beitrag in

Läkartidningen. Unter dem Titel *Ciba-Geigys Argumentation unakzeptabel. Maßnahmen?* äußerten sieben Ärzte aus Uppsala scharfe Kritik an Ciba-Geigy. Sie waren empört über Ciba-Geigys Versuche, das Oxychinolin-Problem als mein privates Steckenpferd darzustellen und die Debatte »von den Seiten des *Läkartidningen* hinter ihre eigenen verschlossenen Türen zu verlagern«. Sie stellten eindeutig fest, daß es um eine Sache von allgemeinem Interesse ging, und viele Ärzte nahmen aktiv an der Debatte teil und zogen ihre eigenen Schlußfolgerungen.

Sie waren ebenfalls darüber empört, daß Ciba-Geigy die relativ geringe Zahl von 180 Fällen neurologischer Nebenwirkungen, die der Firma seit der Einführung außerhalb Japans gemeldet worden waren, ernsthaft ins Feld führen konnte.

Noch schlimmer war, daß Ciba-Geigy betonte, ein »internationales Gremium führender Spezialisten der Neurologie« sei zur Schlußfolgerung gekommen, daß von diesen 180 Fällen nur 40 bis 60 eine Ähnlichkeit mit SMON hätten. Die Ärzte aus Uppsala brachten das zum Ausdruck, was jedem klar war, der mit den medizinischen Systemen in welchem Land auch immer vertraut war. Da in vielen Ländern, in denen Diarrhö grassierte, kein Meldesystem für Nebenwirkungen existierte, war es müßig, irgendwelche Schlüsse aus der Zahl der tatsächlich gemeldeten Fälle von Nebenwirkungen zu ziehen. Das Meldesystem in Schweden galt als eines der am besten funktionierenden Systeme dieser Art, doch es wurde geschätzt, daß nur 20–30% aller ernsten Nebenwirkungen überhaupt gemeldet wurden, meinten die Autoren. Und wie stand es da mit Ländern wie Indien, Bangladesch, Pakistan und Nepal?

Weil Ciba-Geigy anscheinend »mehr Gewicht auf geschäftlich-kommerzielle Faktoren legte als auf medizinische Verantwortung«, drängten die Ärzte aus Uppsala ihre Kollegen und die Schwedische Ärztevereinigung, Maßnahmen zu ergreifen. Sie schlossen mit der Erklärung, daß sie bis auf weiteres keine Ciba-Geigy-Produkte mehr verschreiben würden, »wo dies ohne Nachteil für den Patienten möglich ist«, und brachten die Hoffnung zum Ausdruck, daß andere ihrem Beispiel folgen würden.

Am 2. März unterstützte mein Kollege Lennart Berggren, Professor der Augenheilkunde in Uppsala, öffentlich die Kritik an Ciba-Geigy:

»Ein oder zwei von Olle Hansson und mir verfaßte wissenschaftliche Artikel hatten im nachhinein erhebliche Bedeutung für den Ausgang der Prozesse in Japan. In seiner kritischen Überprüfung von Ciba-Geigys Geschäftsmoral hat Olle Hansson seitdem allein zur Feder gegriffen. Um irgendwelchen Mißverständnissen vorzubeugen, möchte ich erklären, daß ich seine Ansichten voll und ganz teile. Ciba-Geigys Geschäftsmethode, schädliche Produkte zu verkaufen, denen eine therapeutische Dokumentation fehlt, können nicht deutlich genug verurteilt werden.«

Einige andere Kollegen waren jedoch der Meinung, daß Proteste in Schweden gegen ein Produkt, das auf dem heimischen Markt nicht mehr im Handel war, einem Sturm im Wasserglas glichen und keine internationale Bedeutung hätten. Wie sich herausstellte, war das keineswegs so. Zum Beispiel griff *The Lancet* am 5. März 1977 die schwedische Debatte und den Vorschlag, Ciba-Geigy und Sandoz zu boykottieren, in einem Leitartikel über die internationale Situation auf. Es stellte sich auch heraus, daß Ciba-Geigy und andere Hersteller von Oxychinolin-Präparaten erheblich empfindlicher gegenüber Maßnahmen in Schweden reagierten, als die schwedischen Ärzte annahmen.

Und was mich betrifft, so kann ich nichts anderes als Doppelmoral erkennen, wenn jemand das Verhalten einer Firma als unmoralisch ansieht und es gleichzeitig durch Stillhalten unterstützt.

Die Art und Weise, wie sich Ciba-Geigy bei der SMON-Debatte in *Läkartidningen* verhielt, wurde von anderen Pharma-Unternehmen nicht geschätzt. Astra AB, die größte Pharma-Gruppe in Schweden, schien es besonders peinlich zu sein. Astra erfreut sich enger Geschäftsbeziehungen mit Ciba-Geigy, da ihr Tochterunternehmen Hässle zu jener Zeit mit Ciba-Geigy Schweden fusionierte. Etwa die Hälfte von Hässle-Ciba-Geigy war im Besitz von Ciba-Geigy Schweiz.

Verärgerung in der Astra-Gruppe wurde deutlich, als zwei ihrer Topmanager, Stig Wahlquist und Lars Werkö, sich genötigt sahen, ihre Autorität einzusetzen, um die Debatte zu beenden. Dr. Werkö besaß einen eindrucksvollen Ruf: Er war Vizepräsident von Astra AB, Vorsitzender der schwedischen Vereinigung der Arzneimittelhersteller, Professor der Medizin, ehemaliger Vorsitzender der Schwedischen

Ärztevereinigung und zeitweilig Vorstandsmitglied von Ciba-Geigy Schweden, um nur einige seiner »Lorbeeren« zu erwähnen.

Die wesentliche Waffe dieser Autoritäten bestand in Verunglimpfung. Unterstellungen, daß ich inkompetent sei und daß mir Verantwortungsbewußtsein fehle, und die unwahre Anschuldigung, daß ich Zitate gefälscht hätte, waren ein dürftiger Ersatz für Tatsachen. Wahlquist und Werkö leisteten jedoch einen wichtigen Beitrag. Sie verlangten von Ciba-Geigy, daß sie eine wissenschaftliche Übersicht aller vorklinischen und klinischen Prüfungen vorlege, auf die sich Ciba-Geigys eigene Einschätzung der Sicherheit von Oxychinolin gründete.

Ciba-Geigy ging auf diese Forderung ein, indem sie drei Übersichtsartikel veröffentlichte.[23] Die Artikel bewirkten genau das Gegenteil von dem, was Ciba-Geigy sich erhoffte. Niemand ließ sich von der pseudowissenschaftlichen Darstellung täuschen. Selbst die medizinischen Redakteure von *Läkartidningen* machten darauf aufmerksam, daß die Artikel nicht objektiv wirkten. Niemand hätte Ciba-Geigy besser enttarnen können als sie selbst. Astra und ihre Direktoren gingen aus diesem seltsamen Zwischenspiel nicht sehr ruhmreich hervor. Prof. Åke Liljestrand, Direktor der Pharma-Abteilung des schwedischen Gesundheitsamtes, schrieb einen vernichtenden Artikel mit Gegenargumenten,[24] in welchem er Ciba-Geigys Artikel über die Wirksamkeit von Oxychinolin mit der Feststellung zurückwies, »daß er darauf abzielt, den irreführenden Eindruck wissenschaftlicher Objektivität zu vermitteln«. »Eine eindeutige Aussage, die die mangelnde Wirksamkeit konstatiert, wäre angemessen gewesen«, sagte er. Genausowenig angetan war er von Ciba-Geigys Darstellung der Toxizität, der Sicherheit und der Resorption von Oxychinolin. Dieselbe Ausgabe von *Läkartidningen* enthielt einen Brief der Schwedischen Ärztevereinigung an die Weltgesundheitsorganisation (WHO), in dem eine gründliche Untersuchung des Nutzens von Oxychinolin verlangt wurde. Für den Fall, daß kein klarer Hinweis auf den Nutzen vorgelegt werden könne, wurde die WHO aufgefordert, »sich dafür einzusetzen, daß Clioquinol in allen Ländern vom Markt genommen wird«.

Der Alarm war in Schweden gehört und beachtet worden und wurde schon auf internationaler Ebene weitergegeben.

Der Boykott

Der Boykott von Ciba-Geigy, der im Februar 1977 vorgeschlagen wurde, wurde in die Tat umgesetzt und weitete sich allmählich aus. Proteste gegen den fortgesetzten Verkauf von oralen Oxychinolin-Präparaten erschienen regelmäßig in *Läkartidningen*. Eine große Zahl von Medizinstudenten schloß sich der Aktion an – ein Hoffnungszeichen für die Zukunft. Die Tageszeitungen griffen das Thema auf und erschütterten den blinden Glauben der Öffentlichkeit in die Pharma-Industrie.

Der Boykott setzte Ciba-Geigy unter Druck – nicht nur wegen der »Negativ«-Werbung, sondern auch aufgrund beträchtlicher wirtschaftlicher Auswirkungen. Diese ließen sich an den Verkaufszahlen auf dem schwedischen Markt ablesen, die in der Statistik der schwedischen Pharma-Firmen veröffentlicht wurden. Diese Angaben wertete der freiberufliche Journalist Mats Nilsson im September 1981 in seinem Artikel für die eine der beiden führenden schwedischen Tageszeitungen, *Dagens Nyheter*, aus. Er benutzte Ciba-Geigys Verkaufszahlen für Schweden für die Jahre 1976–1980.

Ciba-Geigys Umsatzsteigerung in diesem Zeitraum betrug nur 10%, während in der gleichen Zeit der Gesamtabsatz von Arzneimitteln in Schweden um 48% anstieg. Eine Analyse der Zahlen ergibt, daß Ciba-Geigy über ein Viertel ihres schwedischen Marktanteils verlor. Alle anderen ausländischen Pharma-Unternehmen konnten in diesem Zeitraum ihren Anteil vergrößern.

Bei einer näheren Betrachtung der Ciba-Geigy-Produkte werden die Auswirkungen noch deutlicher sichtbar. Sie wurden von der Boykottbewegung in drei Kategorien eingeteilt:

- *»Synonym«-Präparate* (solche, die unter einem anderen Namen auch von einer anderen Firma erhältlich sind) fielen in der Verkaufsstatistik um fast die Hälfte.
- *»Me-too«-Präparate*, die sich geringfügig von Konkurrenzprodukten unterscheiden, doch therapeutisch gleichwertig sind, fielen um 42%.

- Die *Originalprodukte* der Firma (wo es für die optimale Behandlung eines Leidens keine Alternativen gleichwertiger Güte gibt) stiegen um 60% und gingen fast unbeschadet aus dem Kampf um Marktanteile hervor.

Es leuchtet ein, daß ein Boykott ohne Schaden für den Patienten nur gegen die ersten beiden Kategorien gerichtet werden kann. Die Zahlen belegen, daß tatsächlich genau diese Arzneimittel boykottiert wurden. Die dritte Kategorie war vom Absatzrückgang nicht betroffen. Das ließ mit großer Wahrscheinlichkeit darauf schließen, daß wirklich nur der Boykott für den Verkaufsrückgang der anderen Arzneimittel verantwortlich war.

In Anspielung auf die Tatsache, daß mehrere schwedische Ärzte etwa zur gleichen Zeit am XII. Weltkongreß der Neurologie in Kyoto auf Ciba-Geigys Kosten teilnahmen, kommentierte ein Experte Nilssons Artikel folgendermaßen: »Hervorragend! Es ist gut, daß diese Sache bekanntgeworden ist. Das könnte ein Anreiz sein, den Boykott zu verstärken und Kollegen davon abzubringen, auf Einladung dieser Firma Reisen zu unternehmen.«

Die Wirkung des Boykotts wurde auch international registriert, z. B. in der namhaften japanischen Tageszeitung *Asahi Shimbun* und im japanischen Fernsehen, im Schweizer *Tagesanzeiger* und selbst in *Lancet*. Die internationale Publizität des schwedischen Erfolgs gab den vielen Menschen und Organisationen, die für einen Stopp der oralen Oxychinolin-Produkte kämpften, auch außerhalb Schwedens, moralische Unterstützung. Die schwedischen Ergebnisse zeigen, wie effektiv Aktionen entschlossener Bürger sein können, selbst wenn man es mit einem Riesen wie Ciba-Geigy zu tun hat. Sie veranschaulichen auch die Empörung, die Ciba-Geigys Verhalten innerhalb der Ärzteschaft ausgelöst hat.

Ciba-Geigy wiederum versuchte die Bedeutung der Zahlen herunterzuspielen. Der Direktor von Ciby-Geigy Schweden, Stig Arne Ekedahl, deutete an, daß viele Faktoren, die nichts mit dem Boykott zu tun hatten, für den starken Rückgang verantwortlich sein könnten. Doch er vermied es, ins Detail zu gehen. Er behauptete auch, daß viele, die den Boykott unterstützt hatten, von den Protestaktionen Abstand nehmen würden, sobald sie »Zugang zu ausgewogeneren

Informationen erhielten«. Doch die Zahlen (weitere sollten folgen) zeigten das Gegenteil.

Im Juli 1982 gab ein neuer Bericht in *Dagens Nyheter* einen weiteren Rückgang bei Ciba-Geigys Arzneimittelverkäufen seit Herbst 1980 bekannt. Der Absatz von Synonym-Präparaten war um weitere 47% zurückgegangen (seit dem Beginn des Boykotts insgesamt um 73%). Der Marktanteil der »Me-too«-Präparate war seit Herbst 1980 um weitere 25% gesunken, also insgesamt um mehr als 50%. Der gesamte Umsatzrückgang seit Beginn des Boykotts entsprach fast einem Zwei-Jahres-Umsatz von Ciba-Geigy in Schweden.

Eine zustimmende Reaktion auf diesen neuen Bericht kam vom Leiter der Schwedischen Ärztevereinigung, Dr. Hans Rundcrantz, der im Gegensatz zu den Ciba-Geigy-Vertretern sein Vertrauen in die Zahlen bekundete:

> »Ich habe keinen Anlaß, die Stichhaltigkeit dieser Unterlagen anzuzweifeln. Der Boykott ist ein anschaulicher Beleg dafür, daß die Ärzteschaft ein ausgeprägtes Verantwortungsgefühl besitzt und die Schwächsten schützt. Es geht ihnen nicht nur um ihre eigenen Patienten. In *Läkartidningen* hat sich eine permanente Debatte entwickelt über die von Ciba-Geigy und anderen Pharma-Unternehmen betriebene Marketingstrategie in den Entwicklungsländern.«

Ebenfalls im Widerspruch zu Ciba-Geigy drückte Dr. Rundcrantz die Überzeugung aus, daß sogar noch mehr Ärzte als die, die den Boykott offen unterstützten, im Grunde genommen die gleiche Ansicht vertraten. Er betonte weiter, daß es außer Ciba-Geigy noch viele andere Firmen, unter ihnen auch Hersteller in Osteuropa, gab, die immer noch Oxychinolin verkauften. Er erklärte, daß die Schwedische Ärztevereinigung daher versuchen werde, über die WHO ein totales Verkaufsverbot zu erwirken, statt gegen eine einzelne Firma vorzugehen.

Die Verantwortung der anderen Oxychinolin-Hersteller stand nie außer Frage. Ihr fortgesetzter Verkauf von oralem Oxychinolin war genauso unverantwortlich. Ciba-Geigy wurde als Hauptziel des Boykotts ausgewählt, wegen ihrer Position als Marktführer und erster Hersteller der Oxychinolin-Präparate. Der Boykott sollte ein Exempel darstellen und anderen Firmen als Warnung dienen. Er war auch ein Mittel, Informationen über Oxychinolin und SMON zu verbreiten, da er Nachrichten lieferte, die in die öffentliche Presse gelangten, so daß auf diese Weise die Menschen gleichzeitig über die Gefahren dieses Wirkstoffs aufgeklärt werden konnten. Man hoffte, daß die anderen Unternehmen nachziehen würden, wenn Ciba-Geigy erst einmal nachgegeben hatte. Leider ist das noch nicht in allen Fällen geschehen.

Einen Hinweis darauf, daß Ciba-Geigy die schwedischen Ärzte und ihren Boykott von Anfang an ernst nahm, gibt eine dringliche Mitteilung, die die Firma nur wenige Monate nachdem die Idee eines Boykotts erörtert wurde, allen Ärzten in Schweden zukommen ließ. In der Mitteilung wurde ihnen versichert, daß Ciba-Geigy den Vorschlag der Schwedischen Ärztevereinigung unterstützte, wonach die Weltgesundheitsorganisation Experten aus den Ländern, in denen Clioquinol noch im Handel war, zusammenrufen sollte, um Klarheit über die Anwendung zu schaffen. Gleichzeitig erklärte Ciba-Geigy in Schweden, wo Oxychinolin-Produkte bereits verboten waren, daß man beschlossen habe, für die Ciba-Geigy-Produkte, die Clioquinol enthalten, die Indikationen »Vorbeugung« und »unspezifische Diarrhö« zu streichen. Um möglichst sicherzugehen, daß auch jeder schwedische Arzt die Mitteilung erhielt, schickte Ciba-Geigy Schweden sie im November an alle etwa 16 000 schwedischen Ärzte, obwohl sie bald darauf in *Läkartidningen* abgedruckt wurde, das jeder Arzt erhält. Sandoz veröffentlichte eine ähnlich lautende Mitteilung in *Läkartidningen*.

Ciba-Geigys Doppelaktion ist ein prächtiges Beispiel für die Schnelligkeit und Effizienz, mit der Pharma-Unternehmen Ärzte mit Informationen versorgen können, wenn sie es wollen. Die Aktion in Schweden deutete darauf hin, daß sie tatsächlich dazu bereit sind, wenn Profite auf dem Spiel stehen. Weshalb sonst hatte man weder Mühe noch Kosten gescheut, um so spezielle Informationen in einem Land zu verbreiten, wo das fragliche Arzneimittel gar nicht mehr verkauft wurde, während meines Wissens kein Land, in dem es immer noch verkauft wurde, in den Genuß einer solch dringlichen Mitteilung kam? Es ist auch erwähnenswert und bezeichnend, daß schwedische Ärzte nicht auf diese Weise informiert wurden, als die schwerwiegenden Nebenwirkungen von Oxychinolin bekannt wurden, zu einer Zeit, da es in Schweden noch nicht verboten war. Und auch in der Folge wurden keinerlei relevante Informationen über dieses Thema verbreitet.

Mehrere Monate nach diesem Rundschreiben besuchte ich Frankreich, die Schweiz und die Bundesrepublik, wo orale Oxychinolin-Präparate noch im Handel waren. Die Ärzte dort waren nicht auf die veränderten Indikationen aufmerksam gemacht worden, trotz ihrer offensichtlichen Bedeutung, und die Packungszettel für Ciba-Geigys orale Oxychinolin-Präparate enthielten auch nicht die neue, in Schweden bekanntgegebene Indikationenliste. Nicht einmal die staatlichen Gesundheitsbehörden waren informiert worden.

In einem Interview mit zwei Journalisten vom *Dagens Nyheter* erklärte Ciba-Geigy diese Diskrepanz mit dem Hinweis auf den zeitraubenden Verteilungsvorgang für neue Packungsbeilagen und das notwendige bürokratische Verfahren. »Für alle Änderungen ist die Zustimmung der Behörden erforderlich. Das kann manchmal länger als sechs Monate dauern.« Jedenfalls hatte man es offensichtlich nicht so eilig, daß man auf eine beschleunigte Änderung der Packungsbeilagen gedrängt hätte.

Unerwünschte Kritik

Niemand schätzt es, wenn er kritisiert wird. Für den Kritiker entstehen dadurch oft unangenehme Situationen. Niemand kann Ciba-Geigy einen Vorwurf daraus machen, daß sie über die scharfe öffentliche Kritik ihres Verhaltens nicht gerade begeistert war. Doch kann man der Firma einen Vorwurf daraus machen, daß sie es nicht nur versäumte, aus den Ereignissen eine Lehre zu ziehen, sondern die Dinge noch verschlimmerte, indem sie mitunter auf beschämende Weise auf die Kritik reagierte. Dabei wurde die Firma gelegentlich auch noch von anderen Gruppen unterstützt. Ich habe in dieser Hinsicht eine Menge unangenehmer Erfahrungen gemacht. Ich möchte die Einsichten weitergeben, die ich dabei gewonnen habe, und hier einige der schlimmsten Beispiele beschreiben. Ciba-Geigys Art, auf Kritik zu reagieren, spiegelt die Gesamthaltung der Firma wider.

Mit meinen Versuchen, in *Läkartidningen* die Tatsachen über SMON in der richtigen Perspektive darzustellen, hatte ich mir schon ein paar gründliche Zurechtweisungen eingehandelt, obwohl ich bei weitem nicht alles enthüllen konnte, was ich wußte. Ich erkannte, daß ich der Komplexität des SMON-Problems nicht gerecht werden konnte, wenn sich mein Beitrag zur Debatte nur darauf beschränkte, kurze Artikel und Briefe in *Läkartidningen* zu schreiben. Ich beschloß daher, eine umfassende, freilich immer noch unvollständige Schilderung in Buchform zu veröffentlichen, die 1977 erschien.[123] Das Buch wurde relativ stark beachtet. Das Problem wurde – neben anderen – zum Thema einer einstündigen Fernsehsendung über Arzneimittel und die Pharma-Industrie. Sie informierte nicht nur die Öffentlichkeit über die Gefahren von Oxychinolin, sondern forderte auch die schwedischen SMON-Opfer auf, sich mit mir in Verbindung zu setzen. Das hatte dann zur Folge, daß ich mich später für sie einsetzte.

Es überrascht nicht, daß Ciba-Geigy die Sendung nicht gefiel. Ihr Direktor in Schweden, Stig Arne Ekedahl, bezeichnete sie als »äußerst schwach« und von »mangelnder Objektivität«. In einem internen Informationsblatt stellte er die Fähigkeit und sogar die Bereitschaft der Öffentlichkeit in Frage, sich ein kritisches Urteil zu bilden, und stellte die »Massen« als naiv und dumm dar, weil sie sich nun aufgrund der Sendung Sorgen machten.

In einer späteren internen Mitteilung drängte er: »Kämpft weiter! Zeigen wir Zivilcourage! Angesichts der jüngsten Entwicklung werden wir nächste Woche mit der Zentrale einen Aktionsplan erörtern.«

Eine Sendung der BBC über das SMON-Problem, Teil der Fernsehreihe »Inside Medicine« (18. Mai 1977), bot mir die interessante Gelegenheit, Dr. Oliver de S. Pinto kennenzulernen, einen wichtigen Sprecher für Ciba-Geigy und zu der Zeit Leiter der Nebenwirkungszentrale der Firma, die dann in »Arzneimittel-Sicherheit« (*Clinical Drug Safety*, CDS) umbenannt wurde, um dieser Abteilung einen positiveren Klang zu geben. Er rechtfertigte den fortgesetzten Verkauf von oralen Oxychinolin-Präparaten u. a. damit, daß Indonesien die Absicht angekündigt habe, die Präparate von anderen Herstellern zu kaufen, wenn Ciba-Geigy den Verkauf einstellen würde.

Wieder versuchte ich, Antworten auf die Fragen zu bekommen, die ich in *Läkartidningen* gestellt hatte, doch wurde ich statt dessen wieder zu einer »wissenschaftlichen« Diskussion nach Basel eingeladen. Als ich Dr. Pinto sagte, daß ich aufgrund der Protokolle der japanischen Hearings bereits gut informiert sei, fiel er mir mit der sarkastischen Bemerkung ins Wort: »Ich dachte, Sie wären an *wissenschaftlichen* Fakten interessiert!«

Wie sollte ich diese Bemerkung verstehen? Stellte er die Kompetenz der japanischen Gerichte in Frage? Zweifelte er an der Fähigkeit der Anwälte, medizinische Fakten, die ihnen erklärt wurden, richtig zu bewerten? Oder bedeutete es, daß Ciba-Geigys Zeugen (darunter einige Firmenangestellte) falsche Aussagen gemacht hatten, oder vielleicht sogar die Zeugen der SMON-Opfer – und all das trotz der ernsten Konsequenzen bei einem Meineid?

Eine andere Bemerkung von Dr. Pinto ist in diesem Zusammenhang vielleicht recht aufschlußreich. In einem Vortrag über *Drug Monitoring*, den er im März 1977 bei einem internationalen Treffen hielt,[25] sagte er unter anderem: »Sie alle sind vertraut mit SMON. SMON in Japan ist keine durch Arzneimittel verursachte Krankheit. Bei SMON in Japan haben wir es mit einer Epidemie ›übertriebenen Meldens‹ zu tun, in der Fälle von neurologischen Nebenwirkungen durch halogenierte Hydroxychinoline vorkommen.«

Im selben Vortrag spann Dr. Pinto übrigens einen bemerkenswerten Traum aus im Zusammenhang mit den Herz-Medikamenten ANTURAN und TRASICOR, auf die an späterer Stelle in diesem Buch eingegangen wird. Es war sein Traum, irgendwann in Zukunft fast die gesamte Weltbevölkerung, Männer unter 40 und Nonnen ausgeschlossen, mit einem Arzneimittel zu versorgen, das Herzinfarkte verhindern sollte, ganz gleich, ob es überhaupt Hinweise für den Nutzen eines solchen Mittels oder mögliche Risikofaktoren gab. Glücklicherweise hat sich dieser Traum noch nicht erfüllt, obwohl Dr. Pinto zum Leiter von Ciba-Geigys Studiengruppe *International Prospective Primary Prevention Study in Hypertension* (IPPPSH) wurde.

Im Frühjahr 1978 dachte ich, daß es nützlich wäre, wenn ich zusammen mit Oliver Gillie, einem Journalisten der *Sunday Times*, Ciba-Geigy besuchte. Ciba-Geigy gab uns jedoch zu verstehen, daß man keine Zeit für uns habe – vielleicht ein andermal...

Doch zur gleichen Zeit war man bei Ciba-Geigy nicht zu beschäftigt, um zwei schwedische Journalisten zu empfangen, denen ein interessantes Interview mit mehreren Topmanagern gewährt wurde. Am 18. April 1978 wurden sie von Prof. Rudolf Oberholzer, Dr. Robert Scott, Dr. Jiri A. Sobotkiewicz, Anwalt Dr. Andreas Escher und dem Leiter der PR-Abteilung, Herrn Hans Jörg Lutz, empfangen. Einige Auszüge aus diesem Gespräch erschienen in *Dagens Nyheter* am 14. Mai 1978.

Prof. R. Oberholzer: Wir sind davon überzeugt, daß Oxychinolin ein gutes und sicheres Arzeimittel ist. Dies bleibt meine Überzeugung, und ich sehe keinen Grund, diese Meinung zu ändern. In Schweden zählen Tatsachen nicht mehr. Im Fall von Olle Hansson sind die Gefühle der Vernunft davongelaufen. Warum er sich so verhält, wie er es tut, ist mir unbegreiflich, und ich verstehe auch nicht die unkritische Haltung der Schwedischen Ärztevereinigung.

Unsere Informationspolitik gab keinerlei Anlaß zu einem solchen Verhalten. Vielleicht hätten wir in Hinblick auf die schwedischen Ärzte mehr Informationen ausgeben und mehr tun können.

Wie können Sie überhaupt über ein Arzneimittel weiter diskutieren, das in Schweden ja gar nicht im Handel ist?

Dr. J. A. Sobotkiewicz: Wollen Sie denn die vielen tausend Ärzte, die weiterhin Oxychinolin verwenden, als unethisch brandmarken? Und was die Frage betrifft, ob die Firma Anlaß zu der Annahme habe, daß das Risiko einer Epidemie besteht – glauben Sie etwa, daß wir in so einem Fall dieses Arzneimittel weiter zur Verfügung stellen würden? ... SMON ist eine japanische Krankheit. Es gibt nur 14 Fälle außerhalb Japans.

Dr. Andreas Escher: Durch unsere Anwälte vor Gericht haben wir bestätigt, daß in Japan Oxychinolin mit SMON zusammenhängt. Dies war jedoch eine juristische Feststellung, da sie vor Gericht gemacht wurde. Wissenschaftlich gesehen, wissen wir immer noch nicht, was SMON verursacht hat. Leider bleibt die Frage offen. Wir haben uns in Japan jedoch zu einer gesellschaftlichen Verantwortung bekannt. Die Gesetze sind von Land zu

> Land verschieden. Vom juristischen Standpunkt aus gesehen, kann man nur sagen, daß man nach dem und dem Gesetz juristisch und gesellschaftlich verantwortlich ist. Vor einem Gericht gibt es immer nur relative Gerechtigkeit und relative Schuld.«

Ciba-Geigys Vertreter betonten, daß sie selbst ENTERO-VIOFORM nehmen, wenn sie Urlaub machen. »Ich nehme es, wenn ich nach Schweden reise«, kicherte Rudolf Oberholzer.

Die Journalisten fragten, ob sie ein Foto von diesen Herren neben einer Packung ENTERO-VIOFORM machen könnten. In diesem Augenblick bekam die bislang freundliche Fassade Risse. Alle fünf hoben abwehrend die Hände. »Clownerie!« stieß Pressechef Hans Jörg Lutz hervor, das einzige Wort, das er überhaupt von sich gab.

Mehr als ein Jahr später wäre es fast zu einem Treffen mit einem der Ciba-Geigy-Manager in der Schweiz gekommen, als das Schweizer Fernsehen mich einlud, an einer Diskussionsrunde teilzunehmen, mit Hans W. Schönenberger von der Schweizer Arzeimittelbehörde, der Interkantonalen Kontrollstelle für Heilmittel (IKS), und Dr. Franz Gubser von Ciba-Geigy.

Die Einladung kam nach einer Pressekonferenz, die am 31. August 1979 in Basel abgehalten wurde und auf der ich die deutsche Übersetzung meines schwedischen Buches über den SMON-Skandal vorstellte.[123] Doch aus der vorgeschlagenen Fernsehdiskussion wurde nichts. Ciba-Geigy wollte sich nicht an einer direkten Diskussion mit mir beteiligen, so wurden statt dessen drei getrennte Interviews aufgenommen und am 15. September gesendet. Dr. Gubser und ich sagten nichts Neues. Doch Dr. Schönenbergers Botschaft an die Schweizer Öffentlichkeit war interessant. Auf der Pressekonferenz im August hatte er Journalisten versichert, daß während der ganzen 70er Jahre die IKS von Ciba-Geigy über die Ereignisse vollständig informiert worden sei. Die IKS hatte natürlich die Wirkung von Oxychinolin untersucht und keinen Anlaß gesehen, spezielle Maßnahmen zu ergreifen. In der Sendung vom 15. September dagegen kündigte er überraschend an, daß die IKS vorhabe, die Oxychinolin-Produkte der Rezeptpflicht zu unterstellen. Offenbar hatte sich irgend etwas ereignet seit der Pressekonferenz, auf der er angedeutet hatte, daß es reichlich unangemessen sei für einen Arzt, »so ein Buch wie dieses zu schreiben«.

Am 30. Oktober 1980 veranstaltete die *Schweizerische Gesellschaft für ein Soziales Gesundheitswesen* gemeinsam mit der *Stiftung für Konsumentenschutz* eine öffentliche Diskussion zum Thema »Der SMON-Skandal und Ciba-Geigy«. In der Ankündigung wurden folgende Fragen gestellt: »Welches Risiko geht man ein, wenn man ENTERO-VIOFORM nimmt? Ist SMON eine ausschließlich japanische Krankheit? Kommt Profit vor Gesundheit?«

Dr. Justus Gelzer von Ciba-Geigy und Dr. Kurt Adank von der IKS (früher bei Ciba-Geigy) nahmen an der Diskussion teil. Ich auch, sowie einige andere Kritiker und Experten. Dr. Adank hatte einige Schwierigkeiten, zu erklären, warum es nach dem Auftreten von SMON 20 Jahre gedauert hatte, bis ENTERO-VIOFORM in der Schweiz als rezeptpflichtig eingestuft wurde. Er sei sich auch bewußt, so gab er zu, das Broxychinolin, die Oxychinolin-Verbindung in dem von Sandoz hergestellten Medikament INTESTOPAN, mit dem gleichen Schädigungsmuster wie dem von Clioquinol in Verbindung gebracht worden war. Aber als er gefragt wurde, warum INTESTOPAN nicht auch wie die Clioquinol-Präparate unter Rezeptpflicht gestellt worden seien, konnte er nur sagen, daß die Sache geprüft werde.

Dr. Gelzer legte Ciba-Geigys altbekannte Verteidigung vor, doch kam er durch eine kritische Frage aus dem Publikum über den therapeutischen Nutzen von Oxychinolin etwas ins Schleudern. Die Frage wurde mit einer verzweifelten Bitte um Geduld beantwortet: »Geben Sie mir noch *acht* Jahre!« Er gab zu verstehen, daß klinische Prüfungen bereits begonnen hatten. Als ich nachhakte, erhielt ich die zusätzliche Auskunft, daß derartige Prüfungen in einem Entwicklungsland durchgeführt würden und daß Verhandlungen mit Mexiko im Gange seien.

Ich gab zu bedenken, was für ethische Implikationen es habe, an Patienten Experimente zur Testung eines Produkts durchzuführen, das zweifellos schwerwiegende Nervenschäden verursachen kann und von Universitätskliniken, einschließlich der Universität Basel, als überholt angesehen wird. Doch Dr. Gelzer fühlte sich von meinen Bedenken nicht im mindesten angesprochen. Vielleicht machte er sich eher darüber Sorgen, daß der Absatz von Ciba-Geigys Oxychinolin-Produkten zwischen 1975 und 1978 von 90 auf 50 Millionen Schweizer Franken jährlich zurückgegangen war, wie er zugeben mußte. Offenbar war es wichtig, sich mit Hilfe dieser Untersuchungen weitere acht Jahre bescheidene Profite aus Arzneimitteln zu sichern, deren Herstellungs- und Marketing-Kosten, verglichen mit anderen Medikamenten, unbedeutend sind. Risiken für Menschen waren offenbar unwesentlich bei dieser Marketing-Kalkulation.

Die Frage der klinischen Prüfungen mit Clioquinol-Präparaten wurde sogar noch dubioser. Im Oktober 1982 kündigte Ciba-Geigy an, daß man im Laufe der nächsten drei bis fünf Jahre weltweit die Produktion der oralen Clioquinol-Präparate einstellen werde (die Umstände, die zu dieser Entscheidung führten, sollen später geschildert werden). Fast 50 Jahre lang war im Bereich von klinischen Studien zur Wirksamkeit von Oxychinolin so gut wie nichts getan worden. Jetzt, da Ciba-Geigys Oxychinolin-Präparate vom Markt verschwinden sollten, hätte man gedacht, daß es nicht mehr nötig sei, dieses Versäumnis nachzuholen. Doch bei Ciba galt diese Logik nicht. In einem Brief von Ciba-Geigy (Basel) vom Januar 1983 heißt es, daß kürzlich eine klinische Prüfung mit Clioquinol beschlossen worden sei, die demnächst beginnen solle, und zwar *nach* Ciba-Geigys Entscheidung, die Produktion einzustellen – ein erstaunlicher, wenn nicht gar unbegreiflicher Sachverhalt. Aber dies war nicht der einzige Fall dieser Art. Briefe und Telex-Mitteilungen, die während der folgenden Monate von Basel an verschiedene Länder geschickt wurden, erzählen eine merkwürdige Geschichte.

Im Februar wurde ein Brief an Ciba-Geigy Mexicana geschickt,[26] der belegt, daß man eine Clioquinol-Prüfung in Mexiko durchführen wollte. Im April hoffte Ciba-Geigy, daß die mexikanische Clioquinol-Studie in Guadelajara bald beginnen würde.[27] In einem im Juli an Ciba-Geigy Mexicana geschickten Telex[28] wird eine Clioquinol-Prüfung mit Kleinkindern und Kindern (!) erwähnt, die in Guadelajara durchgeführt werden sollte.

Im März wurde eine neue Untersuchung mit ENTERO-VIOFORM, die man in Indien durchführen wollte, zwischen Ciba-Geigy (Basel) und Ciba-Geigy of India Ltd. erörtert.[29] Im Juli zeigte man sich in Basel sehr interessiert an der Möglichkeit, in Argentinien eine klinische Prüfung mit Entero-Vioform bei *Kleinkindern* [meine Hervorhebung] durchzuführen, die an Rotavirus-Diarrhö litten.[30] Man machte Ciba-Geigy Argentinien prompt den Vorschlag, im November 1983 damit zu beginnen. Einen Monat später schienen die Vorbereitungen für die Prüfung bereits zu laufen. In einem späteren Telex wurde erklärt, daß das Material für die argentinischen Studie bis Ende September bereit sei.

Anscheinend war Prof. H. L. Du Pont von der Medical School der University of Texas mit der Leitung der mexikanischen Prüfung betraut worden. So schrieb ich ihm, um mehr über diese merkwürdigen Prüfungen zu erfahren. In seiner Antwort vom 5. Juli 1983 erklärte er, daß er »bezüglich dieses Arzneimittels gemischte Gefühle« habe, weil es mit SMON in Japan in Verbindung gebracht werde. Doch trotz seiner Vorbehalte und obwohl Ciba-Geigy die Einstellung der Produktion dieses Arzneimittels bereits angekündigt hatte, hatte er es nicht abgelehnt, die Tests durchzuführen. Er hatte nicht einmal Bedenken, das umstrittene Arzneimittel bei Kleinkindern zu benutzen.

Die für Mexiko und Indien geplanten Untersuchungen mit Kleinkindern und Kindern waren besonders alarmierend. Kinder können keine »freiwillige und rechtsgültige Zustimmung nach vorheriger Information« für ein Experiment abgeben. Außerdem bezweifelte ich, daß ihre Eltern vollständig über die Risiken eines Arzeimittels aufgeklärt worden waren, das als überholt galt und in Kürze von den Herstellern aufgegeben würde. Hätten sie ihr Einverständnis gegeben, wenn sie gewußt hätten, daß das Arzneimittel irreversible Augenschäden verursachen kann?

Zugegeben, Ciba-Geigy garantierte »eine rigorose Überwachung aller Patienten«, wie man mir im September in einem Brief mitteilte, als Antwort auf meine Anfrage bei Präsident von Planta bezüglich »der medizinischen, gesetzlichen und nicht zuletzt ethischen Aspekte dieser Prüfungen«. In diesem Brief aus Basel wurde mir versichert, »daß die Medikation beim Auftreten auch nur der geringsten Anzeichen neurologischer Störungen abgebrochen wird«. Doch wie wollte man diese »geringsten Anzeichen einer neurologischen Störung« bei Kleinkindern feststellen?

Im selben Brief wurde mir mitgeteilt, daß nach der Entscheidung, die Produktion einzustellen, keine klinischen Prüfungen mit Clioquinol eingeleitet worden seien. Ich besaß jedoch Kopien von Briefen, die das Gegenteil besagten.

Was auch immer hinter den Kulissen geschehen sein mag, es war auf jeden Fall eine gute Nachricht, daß im September 1983 Ciba-Geigy Mexiko schließlich mitteilte, daß die Rotavirus-Prüfung mit Kleinkindern aus »nichtmedizinischen Gründen« abgesagt werden müsse.

In einem Brief vom 17. November 1983 schrieben mir Dr. A. J. Emmet und Dr. F. A. Gubser aus Basel: »Wir haben nicht vor, irgendwo klinische Prüfungen mit Clioquinol bei Rotavirus-Infektion bei Kindern durchzuführen.« Doch sie konnten nicht behaupten, daß sie nie welche geplant hätten.

Ein weiteres Beispiel für Ciba-Geigys Versuche, Kritiker wie mich mit Halbwahrheiten zum Schweigen zu bringen, war SERVIFORM.

Nach einer Pressekonferenz in Basel am 1. November 1980 sprach ich mit Dr. Justus Gelzer (Strategie und konzernweite Forschung) über Ciba-Geigys Tochterfirma Servipharm, die Arzneimittel unter Freinamen vertreibt, die gewöhnlich zu einem viel niedrigeren Preis als Markenpräparate verkauft werden. Die WHO schlägt, besonders für Länder der Dritten Welt, vor, daß notwendige Arzneimittelvorräte, also unentbehrliche Arzneimittel, durch den Kauf von markenlosen Arzneimitteln (*Generics*) angelegt werden sollten, um die Kosten des Gesundheitswesens zu senken. Servipharm gibt vor, der Dritten Welt einen Dienst zu erweisen, doch vertreibt die Firma leider nicht nur unentbehrliche Arzneimittel.

Als ich mich etwas sarkastisch erkundigte, ob Servipharm beabsichtige, auch Oxychinolin zu verkaufen, antwortete Dr. Gelzer zu meinem Erstaunen und Entsetzen, daß man »nach endlosen Diskussionen« beschlossen habe, Clioquinol als SERVIFORM auf den Markt zu bringen!

Als ich dies in Schweden öffentlich erwähnte, antwortete Herr Ekedahl eilig, daß kein Produkt dieser Art existiere, weder sei es verkauft worden, noch gebe es Pläne, es zu vertreiben. Er sagte jedoch nicht, daß es niemals Pläne gegeben hatte, SERVIFORM auf den Markt zu bringen.

Dr. Gelzers Stellungnahme wurde durch die Bemerkung eines Basler Vertreters von Ciba-Geigy bestätigt. Er äußerte gegenüber einem Kollegen aus der schwedischen Pharma-Industrie sowie gegenüber der *Schweizerischen Ärztezeitung,*[31] daß in der Schweiz 1980 alle clioquinolhaltigen Präparate der Rezeptpflicht unterstellt würden – einschließlich SERVIFORM! Mit dieser Information konfrontierte ich wiederum Herrn Ekedahl öffentlich. Er mußte zugeben, daß »SERVIFORM, zusammen mit anderen Ciba-Geigy-Produkten, in den Jahren 1978/79 in der Schweiz als Arzneimittel registriert war und möglicherweise in das Angebot von Servipharm Ltd. aufgenommen werden könnte«. Er wiederholte auch seine frühere Stellungnahme und achtete dabei, wie zuvor, darauf, welche grammatikalische Zeit er wählte.

Ich weiß nicht, warum Ekedahl nicht imstande war, diese Information gleich beim erstenmal zur Verfügung zu stellen. Ich weiß auch wie in anderen Fällen nicht, wodurch die endgültige Entscheidung beeinflußt wurde. Vielleicht war das, was Dr. Gelzer mir zufällig mitgeteilt hatte, ausschlaggebend dafür, daß Ciba-Geigy und Servipharm schließlich doch noch den Weg der Vernunft wählten.

Wenn der Leser in dieser Schilderung und bei anderen hier erwähnten Fällen eine Spur Sarkasmus entdeckt, dann liegt dies wahrscheinlich am Wesen des hier behandelten Themas. Was hier geschildert wird, ist jedenfalls wahr.

Die anderen Firmen

Es gibt keinen Grund zur Annahme, daß Ciba-Geigy ein besonders schlimmes Beispiel unter den Pharma-Unternehmen ist; der Konzern scheint lediglich repräsentativ für viele zu sein. Ich habe schon darauf hingewiesen, daß auch Sandoz z. B. bezüglich INTESTOPAN verantwortungsvolles Handeln vermissen ließ. In der Antwort auf eine Anfrage von mir benutzte Sandoz die gleiche Taktik wie Ciba-Geigy. Sandoz stiftete Verwirrung, indem sie zwischen INTESTOPAN und seinem Wirkstoff unterschied, als wäre beides nicht so gut wie ein und dasselbe. Im Verlauf meines Briefwechsels im Jahr 1975 mit der schwedischen Niederlassung der Sandoz wurde mir mitgeteilt, daß nach Meinung der Firma »ein spezieller Faktor oder Ko-Faktor«

verantwortlich sei für das Ausmaß der SMON-Katastrophe in Japan. »Angesichts des Nutzens der Oxychinoline bei der Behandlung von Darminfektionen, die durch Bakterien und Protozoen verursacht werden, hat die Sandoz AG in Einvernehmen mit den Behörden der entsprechenden Länder, in denen Darminfektionskrankheiten ein ernstes Problem darstellen, weiterhin INTESTOPAN zur Verfügung gestellt«, hieß es in einer ihrer Mitteilungen.

Zu den Ländern, in denen die Firma weiterhin INTESTOPAN verkaufte, gehörten, wie sich herausstellte, Belgien, Frankreich, die Bundesrepublik, Luxemburg, Neuseeland, die Schweiz und Österreich, alles kaum Länder, in denen »Darminfektion ein ernstes Problem« darstellt.

Insgesamt war bei Sandoz Haltung und Argumentation sehr ähnlich wie bei Ciba-Geigy: Der therapeutische Wert des Arzneimittels sei so groß, daß es gerechtfertigt sei, das Risiko von Nebenwirkungen in Kauf zu nehmen. Es wurden jedoch keine zuverlässigen wissenschaftlichen Daten vorgelegt, die den angeblichen therapeutischen Nutzen belegten. Statt dessen wurde auf die »langjährige Erfahrung« hingewiesen.

Sandoz befand sich in einer besseren Position als Ciba-Geigy, weil ihr Produkt in Japan nie im Handel war, und diese Tatsache schlachtete sie aus: »Da INTESTOPAN in Japan nicht auf dem Markt war, ist es für uns unmöglich, einzuschätzen, ob das SMON-Syndrom möglicherweise auch bei der Verwendung von INTESTOPAN auftreten kann.« Doch es wurden keine Toxizitätsstudien bei Tieren zur Unterstützung dieser Schlußfolgerung angeführt. Sandoz vertreibt INTESTOPAN immer noch (1985) in einigen Ländern, vor allem in der Dritten Welt.

Mein Eindruck von der belgischen Pharma-Firma Union Chimique Belgique (UCB) war zunächst vorteilhafter. In einer Antwort auf meine Anfrage bezüglich des Produkts FENILOR teilte man mir am 11. Oktober 1976 mit, daß »die Produktion von Oxychinolinen im September 1975 von UCB gänzlich eingestellt wurde«. Nachdem ich herausfand, daß FENILOR in der Bundesrepublik noch verkauft wurde, erhielt ich im Januar 1977 die Auskunft, der Verkauf von FENILOR sei von allen UCB-Niederlassungen gestoppt worden, »außer in der Bundesrepublik Deutschland, wo noch ein kleinerer Lagerbestand übrig ist«.

Im April berichtete mir ein Freund, daß FENILOR auch in Belgien noch im Handel war. Erneute Anfragen ergaben erneut »ergänzende Informationen«: FENILOR war in Belgien, Frankreich und der Bundesrepublik im Handel, und »es wird geschätzt, daß der eingeschränkte Verkauf von Broxychinolin (FENILOR) bis 1978 fortgesetzt wird«. Der erste Eindruck hatte mich offenbar getäuscht.

Der Fall der britischen Firma E. R. Squibb & Sons Ltd. (deren Mutterfirma in den USA sitzt) weist mehr Analogien zu dem von Ciba-Geigy auf. Einige ziemlich unvorteilhafte Details über Squibb kamen im Februar 1981 im Verlauf eines Prozesses in Großbritannien ans Licht. Mrs. Sandra Lawley verklagte die Firma auf Schmerzensgeld wegen neurologischer Schädigungen, die durch Squibbs QUIXALIN verursacht worden waren, ein Arzneimittel, das Halquinol enthielt, eine Verbindung von zwei mit Clioquinol eng verwandten Oxychinolinen.

Es wurde bekannt, daß Prof. Gordon Stewart, Leiter des Department of Community Medicine an der Glasgow University, 1959 in Zusammenarbeit mit Squibb klinische Prüfungen mit einer Oxychinolin-Verbindung in Senegal durchgeführt hatte. Er hatte gewisse Symptome beobachtet, die auf neurologische Nebenwirkungen hindeuteten. Kurz danach wurden die ersten Berichte über SMON außerhalb Japans bekannt. Dr. Stewart begann die Behauptung anzuzweifeln, daß Oxychinoline nur unwesentlich resorbiert würden, und begann, die Suche nach Nebenwirkungen zu intensivieren. Bei Kaninchen stellte er Sehschäden fest, was seiner Meinung nach alarmierend genug war, um auf jegliche weitere Verwendung des Wirkstoffs, ja der Oxychinoline insgesamt, zu verzichten. Als damaliger Berater für Squibb empfahl er der Firma, Patienten diese Arzeimittel nicht mehr zu geben und die Pläne zur Vermarktung der Produkte so lange zu unterbrechen, bis die Angelegenheit geklärt sei. 1962 stellte Quibb selbst ernste Nebenwirkungen, einschließlich Erblindung bei Kälbern, fest, und im folgenden Jahr bei Hunden, was auf neurologische Schädigung hinwies. Außerdem ergaben Tests an Tieren und bei Menschen, daß Oxychinolin tatsächlich in die Blutbahn resorbiert wurde.

Als Squibb 1965 der damaligen Kommission für Arzneimittelsicherheit in Großbritannien die Daten über Halquinol vorlegte, erwähnte man zwar die Experimente mit den Kälbern und auch die Tatsache, daß sie dabei gestorben waren, doch nicht, daß sie zuvor erblindet waren. Dieser Befund hätte das Komitee auf die Möglichkeit einer neurologischen Schädigung aufmerksam gemacht.

Doch Squibb hatte schon begonnen, QUIXALIN zu verkaufen, und zwar bevor sie in Großbritannien die Zulassung beantragte. Bereits seit 1963 verkaufte man das Arzneimittel in verschiedenen Ländern, allen Warnzeichen zum Trotz.

Im März 1971 erhielt Squibb einen Brief von Ciba-Geigy, in dem der Firma mitgeteilt wurde, daß Professor Tsubaki in Japan eine Kausalbeziehung zwischen SMON und Oxychinolin entdeckt hatte. Kurz darauf erschien in *Lancet* ein Brief, in dem er und seine Kollegen dieses Ergebnis darstellten. Die Angelegenheit veranlaßte Squibb zu verschiedenen Äußerungen, darunter die folgende interne:

> »Der Umsatz von QUIXALIN in Großbritannien ist nicht sonderlich hoch, doch der Exportwert dieses Produkts dürfte wesentlich höher sein, und es ist sehr wahrscheinlich, daß die Maßnahmen der japanischen Regierung den Verkauf der halogenierten Oxychinolinderivate erheblich beeinträchtigen werden.«[32]

Daraufhin erwog man bei Squibb, die Packungszettel mit einem Warnhinweis zu ergänzen. Einer der Firmenpharmazeuten hatte die Literatur über SMON sowie Squibbs eigene Studien überprüft und daraus den Schluß gezogen, daß die Gruppe der Oxychinoline mit ziemlicher Wahrscheinlichkeit neurologische Komplikationen verursachte. Diese Schlußfolgerung ist besonders bedeutsam, da die Überprüfung die Versuche mit den erblindeten Kälbern offensichtlich nicht einschloß. Trotzdem wurde der Warnhinweis, der das Auftreten von SMON bei »einigen« (sic!) Patienten erwähnen sollte (wahrscheinlich eine der extremsten Untertreibungen überhaupt angesichts der 11 007 offiziell anerkannten SMON-Opfer in Japan), erst 1977 in Squibbs Produktinformation aufgenommen.

Während eines Aufenthaltes in Saudi-Arabien im Jahr 1975 hatte Mrs. Lawley, wie auf der Packung empfohlen, QUIXALIN-Tabletten gegen Durchfall genommen. Nach einer etwa zweiwöchigen Behandlung setzten mit Kribbeln und Taubheit in den Füßen neurologische Symptome ein. Bald waren auch Beine und Hüften betroffen, was schließlich eine Beeinträchtigung der Gehfähigkeit zur Folge hatte. Ihr Sehvermögen verschlechterte sich immer mehr, bis sie so gut wie blind war.

Angesichts der oben erwähnten Dokumentation sprach viel dafür, daß Squibb sich fahrlässig verhalten hatte. Doch um den Prozeß zu gewinnen und Schadensersatz von Squibb zu erhalten, mußte Mrs. Lawley laut Gesetz nicht nur Fahrlässigkeit beweisen, sondern sie mußte auch das Gericht überzeugen, daß QUIXALIN die wahrscheinliche Ursache für ihr Leiden war. Dazu mußte sie sich einer entwürdigenden und lästigen Prozedur unterziehen. Obwohl sie im November/Dezember 1975 und im März 1976 im US Air Force Hospital in Wiesbaden untersucht worden war und man bei ihr SMON diagnostiziert hatte, behauptete Squibbs Anwalt, daß sie Alkoholikerin sei und daß ihre Behinderung die Folge ihrer Trinkgewohnheiten sei.

Vor der Verhandlung war Mrs. Lawley auf Squibbs Antrag hin von zwei Mitgliedern von Ciba-Geigys »unabhängiger internationaler Gruppe von Neurologen«, Prof. P. K. Thomas und Dr. F. C. Rose, sowie von einigen anderen Neurologen und Augenärzten untersucht worden. Alle hatten Kenntnis vom Wiesbadener Befund, doch behaupteten sie, daß ihr Zustand auf Alkoholismus zurückzuführen sei.

Mrs. Lawley wurde auch von mehreren führenden Experten untersucht, die besondere Erfahrung mit Alkoholismus hatten, unter ihnen war einer der anerkannten englischen Experten in diesem Bereich. Im Gegensatz zu den von Squibb ausgewählten Experten konnten sie nicht die geringsten Anzeichen von Alkoholismus oder psychischer Störung entdecken. Es gab während der ganzen Verhandlung zu keiner Zeit irgend etwas, was den Verdacht auf Alkoholismus bei Mrs. Lawley aufkommen ließ. Zusätzliche Beweise, die mit Hilfe eines japanischen Anwalts vorgelegt wurden, untermauerten das Argument, daß Mrs. Lawleys Krankheit tatsächlich SMON war, als Folge der Einnahme von QUIXALIN.

In der Zwischenzeit war ein früherer Fall von Sehnervschwund als Folge von QUIXALIN-Behandlung ausgegraben worden. Darüber informiert, stimmte Squibb eilig einem Vergleich zu, demzufolge die Firma Mrs. Lawley eine Entschädigung von 55 000 £ plus Unkosten zahlen wollte, bevor diese neuen Beweise vor Gericht vorgelegt werden konnten.

Es spricht nicht für Squibb, daß offenbar ein Fall von Optikusatrophie verheimlicht werden sollte. Man versuchte auch zu verhindern, daß der Ausgang des Prozesses Lawley gegen Squibb öffentlich bekannt wurde. Dies gelang jedoch nicht, allen Überredungsversuchen und Drohungen zum Trotz.

Am 16. Februar 1981 strahlte *Thames Television* eine Verbrauchersendung aus, die sich mit dem Fall befaßte. Am 22. Februar schrieb Oliver Gillie einen kritischen Artikel in der *Sunday Times*. Da Dr. Andrew Herxheimer, leitender klinischer Pharmakologe an der Charing Cross Medical School und Vorsitzender der Health Working Group (IOCU), und ich als Sachverständige an der Verhandlung teilgenommen hatten, schrieben wir in *Lancet* über den Fall.[33] Wir erklärten, daß »wir hauptsächlich deswegen über diesen Fall berichten... weil durch einen Vergleich abgeschlossene Prozesse gewöhnlich in aller Stille begraben werden, selbst wenn sie von so weitreichender Bedeutung sind wie dieser. Obwohl Halquinol in Großbritannien nicht mehr vertrieben wird, wird es hier noch für den Export hergestellt, Squibb zufolge hauptsächlich für Südamerika.« 1984 war QUIXALIN immer noch im Handel, z. B. in Südostasien.

In vielen Fällen, wo eindeutig kein Verstoß gegen irgendein geschriebenes Gesetz vorliegt, verletzten die Hersteller dennoch eindeutig die Gesetze der Ethik, des guten Geschmacks und selbst die des gesunden Menschenverstands. Die US-Pharma-Firma Wyeth lieferte jüngst ein herausragendes Beispiel für ein derartiges Verhalten in Pakistan.

Am 28. Juli 1983 kündigte die pakistanische Regierung nach heftigen Verbraucherprotesten das Verbot von Clioquinol an. Alte Bestände durften bis Ende Februar 1984 verkauft werden. Zu dem Zeitpunkt mußte Wyeth ihr clioquinolhaltiges Präparat ENTOX vom pakistanischen Markt nehmen. Dagegen durften andere Oxychinolin-Arzneimittel, wie etwa INTESTOPAN (Broxychinolin) von Sandoz und Searle DIODOQUIN (Di-jodohydroxychinolin), weiterhin verkauft werden, weil die pakistanische Regierung es bedauerlicherweise versäumt hatte, auch die anderen halogenierten Hydroxychinoline (eins davon ist Clioquinol), die genauso gefährlich sind wie Clioquinol, in das Verbot mit einzubeziehen.

Möglicherweise empfand Wyeth die Maßnahme als unfair. Wie

dem auch sei, im August 1984 kündigte sie die Wiedereinführung von ENTOX an, diesmal ohne Clioquinol. Wyeth hatte ganz einfach Clioquinol durch das engverwandte Di-jodohydroxychinolin ersetzt, ein anderes berüchtigtes Oxychinolin, und pries die neue Zusammensetzung stolz als »clioquinolfreies« ENTOX an.

Schockiert von soviel Zynismus, verurteilten Dr. Herxheimer und ich diese Maßnahme in einem kurzen Brief an *Lancet*.[34] Wir wollten damit die Verbraucherproteste unterstützen, die durch diese Heuchelei ausgelöst worden waren und die von der *Health Action International* (HAI) in Pakistan angeführt wurden. Nach kurzer Zeit gab Wyeth den Protesten nach. Die Firma informierte den Koordinator der HAI Pakistan, Syed Rizwanuddin Ahmad, daß man beabsichtige, die Produktion von ENTOX in der derzeitigen Zusammensetzung 1985 einzustellen, mit dem Versprechen, daß dies spätestens im Dezember erfolgen würde. Öffentlich äußerte sich Wyeth jedoch überhaupt nicht.

Unterdessen geht die Debatte um die anderen Oxychinolin-Präparate, vornehmlich INTESTOPAN und DIODOQUIN, in Pakistan weiter, da die anderen Hersteller weder aus dem Clioquinol-Verbot noch aus der Episode mit Wyeth irgendwelche Konsequenzen gezogen haben. Auch hat das Gesundheitsministerium in Pakistan seine Position, soweit bekannt, bisher nicht geändert. Die Gesetzeslücke, die den Verkauf von Oxychinolinen, ausgenommen Clioquinol, ermöglicht, weil das Gesetz es nicht ausdrücklich verbietet, wird nach wie vor ausgenutzt.

Anmerkung der Herausgeber: Als Antwort auf seine Anfragen in dieser Sache wurde Mr. Ahmad im Juli 1985 vom Gesundheitsministerium mitgeteilt, daß die Zulassungen für Di-jodohydroxychinolin und Broxychinolin »in Anbetracht des Nutzen-Risiko-Verhältnisses aufrechterhalten« bleiben sollen. Somit verhalten sich die Firmen weiterhin gesetzeskonform.

Die unabhängigen Experten

Ich habe bereits erwähnt, daß nicht der Firma angehörende Experten Ciba-Geigy in der SMON-Affäre unterstützt haben. Es lohnt sich, einige von ihnen näher zu betrachten. 1975 erklärte sich Dr. T. W. Meade aus England bereit, die Schlußfolgerung der japanischen SMON-Kommission kritisch und unvoreingenommen zu überprüfen. Sein Bericht erschien im *British Journal of Preventive and Social Medicine*, einer Zeitschrift, zu deren Redaktionsstab er selbst gehörte.[35] Der Bericht wies eine verblüffende Ähnlichkeit mit Ciba-Geigys Argumenten auf, wie sie in den Protokollen der japanischen Prozesse festgehalten sind.

Der Artikel war geschickt formuliert, er stellte SMON als ein japanisches Problem dar und deutete an, daß das Urteil der SMON-Kommission aufgrund einer endlosen Reihe von Fehlinterpretationen zustande gekommen war. Meade meinte, daß Oxychinolin durchaus eine Rolle bei SMON gespielt haben könnte, doch nur in Verbindung mit dem eigentlichen (bislang unbekannten) Kausalfaktor. Abschließend warnte er davor, voreilig eine allgemeine Toxizität anzunehmen.

Meade hatte nicht das vollständige Material der SMON-Untersuchung zur Verfügung, da sehr viel davon nur auf japanisch veröffentlicht wurde (allein die eigenen Forschungsberichte der Kommission umfassen mehr als 3000 Seiten). Er benutzte auch von Ciba-Geigy zur Verfügung gestellte Übersetzungen japanischer Berichte. Er erwähnte die Firma ausdrücklich in seiner Danksagung. Seine Behauptung, daß SMON während der ersten zwanzig Jahre, da Oxychinolin in Japan im Handel war, nicht aufgetreten sei, ist schlichtweg unwahr. Gleichermaßen unhaltbar waren seine alternativen Theorien über das Auftreten von SMON. Seiner Ansicht nach hatte die Umweltverschmutzung wahrscheinlich eine Rolle gespielt.

Bei einem Symposium in Honolulu, das vom 19. bis 21. Januar 1976 veranstaltet wurde, konnte Prof. Itsuzu Shigematsu, der 1974 als Nachfolger von Prof. Kono den Vorsitz der SMON-Kommission übernahm, Meades Kritik Punkt für Punkt widerlegen. Weder dies noch fundierte Gegenargumente von Experten außerhalb Japans konnten Meade davon abbringen, daß Clioquinol als Ursache von

SMON nicht bewiesen sei. Statt dessen präsentierte er die recht absurde Spekulation einer *longitudinal link* (sic) zwischen dem Auftreten von SMON in Japan und Australien. In einem Interview mit Oliver Gillie von der *Sunday Times* im Jahr 1977 sagte Dr. Meade, daß er für die Zeit, in der er an seinem Artikel von 1975 gearbeitet hatte, ein Expertenhonorar erhalten habe und daß Ciba-Geigy ihm sehr geholfen habe, weswegen er offenbar darauf verzichten konnte, die Originalquellen (also die Forscher) zu Rate zu ziehen. Die gesamten Umstände, unter denen Meades Äußerungen zu SMON zustande kamen, lassen den unangenehmen Verdacht aufkommen, daß hier eine wissenschaftliche Auftragsarbeit ausgeführt wurde, von der sich das Gericht allerdings nicht beeindrucken ließ.

Dr. Meades Intervention brachte kaum irgendwelchen Schaden für die SMON-Opfer. Doch andere Experten, die gebeten wurden, Ciba-Geigy bei der Beurteilung von SMON-Fällen außerhalb Japans zu unterstützen, waren fähig, Menschen, die bereits litten, noch mehr Unannehmlichkeiten zu bereiten – und taten das auch in mehreren Fällen. Die Chance, daß SMON korrekt diagnostiziert und Ciba-Geigy gemeldet wurde, war selbst in Europa gering. Trotzdem meldeten mehrere Ärzte außerhalb Japans der Firma Verdachtsfälle von SMON als Folge der Einnahme von Ciba-Geigys Oxychinolin-Präparaten. Diese Berichte wurden dann archiviert. Wenn sie in der wissenschaftlichen Literatur veröffentlicht worden waren, wurde dies in der Akte gut sichtbar vermerkt. Ob damit die »unabhängigen Experten«, die die Akte zu prüfen hatten, gewarnt werden sollten, weiß ich nicht.

Die Fälle und ihre Dokumentation wurden bei den Treffen des »Gremiums von unabhängigen internationalen Experten für Neurologie« diskutiert. Dort wurden sie nach wahrscheinlichen, möglichen oder unwahrscheinlichen Fällen von SMON klassifiziert – Entscheidungen von großer Tragweite für die Patienten.

Ein solches Treffen fand vom 11. bis 15. April 1981 im wunderschönen Hotel du Mont Blanc in Morges in der Schweiz statt. Es war eine exklusive Runde. Neun Neurologen nahmen daran teil: Prof. G. Baumgartner (Vorsitz), Dr. M. J. Gawel, Dr. O. Gilland, Prof. H. E. Kaeser, Dr. C. A. Pallis, Dr. F. C. Rose, Prof. H. H. Schaumburg, Prof. P. K. Thomas und Prof. N. H. Wadia. Auf der Tagesordnung standen SMON-Fälle außerhalb Japans, die Ciba-Geigy zwischen dem 1. Mai 1977 und dem 31. Dezember 1980 bekannt geworden waren. Die Patienten, um die es ging, waren jedoch nicht anwesend.

Ciba-Geigy sorgte für den äußeren Rahmen, inklusive der Mahlzeiten und der Cocktails, die das Arbeitsprogramm der Experten auflokkerten. Technische Hilfestellung wurde von zwei Mitgliedern von Ciba-Geigys Clioquinol-Einsatzgruppe geleistet, Dr. Sobotkiewicz (ihr Vorsitzender) und Dr. Scott. (Statistische und administrative Unterstützung wurde ebenfalls von Ciba-Geigy-Mitarbeitern geleistet.) Die Firma schuf eine ideale Arbeitsatmosphäre, um ihren unabhängigen Experten zu helfen, die »objektiven« Schlußfolgerungen zu ziehen.

Den Experten standen etwa 20 Arbeitsstunden zur Verfügung, um 116 Patienten zu beurteilen. Das ergibt durchschnittlich etwa 10 Minuten pro Patient. 10 Minuten, ihre Krankheit zu klassifizieren, ohne die Patienten jemals zu Gesicht zu bekommen.

Ciba-Geigy war mit der Arbeit der Experten zufrieden. In einem internen Memo vom 5. November 1981 gab Dr. Scott die folgende Lagebeurteilung: »Diese und andere Berater haben Ciba-Geigy beträchtliche Hilfe dabei geleistet, die klinischen Berichte über mögliche neurologische Nebenwirkungen durch Clioquinol einzuschätzen ... Die daraus resultierenden Publikationen waren von unschätzbarem Wert für die Verteidigung von Clioquinol. Die Zusammenarbeit mit diesen Experten, die immer ihre Unabhängigkeit von Ciba-Geigy betont haben, sollte fortgesetzt werden.«

Was sind das für Menschen, die innerhalb weniger Minuten und »völlig unabhängig« über das Schicksal anderer entscheiden können? Wir wollen uns einige von ihnen etwas näher ansehen.

Prof. Kaeser z. B. wurde bereits im Zusammenhang mit den japanischen Verfahren erwähnt. Als Direktor der Neurologischen Universitätsklinik in Basel schrieb er im April 1977 an den Sekretär der Schwedischen Kinderärzte-Vereinigung als Reaktion auf einen kritischen Brief zu den Oxychinolinen und verteidigte die fraglichen Arzneimittel. Gleichzeitig warnte er vor »Dr. Olle Hanssons missionarischen Ideen«.

War diese Verteidigung unter Umständen auf eine gewisse freundschaftliche Beziehung zu Ciba-Geigy zurückzuführen? Es ist vielleicht erwähnenswert, daß es im Fall einer für das Clioquinol-Problem wesentlichen Veröffentlichung eine Vereinbarung zwischen ihm und der Firma gab, daß sie eine Stellungnahme (»Erratum«) vorbereiten würde, die einen Fehler in seinem Artikel korrigieren sollte.[36] Ciba-Geigy hat die Richtigstellung dann doch nicht publiziert. Doch später wurde Prof. Kaeser für den gleichen Fehler in einem anderen Artikel[37] zurechtgewiesen, weil der Leser aufgrund dieses Fehlers SMON mit Clioquinol in Verbindung bringen könne.[38] Im selben Artikel beanstandete man auch Feststellungen, die nach Ansicht der Firma die Oxychinoline nicht positiv genug darstellten. Zum Beispiel: »Nur die Japaner nahmen das Arzneimittel in Pulverform ein. In dieser Zubereitung ist die Resorption des Arzneimittels größer als bei Tabletten.« Dr. Gelzer und Dr. Keberle von Ciba-Geigy schrieben vorwurfsvoll an Kaeser, daß sie von keiner Untersuchung wüßten, weder in Japan noch außerhalb Japans, die eine derartige Behauptung zuließe. Kaeser widersprach kaum, stimmte lediglich zu: »Ich bin natürlich ganz mit Ihnen einverstanden, daß Informationen wissenschaftlich, kritisch, sachlich und objektiv sein müssen und daß Fehler zu korrigieren sind.«[36]

Doch der »unabhängige« Professor hatte die ganze Zeit recht gehabt. Ciba-Geigy selbst hatte Resorptionstests durchgeführt, die noch vor dieser seltsamen Korrespondenz Prof. Kaesers Behauptungen bestätigten. Wie bereits erwähnt, dokumentierte ein Ciba-Geigy-Bericht von 1972[15] die beträchtlich höhere Resorption von Oxychinolin in Pulverform. Es scheint unwahrscheinlich, daß Gelzer und Keberle hiervon nichts wußten, als sie Kaeser im Dezember 1973 schrieben. In einem Brief (25. Juli 1974) an Ciba-Geigys Produktentwicklungs-Ausschuß (PEA) erwähnte Dr. Keberle die in Untersuchungen bei Tieren und Menschen ermittelte unterschiedliche Resorption verschiedener Darreichungsformen von Clioquinol-Präparaten.

Es ist ebenfalls schwer zu glauben, daß ein namhafter Professor der Neurologie wissenschaftliche Behauptungen veröffentlichen würde, die er nicht belegen kann. Doch der Professor hat nicht dagegen protestiert, daß er für seine Offenheit getadelt wurde.

Auch Prof. Thomas wurde bereits erwähnt. Er spielte eine Rolle in der leidigen Affäre um die schwedischen SMON-Opfer und bei dem

Fall Lawley gegen Squibb. Thomas wurde zu einer Pressekonferenz eingeladen, die am 28. April 1980 von den Vertretern der japanischen SMON-Opfer und ihren Anwälten in Genf veranstaltet wurde. Die Veranstaltung sollte auf SMON und die Gefahren der Oxychinoline aufmerksam machen. Bei dieser Gelegenheit vertrat Prof. Thomas einige seiner Ansichten in der Öffentlichkeit. Das Ausmaß von SMON in Japan bezeichnete er als ein »großes Rätsel«, obwohl er zugab, daß er »keinen Zweifel habe, daß Clioquinol neurotoxisch sein kann«. Doch als eine Teilerklärung für das Rätsel schlug er »Überdiagnostizierung« in Japan vor und begründete seine Behauptung damit, daß einige Fälle, die in Japan als SMON-Fälle bezeichnet wurden, seiner Meinung nach nicht als solche gelten könnten. Doch er sagte nicht, ob diese Patienten zu den 11 007 Fällen gehörten, die von der staatlichen SMON-Kommission offiziell anerkannt worden waren. Er sagte auch nicht, daß er glaube, daß seine japanischen Kollegen nicht in der Lage seien, »andere erkennbare neurologische Befunde zu diagnostizieren, die nicht immer leicht zu unterscheiden sind«, die er jedoch sofort erkannt haben wollte. Es liegt mir fern, den Sachverstand von Prof. Thomas anzuzweifeln, doch trotz aller Vorbehalte, die ich gegenüber dem japanischen Gesundheitswesen habe, fällt es mir schwer, das fachliche Urteil einer großen Zahl japanischer Ärzte in Zweifel zu ziehen. Doch selbst wenn wir annehmen, daß jeder zweite Fall fehldiagnostiziert wurde, bleiben immer noch 5000 SMON-Fälle übrig. Ganz offensichtlich kann »Überdiagnostizierung« kaum die Bedeutung haben, die ihr von Thomas beigemessen wird.

Thomas machte auch auf die 220 Fälle aufmerksam, die außerhalb Japans gemeldet worden waren und die er und seine Kollegen vom »unabhängigen Expertengremium« bereits als »aufschlußreich« bewertet hatten. Er bediente sich dabei der gleichen Taktik, die Ciba-Geigy z. B. in ihren Artikeln in *Läkartidningen* benutzte, indem er so tat, als wären diese 220 Fälle die Gesamtzahl der Verdachtsfälle oder bestätigten Fälle von SMON außerhalb Japans. Es muß ihm doch klar gewesen sein, daß nirgendwo außer in Japan epidemiologische Studien zu SMON durchgeführt wurden und daß die Informationen über SMON und SMON-Diagnose außerhalb Japans unzureichend sind. Dies sind nur zwei Gründe, warum eine Zufallssammlung von SMON-Fällen außerhalb Japans auf keinen Fall »aufschlußreich« sein kann. Er erklärte, daß er und seine Kollegen festgestellt hätten, daß »von den 220 gemeldeten Fällen bei 42 die Diagnose SMON wahrscheinlich schien. Bei den anderen war sie möglich oder unwahrscheinlich.«

So ein Vorgehen kann kaum als wissenschaftlich bezeichnet werden, wenn man Laien solch problematische Daten auf eine derart absolute Art und Weise, fast nebenbei, vorlegt. Die von Prof. Thomas kategorisch präsentierten Zahlen waren übrigens wenig sinnvoll. Die Expertengruppe hatte 220 dokumentierte Fälle untersucht. Auf dieser Grundlage hatten sie einen Zusammenhang zwischen Schädigung und Oxychinolin bei 42 Fällen als »wahrscheinlich« bezeichnet, bei weiteren 69 als »möglich« und bei 29 Fällen als »unwahrscheinlich«. Bei den restlichen 80 Fällen war die verfügbare Information zu dürftig, als daß die Experten sich eine Meinung bilden konnten. Wie auch immer diese Schlußfolgerungen interpretiert werden, sie beweisen ganz bestimmt nicht – können nicht einmal als Indiz dafür gelten –, daß es außerhalb Japans in der ganzen Welt nur 42 bzw. 111 Fälle von SMON gab.

Bei derselben Pressekonferenz kam auch noch ein anderer von Ciba-Geigys unabhängigen Experten zu Wort: Prof. H. H. Schaumburg. Er wiederholte Thomas' Idee von einer »Überdiagnostizierung« und spielte insgesamt die Bedeutung der Neurotoxizität bei Clioquinol herunter. Er habe »noch nie einen Fall von Clioquinol-Toxizität bei Menschen gesehen« – dennoch hatte er SMON-Verdachtsfälle beurteilt! Aber er blieb dabei, daß »SMON und Neurotoxizität durch Clioquinol nicht das gleiche« sei. Leider versäumte er es, diese rätselhafte Bemerkung ausführlicher zu erläutern.

1980 veröffentlichte Prof. Schaumburg, zusammen mit Peter S. Spencer, einen Aufsatz in einem Fachbuch, in dem er die 220 Fallbeurteilungen erwähnte. Dieser Artikel ist besonders beunruhigend, da er sogar noch stärker verallgemeinert, als Thomas es auf der Pressekonferenz getan hatte. An einer Stelle heißt es, daß »von den 220 Fällen nur 42 übrigblieben, in denen eine Beziehung zwischen der Einnahme von Clioquinol und irgendeiner neurologischen Dysfunktion wahrscheinlich schien, was die Vermutung unterstützt, daß die Befunde in Japan extrem über-diagnostiziert wurden«. Eine derartig nachlässige und verzerrte Zusammenfassung in einem wissenschaftlichen Fachbuch zu veröffentlichen ist unverzeihlich.

Im selben Buch schreibt Schaumburg, daß »wahrscheinlich unter dem Druck der Öffentlichkeit und des Staates die einzelnen Fälle munter über-diagnostiziert wurden«. Die Vorstellung, daß der japanische Staat bemüht war, soviel SMON-Fälle wie möglich zu entdecken, klingt grotesk und ist weit von der Wahrheit entfernt. Prof. Kono zufolge, der zur fraglichen Zeit Vorsitzender der SMON-Kommission war, ging der Druck des Staates in die entgegengesetzte Richtung.

Von den »unabhängigen Neurologen«, die Ciba-Geigy assistierten, wird mir Dr. Olof Gilland am besten in Erinnerung bleiben. Die unglückselige Rolle, die er im Zusammenhang mit den schwedischen SMON-Patienten spielte, wurde zum Teil schon beschrieben.

Es war schon faszinierend, festzustellen, mit welchem Nachdruck er auf dem XII. Weltkongreß der Neurologie in Kyoto vom 20. bis 26. September 1981 erklärte, daß meine Beurteilung der 45 wahrscheinlichen SMON-Fälle in Schweden völlig verfehlt sei und daß es in Wirklichkeit nur 18 gebe, die von Ciba-Geigys »unabhängigen Expertengremium« bestätigt worden waren. Außerdem unterstellte er mir wieder mangelnde Kompetenz – diesmal in aller Öffentlichkeit vor internationalen Kollegen –, »nur damit Klarheit herrscht«, wie er es formulierte.

Wie schon ausführlich erklärt, machte die Liste der 18 schwedischen SMON-Fälle, die Dr. Gilland erwähnte, nicht den Eindruck, als sei sie objektiv oder unabhängig erstellt. Es wäre zu mühselig und peinlich, die Methoden zu beschreiben, derer sich Dr. Gilland bediente, um sich einer Diskussion mit mir über die Liste immer wieder zu entziehen. Und dabei lebten wir in derselben Stadt. Doch seine Haltung im Fall von Frau A., die in unerträglicher Angst vor multipler Sklerose lebte, und seine Tricks, ihrem Neurologen Dr. Sörnäs aus dem Weg zu gehen, stellten alles andere in den Schatten.

Nachdem Dr. Sörnäs Dr. Gilland mehrere dringende Mitteilungen geschickt hatte, weil er ihn so bald wie möglich sprechen wollte, wurde ihm überraschend mitgeteilt, daß Gilland nach Frankfurt abgereist sei. Als er mir gegenüber diese Reise erwähnte, kam mir ein Verdacht. Ich wußte von keinem neurologischen Kongreß, der zu der Zeit (Dezember 1980) dort stattfand, und außerdem wußte ich aus eigener Erfahrung, daß eine Flugreise nach Basel oft einen Zwischenstopp in Frankfurt erforderte. Ich rief daher einen Freund in Basel an, der tatsächlich entdeckte, daß Dr. Gilland ein Zimmer im Hotel Basel gebucht hatte, das Ciba-Geigys Pensionskasse gehört.

Etwa 48 Stunden nach seiner Rückkehr schickte Gilland Sörnäs ein Telegramm (»Gerade vom Ausland zurück. Brief folgt«). Im Brief drückte er seine Verärgerung aus über Dr. Sörnäs' zahlreiche Versuche, sich mit ihm in Verbindung zu setzen. Als er schließlich mit Brief vom 7. Januar 1981 auf den Fall von Frau A. einging, schrieb er: »Diese Angelegenheit wird zur Zeit auf oberster Ebene geprüft.« Er fügte hinzu, die internationalen Experten hätten keinen Grund zu der Annahme gefunden, daß Frau A. an SMON leide. »Solche Fälle erfordern reiche Erfahrung in neurologischer Diagnostik bei Erwachsenen und beträchtliche Erfahrung und Wissen. Personen, die über derartige Kompetenz verfügen, dürften in Schweden kaum anzutreffen sein«, betonte er.

Ich weiß nicht, was Dr. Gilland in Basel tatsächlich tat. Doch da es Ciba-Geigys Heimatstadt ist und da er in einem Hotel wohnte, das der Altersvorsorgestiftung der Firma gehört, gehe ich wahrscheinlich nicht sehr fehl in der Annahme, daß er Ciba-Geigy einen Besuch abgestattet hat. Wenn das der Fall war, dann muß ich mich über seine Vorstellung von einem »unabhängigen Experten« sehr wundern.

In auffälligem Gegensatz zu den zuvor erwähnten Neurologen machte Dr. George Selby aus Sydney, Australien, den ich auf dem Kongreß in Kyoto kennenlernte, den Eindruck eines unabhängigen Experten ganz anderen Formats. Auf dem Kongreß schilderte er seine eigene Erfahrung mit acht möglichen SMON-Fällen in Australien, ohne jene Absolutheit, die so charakteristisch für Ciba-Geigys Experten war. Er war sich seiner eigenen begrenzten Erfahrung bewußt und war überzeugt, daß die Gesamtzahl der Fälle außerhalb Japans unterschätzt worden sein mußte. Er sah keinen Grund, solche Präparate in Zukunft weiter zu verwenden: »... Soweit ich das beurteilen kann, weiß ich von weltweit keiner Indikation, die den Einsatz von Clioquinol erfordert.« Und so stellte er eine einfache Frage: »... Ich möchte mich Dr. Hansson in einem rein humanen, moralischen Appell anschließen und fragen, warum dieses Arzneimittel irgendwo in der Welt weiterhin verkauft werden muß? Und das ist meine einzige Frage.« Der auf dem Kongreß anwesende Vertreter von Ciba-Geigy hat diese Frage nicht beantwortet.

Diese anekdotischen Berichte über Ciba-Geigys »unabhängiges Expertengremium« gestatten nur einen kleinen Einblick in etwas, was als »medizinisch-industrieller« Komplex bezeichnet wird. Sensationellere Aspekte und Tatsachen in diesem Zusammenhang, wie etwa Korruption und Bestechung, sind an anderer Stelle beschrieben worden.[39] Mir liegen darüber keine Belege vor. Doch was im Fall der hier erwähnten Berater von Ciba-Geigy auffällt und beunruhigt, ist, daß sie bereitwillig ihren Ruf und ihre Sachkenntnis zur Verfügung gestellt haben, um Ciba-Geigy zu helfen, ihren Fall in dem für die Firma günstigsten Licht zu präsentieren. Sie verteidigten Ciba-Geigy öffentlich mit einer Leidenschaft, die bei einem Arzt befremdlich wirkt, da dabei die Interessen der Patienten ignoriert wurden. Prof. Thomas z. B. wollte auf dem Kongreß in Kyoto nicht über das Nutzen-Risiko-Verhältnis von Oxychinolin diskutieren (selbst nicht, als er gebeten wurde, die Fallbeurteilungen seiner eigenen Expertengruppe zu interpretieren), mit der Begründung, daß er kein Gastroenterologe sei und Clioquinol noch nie verschrieben habe. »Ich habe die Fälle beurteilt, um festzustellen, was die neurologischen Befunde sind.«

Seine Bemerkung hört sich gewiß sehr wissenschaftlich und fachgemäß an. Sie klingt aber auch sehr distanziert. Hat Prof. Thomas – und haben all die andern – die Patienten selbst jemals als Menschen betrachtet, als Frau A., als Mieko Hoshi, oder nur als leblose, numerierte Ciba-Geigy-Akten? Die internationalen Experten haben die Patienten, über die sie diskutierten, offensichtlich niemals kennengelernt, doch sie haben Vertreter von Ciba-Geigy kennengelernt. Sie ließen sich von Ciba-Geigy bewirten und erhielten vermutlich recht ordentliche Beraterhonorare. Was sie in der Öffentlichkeit und in ihren privaten oder internen Mitteilungen zum Ausdruck brachten, war Loyalität gegenüber einem pharmazeutischen Unternehmen und nicht gegenüber den Patienten, wie es sich für einen Arzt gehören würde. Ihr Eifer, Ciba-Geigys Standpunkt zu vertreten, übertraf gelegentlich fast den von Ciba-Geigys eigenen Mitarbeitern. Wie kann es dazu kommen, daß sich ein renommierter medizinischer Experte so offensichtlich um Anerkennung und Lob durch ein Pharma-Unternehmen bemüht? Was kann Ärzte dazu bringen, sich so zu verhalten, als hätten sie ihre Verpflichtung gegenüber dem Patienten vergessen, eine Verpflichtung, die doch eine Voraussetzung ihres Berufes ist? Ist es Prestige, Geld, Macht, Sicherheitsbedürfnis oder Gruppendruck, was sie derartig in Versuchung führen kann?

Die warnende Lehre an alle, die im medizinischen und pharmazeutischen Sektor arbeiten, und wahrscheinlich auch an andere, ist unmißverständlich: Kommt den Pharma-Riesen nicht zu nahe; ihr könntet auf einem Auge blind werden!

Und jene, die es geschafft haben, auf Abstand zu bleiben, müssen ihren Blick schärfen. Leider ist das nicht einfach. Wenn Ciba-Geigys Angestellte sprechen, weiß man wenigstens, woran man ist, und man ist auf eine gewisse Einseitigkeit gefaßt. Doch wenn hocherfahrene Professoren der Neurologie und Direktoren von Universitätskliniken sprechen, wer wird da an ihrer Integrität zweifeln? Und doch – wer weiß, ob da nicht ein Puppenspieler hinter den Kulissen steckt und die Fäden zieht?

Es ist beängstigend, diesen Gedanken weiterzuverfolgen. Gibt es in den höheren Rängen der Ärzteschaft Marionetten der Industrie? Beeinflussen ökonomische Interessen die Universitätskliniken? Ist die Loyalität gegenüber den Großen und Mächtigen stärker als die Loyalität gegenüber den Kranken, die sie am nötigsten haben?

Es lohnt ganz bestimmt, sich die Pflichten des Arztes erneut ins Bewußtsein zu rufen und auf eindeutige Tatsachen zurückzugreifen, anstatt kategorische Stellungnahmen unkritisch zu akzeptieren und unbesehen zu glauben.

Es überrascht nicht, daß Ciba-Geigy in allen Institutionen, die mit Gesundheit und Pharmazeutika zu tun haben, Verbündete sucht. Sehr wichtig in dieser Hinsicht ist die Weltgesundheitsorganisation. Dort, so scheint es, gab es eine für beide Seiten fruchtbare Zusammenarbeit mit Dr. J. F. Dunne, dem Leiter der Pharmazeutischen Abteilung bei der WHO, Genf, wie aus einer Notiz von Dr. Sobotkiewicz von 1982 hervorgeht.[40] Es scheint, daß Dr. Dunne Ciba-Geigy bei zwei offiziellen Briefen beriet, die Ciba-Geigy in eigener Sache an ihn schreiben sollte. Aus der Notiz geht auch hervor, daß Dr. Dunne weiterhin über relevante Vorgänge bei Ciba-Geigy informiert werden wollte, was natürlich wichtig für seine Arbeit sein mag. Merkwürdig ist nur, daß er darum bat, alle schriftlichen Mitteilungen an ihn mit dem Vermerk *Persönlich* zu versehen.

»Dr. Dunne bereitet Packungsprospekte zur internationalen Verwendung vor. Er fragt an, ob Ciba-Geigy ihm helfen könne, die Prospekte, bei denen es um unsere Präparate geht, zu überprüfen. Er will mir zwei oder drei Beispiele schicken«, schreibt Dr. Sobotkiewicz in seiner Notiz.

All das mögen lediglich Lappalien sein, doch hier handelt es sich nur um *ein* internes Dokument, auf das ich zufällig stieß, und es hat mich doch nachdenklich gemacht...

In diesem Zusammenhang ist eine weitere kleine Episode interessant. In einem Brief, den Mr. Gerald Moore, der lange für die Firma gearbeitet hatte, am 18. März 1981 an Dr. Pinto von Ciba-Geigy schrieb, informierte er ihn darüber, daß er in Kürze nach Kenia abreisen werde, um »die Regierungen von Kenia und anderen afrikanischen Ländern bei der Reorganisation ihres Gesundheitswesens zu unterstützen«. Er erklärte auch, daß dies die Fortsetzung einer Hilfe sei, die er »während der vergangenen 18 Monate auf Teilzeitbasis als von Servipharm ausgeliehener WHO-Berater« geleistet hatte. Mit seinem Brief wolle er Ciba-Geigy seine »uneingeschränkte« Unterstützung anbieten. Er verwies auf potentielle Möglichkeiten »im Zusammenhang mit der Bereitstellung von Arzneimitteln und Insektiziden sowie der Kooperation bei Gesundheitsprojekten, die für Ciba-Geigy interessant sein könnten«. »Ich würde daher gerne engen Kontakt mit Kollegen und Freunden in der Firma aufrechterhalten, vor allem in den Pharma- und Agro-Abteilungen, so daß derartige Möglichkeiten gemeinsam ausgelotet werden können«, schrieb er.

Meiner Ansicht nach ist es absolut unpassend, daß ein Regierungsberater ein solches Angebot macht.

Bürgerinitiativen

Es überrascht nicht, daß Bürgerinitiativen im Zusammenhang mit SMON und Oxychinolinen zuerst in Japan erfolgten. Sie begannen auf sehr eindrucksvolle Weise, wie es vielleicht nur in Japan möglich ist, indem Anwälte, Ärzte, Journalisten und andere sich mit den

SMON-Opfern und ihren Angehörigen verbündeten. Sie erklärten sich solidarisch mit ihnen, unterstützten sie nach besten Kräften in ihrem Kampf um Entschädigung und Wiedergutmachung. Sie kümmerten sich nicht nur um die unmittelbaren Bedürfnisse der Geschädigten, sondern auch um das grundsätzliche Problem, wie weiterer Schaden verhindert werden könnte. Unermüdlich verfolgen sie bis heute das Ziel, alle Oxychinolin-Präparate von allen Märkten der Welt zu verbannen, ein Ziel, das, mehr als 15 Jahre nachdem der Zusammenhang zwischen Oxychinolin und SMON festgestellt wurde, immer noch nicht erreicht ist.

Ihr Kampfruf wurde bald außerhalb Japans aufgegriffen – zunächst sporadisch und oft von Einzelpersonen; doch es dauerte nicht lang, bis eine ganze Bewegung entstand, die allmählich an Stärke zunahm.

1972 traf Ciba-Geigy auf starken und wahrscheinlich unerwarteten Protest aus den USA. Dr. Godfrey P. Oakley von der University of Washington und dem *Center for Disease Control* in Seattle schrieb »als Bürger« an die Ciba-Geigy Corporation in New York. Er brachte sein Entsetzen darüber zum Ausdruck, wie die Firma sich in der SMON-Affäre verhalten hatte. Ihre Versuche, den offensichtlichen Zusammenhang zwischen SMON und Oxychinolin zu leugnen, »scheinen mir das Ergebnis einer unkompetenten Analyse der Tatsachen zu sein oder ein vorsätzlicher Versuch, Ärzten wie Laien zu verheimlichen, was über die Neurotoxizität von Jodochlorhydroxychin [Clioquinol] bekannt ist«, schrieb er. In einem bewegenden Appell drängte er die Firma, »alles in Ihrer unternehmerischen Macht Stehende zu tun«, um weiteres, durch dieses zweifelhafte Arzneimittel verursachtes Leiden zu verhindern. Obwohl er klar zum Ausdruck brachte, daß er in dieser Sache nicht nachgeben werde, bot er auch seine Hilfe an, falls die Firma ihre Politik ändern wolle. Doch Ciba-Geigy reagierte weder auf seinen Appell noch auf seinen kritischen Artikel zum Thema, der ein Jahr später veröffentlicht wurde.

In den Jahren 1974/75 gab es koordinierte Aktionen auf internationaler Ebene. Die *International Organization of Consumers Union* (IOCU), der einflußreiche Verband der nationalen Konsumentenschutzgruppen, untersuchte die von den Herstellern in verschiedenen Ländern bereitgestellten Beipackzettel für Oxychinolin. Man wollte international die Aufmerksamkeit auf diese Gefahr lenken, eine

Gefahr, die durch die Desinformation der Firmen noch vergrößert wurde. Die IOCU führt die Kampagne gegen die Oxychinolin-Bedrohung auch heute noch weiter.

In Frankreich machte sich im Frühjahr 1976 Jacques Semler-Collery, Direktor der Verbraucherorganisation *Fédération Nationale des Coopératives de Consommateurs* daran, zu untersuchen, inwieweit Oxychinolin-Präparate in Frankreich erhältlich waren. Durch einen Bericht über die japanischen SMON-Verfahren in einer schweizerischen Zeitung alarmiert, machte er sich Sorgen, weil es in seinem eigenen Land zu diesem Problem keine Bürgeraktionen gab. Binnen kurzer Zeit legte er einen brisanten Bericht über seine Untersuchung vor.[41] Wie sich herausstellte, waren nicht weniger als 80 Oxychinolin-Präparate auf dem französischen Markt im Handel, alle ohne entsprechende Warnhinweise auf Nebenwirkungen. Diese alarmierenden Tatsachen wurden bald in einer Million französischer Haushalte bekannt, als Semler-Collery sie in der Zeitschrift seiner Organisation, *Le Coopérateur de France*, veröffentlichte. In Frankreich wurden kurz darauf Oxychinolin-Produkte der Rezeptpflicht unterstellt.

In der Bundesrepublik war es eine am 11. Oktober 1976 ausgestrahlte Fernsehsendung, die die zögernden Behörden zwang, Maßnahmen zu ergreifen, da sich in der Öffentlichkeit ein Sturm der Entrüstung über Oxychinolin entfachte. Die betreffenden Arzneimittel wurden ab 1. Januar 1977 unter Rezeptpflicht gestellt.

In Großbritannien war es der *Sunday-Times*-Journalist Oliver Gillie, der die Öffentlichkeit alarmierte, als er am 18. Mai 1977 das Thema in der BBC-Fernsehsendung *Inside Medicine* aufgriff. In der Sendung ging es um ENTERO-VIOFORM und seine neurologischen Nebenwirkungen. Durch die Hilfe von Korrespondenten in verschiedenen Teilen der Welt war es der *Sunday Times* möglich, Gillies kritischen Artikel mit einer Tabelle zu ergänzen, die das Ausmaß der Abweichungen von Ciba-Geigys Dosierungsempfehlungen in verschiedenen Ländern im Vergleich zu den 7 g in Großbritannien aufzeigte:

Kenia	15,75 g	Spanien	21,0 g
Griechenland	16,8 g	Österreich	21,0 g
Indonesien	18,0 g	Italien	42,0 g

Kurz darauf rief *Lancet* in einem Leitartikel[42] die Behörden dazu auf, »endlich zu handeln und die Hersteller aufzufordern, das Medikament zurückzuziehen«. Auch anderen »Arzeimittelbehörden, vor allem in den Entwicklungsländern«, wurde empfohlen, »die Oxychinoline noch einmal unter die Lupe zu nehmen«.

Am 22. Juli verkündete die Arzeimittelbehörde ihre Entscheidung, Oxychinolin der Rezeptpflicht zu unterstellen. In einer sorgfältig formulierten Mitteilung hieß es: »... angesichts unbewiesener Wirksamkeit ist auch das kleinste Risiko bei der Behandlung eines unangenehmen, doch sich von selbst heilenden Krankheitszustandes nicht mehr tragbar.« In derselben Verordnung wurde die Werbung für Oxychinolin verboten.

Auch in Indien wurden die Presse und das Parlament aufmerksam. Die Arzneimittel wurden 1977 der Rezeptpflicht unterstellt. Leider will eine solche Maßnahme in Indien nicht viel heißen. Wie in den meisten Ländern der Dritten Welt werden dort die Verschreibungsvorschriften in der Regel nicht sehr genau befolgt.

Während diese Entwicklung für Unternehmen wie Ciba-Geigy, Sandoz und andere Oxychinolin-Hersteller wegen möglicher Profiteinbußen besorgniserregend gewirkt haben mag, war sie für die Verbraucher nicht mehr als ein erster kleiner Schritt zum völligen Verschwinden von Oxychinolin.

Im November 1977 hörte ich zum erstenmal von der hervorragenden Idee des SMON-Anwalts Hiroshi Izumi, Menschen verschiedener Berufsgruppen auf einer Konferenz zum Thema »Krankheit durch Arzneimittel« zusammenzubringen. Er stellte sich vor, daß man dort Wissen austauschen und darüber diskutieren sollte, was man aus Arzneimittel-Tragödien gelernt hatte, um Mittel und Wege zu finden, neue zu verhindern. Ärzte, Anwälte, Konsumentenschützer, Sozialarbeiter, Politiker und auch Vertreter der Pharma-Industrie sollten daran teilnehmen.

Zu jener Zeit waren die Vergleiche bei den japanischen SMON-Prozessen schon in Sicht. Dies bedeutete, daß zusätzlich zu den Entschädigungszahlungen, die die Pharma-Firmen und der japanische Staat den Klägern zu zahlen hatten, auch die Anwalts- und Gerichtskosten von ihnen übernommen werden mußten. Die Gruppe von Anwälten, mit der ich zusammengearbeitet hatte, beschloß, einen beträchtlichen Teil ihrer Honorare für Aktivitäten zu verwenden, die größere Sicherheit und größeren Schutz der Arzneimittel-Verbraucher zum Ziel hatten; das Geld sollte auch der Intensivierung internationaler Bemühungen dienen, die auf die vollständige Einstellung des Verkaufs von Oxychinolinen abzielten. Die internationale Konferenz sollte Teil dieser Bemühungen sein. Die Japaner übernahmen die Führung dieser internationalen Kampagne.

Die *Kyoto International Conference Against Drug-Induced Sufferings* (KICADIS) fand vom 14. bis 18. April 1979 statt. Es war eine Konferenz von höchstem Niveau. Sie behandelte eine große Zahl von Fragen vom medizinischen, pharmazeutischen, juristischen und Verbraucher-Standpunkt aus, doch das Hauptthema der Konferenz war die SMON-Tragödie. Erwähnenswert ist die klare Zusammenfassung der Position durch Dr. Graham Dukes, Leiter der Medikamentenprüfstelle beim Gesundheitsministerium der Niederlande, Herausgeber der Reihe *Side-Effects of Drugs* und ein WHO-Verantwortlicher für Europa in Kopenhagen. Er stellte fest, daß in den neun Jahren seit dem Clioquinol-Verbot in Japan keine klinischen Prüfungsdaten über den Wert von Clioquinol bei Diarrhö vorgelegt worden seien. »Das ist überraschend«, fuhr er fort, »da man von jeder Firma, die weiterhin von der Wirksamkeit von Clioquinol überzeugt ist, hätte erwarten können, daß sie diese Arbeit durchführt, wenn ihre Überzeugung ehrlich und begründet ist.« Die Kernaussage aus der ganzen Informationsflut dieser Konferenz lautete: Clioquinol ist bei Durchfall unwirksam. Da es auch Durchfall verursachen konnte, schloß Dr. Dukes, daß es für Amöbenruhr ebenfalls nicht geeignet war, vor allem da bessere und sichere Arzneimittel erhältlich waren. Schließlich konnte man auch noch die letzte verbliebene Indikation, die seltene Haut- und Darmkrankheit Acrodermatitis enteropathica, verwerfen, da man festgestellt hatte, daß das Problem durch die orale Verabreichung von Zink viel einfacher (und sicherer) zu lösen war. »Durch das Beweismaterial, das im Verlauf dieser drei Tage vorgebracht wurde, wird dem Wirkstoff somit die therapeutische Grundlage für seine weitere Verwendung entzogen«, lautete sein Urteil.

Ein interessanter juristischer Aspekt wurde von Dr. William Inman erläutert: »Ich sagte mir, wenn ich ein Anwalt wäre, der die

Hersteller berät, würde ich vorschlagen, keine Änderung der Marketing-Politik vorzunehmen, bis der Prozeß entschieden ist.«

Es gab keine Belege, daß irgendeine Firma tatsächlich in diesem Sinne beraten worden war, allerdings verhielten sie sich genau so. Doch nicht einmal nach Beendigung des Verfahrens änderten jene, die immer noch Oxychinoline herstellen, ihre Position. Und dabei hätte es bleiben können, wenn da nicht der beständige Druck der Öffentlichkeit gewesen wäre.

Auf der Konferenz wurde deutlich gemacht, daß SMON keine isolierte Katastrophe war. Der CONTERGAN-Experte Prof. Widukind Lenz zeigte die Parallelen zwischen den beiden Skandalen auf. Die Schlußfolgerungen, die er aus den beiden Ereignissen zog, gelten eigentlich für alles, was auf der Konferenz zur Sprache kam, und sie sind heute immer noch aktuell:

> »Ich habe versucht, drei kritische Punkte aufzuzeigen, die für den Arzt zum Problem werden können: 1. Unzureichende Forschung für Arzneimittel vor der Vermarktung. 2. Unzureichende Beachtung der Nebenwirkungen. 3. Unzureichende Präventivmaßnahmen, selbst wenn Nebenwirkungen bekanntgeworden sind. Wie lauten die Schlußfolgerungen? 1. Ärzte sollten nie ihre wache kritische Haltung gegenüber Behauptungen über die Vorzüge und Nicht-Toxizität von Arzneimitteln aufgeben. 2. Ärzte sollten immer an die Möglichkeit denken, daß das, worunter ein Patient leidet, die Folge einer Medikamentenbehandlung sein kann oder daß das Medikament, das sie verschreiben, dem Patienten möglicherweise schadet. 3. Ärzte sollten nie irgendeine von ihnen beobachtete negative Wirkung eines Medikaments verschweigen.«

Prof. Lenz war überzeugt, daß sowohl die CONTERGAN- als auch die SMON-Tragödie hätten verhindert werden können, wenn diese Prinzipien befolgt worden wären. »Wenn diese Prinzipien in Zukunft befolgt werden, wird den Pharma-Unternehmen die Entscheidungsgewalt, die sie nicht haben sollten, entzogen und jenen übertragen, die sie berechtigterweise haben sollten, nämlich den verantwortungsvollen Ärzten«, sagte er.

Die Konferenz gipfelte in einer öffentlichen Erklärung zur Oxychinolin-Frage, die Dr. Andrew Herxheimer, klinischer Pharmakologe an der Charing Cross Hospital Medical School, London, WHO-Berater und Vorsitzender der IOCU (Health Working Group), und ich in Beratung mit anderen Teilnehmern entwarfen. Sie wurden von 25 der ausländischen Teilnehmer unterschrieben (mehreren anderen war es aus juristischen Gründen nicht möglich zu unterschreiben):

> »Es liegen überwältigende Beweise vor, daß Medikamente, die bestimmte Hydroxychinolin-Verbindungen enthalten, eine schwere und irreversible Schädigung des Nervensystems verursachen. Wir fordern die Hersteller, die diese Produkte immer noch verkaufen, dringend auf, entweder eindeutige Beweise vorzulegen, daß es Vorteile gibt, die die Risiken rechtfertigen, oder aber sie zurückzuziehen. Wir sind der Meinung, daß die Überprüfung dieser Arzneimittel für nationale Arzneimittelbehörden und internationale Organisationen eine dringliche Aufgabe ist. – 18. April 1979«

Bald nach der Konferenz in Kyoto führten die SMON-Opfer und ihre Vertreter ihre nächste internationale Aktion durch. Diesmal wählten sie das Heimatland der für SMON hauptsächlich verantwortlichen Firma als geeigneten Ort, um ihre Botschaft an ein internationales Publikum zu richten. Am 23. April 1980 beriefen sie in Verbindung mit der IOCU eine Pressekonferenz im Penta Hotel in Genf ein. Es nahmen 23 SMON-Patienten und 30 Anwälte aus Japan teil sowie etwa ein Dutzend Forscher, Konsumentenschützer und andere interessierte Gruppen aus anderen Ländern, auch zwei schwedische SMON-Opfer waren anwesend. »Last, not least« nahm Ciba-Geigy die Einladung zur Teilnahme an.

Nur zwei Tage vor der Pressekonferenz hatte Ciba-Geigy eine Stellungnahme zum aktuellen Stand der japanischen SMON-Prozesse veröffentlicht. Sie enthielt nichts Neues. Wieder wurde angezweifelt, daß Clioquinol die Ursache von SMON sei, wieder wurden die 15% der Patienten herausgegriffen, die »nie clioquinolhaltige Medikamente genommen hatten«, wieder wurde SMON als japanisches Problem dargestellt und wurden die Clioquinol-Produkte als »sicher und zuverlässig« gepriesen. Ferner ließ Ciba-Geigy auf selbstgefällige Art und Weise Einzelheiten über die Vergleiche verlauten.

Die Stellungnahme des Ciba-Geigy-Vertreters auf der Konferenz, Dr. Sobotkiewicz, Leiter der »Einsatzgruppe Clioquinol«, lautete nicht viel anders. Er machte einen Versuch, die Diskrepanzen bei der von Ciba-Geigy in den verschiedenen Ländern bereitgestellten Produktinformationen zu rechtfertigen, die die IOCU 1975 heftig kritisiert hatte. Er behauptete, daß sich wegen der unterschiedlichen Arzneimittelgesetze in den verschiedenen Ländern vollständige Gleichförmigkeit unmöglich erreichen lasse. Er erklärte jedoch z. B. nicht, inwiefern diese verschiedenen Gesetze derartig unterschiedliche Dosierungen erfordern.

In auffallendem Gegensatz zu der Wiederholung alter und schwacher Argumente durch die Firma standen die eindringlichen Äußerungen des Präsidenten der IOCU, Anwar Fazal, in seiner Eröffnungsansprache:

> »Auf dieser Pressekonferenz ... sollen weder Ciba-Geigy noch das Arzneimittel Clioquinol vor Gericht stehen. Das ist bereits in Japan geschehen, und das Urteil ist bestens bekannt und gut dokumentiert. Wenn hier irgend etwas vor Gericht steht, dann die gesellschaftliche *und* die unternehmerische Verantwortung einer weitverzweigten und mächtigen Industrie und eines mächtigen Berufes. Vorrangiges Ziel der Pharma-Industrie und der Ärzte soll es sein, Leiden zu lindern, zu heilen und Leben zu retten, doch sind ihre Leistungen oft in erschreckendem Maße durch Geschäftsdenken getrübt.«

In einer abschließenden Stellungnahme appellierten die SMON-Opfer an Ciba-Geigy, »weltweit alle Patienten, die durch die Clioquinol-Präparate der Firma geschädigt wurden, zu entschädigen«. Sie verwiesen insbesondere auf die schwedischen Opfer, die sich gerade zu der Zeit wegen Ciba-Geigy in erheblichen Schwierigkeiten befanden. Ferner drängten sie Ciba-Geigy, alle staatlichen Behörden zu warnen und sicherzustellen, daß die Verwendung des Arzneimittels für unspezifische Diarrhö nirgendwo empfohlen wird.

Die internationale Kampagne erhielt etwa ein Jahr später einen zusätzlichen Schub durch die Bildung eines informellen Netzwerkes von Verbrauchergruppen und anderen Bürgerinitiativen und Einzelpersonen – *Health Action International* (HAI). Am 29. Mai 1981 verkündete eine Presseerklärung in Genf die Geburt eines weltweiten »Antikörpers« gegen die Politik der Pharma-Industrie.

Anwar Fazal spielte eine entscheidende Rolle bei der Gründung der HAI. Was er 12 Monate zuvor auf der Genfer Pressekonferenz über SMON gesagt hatte, waren keine leeren Worte gewesen. Er war einer der Initiatoren des *International Non-Governmental Organisations Seminar on Pharmaceuticals*, das vom 27. bis 29. Mai in Genf stattfand und das zur Gründung der HAI führte. Dort wurden auch die Ziele des Netzwerks formuliert. Auf diesem ersten Treffen, dem noch viele weitere folgen sollten, wurden folgende Fragen angesprochen: Hochdruck-Marketing und aggressive Werbemethoden der Pharma-Multis; das Angebot überflüssiger und ungeeigneter Arzneimittel, vor allem in der Dritten Welt; der Verkauf riesiger Mengen nutzloser und eindeutig gefährlicher Produkte; ungerechtfertigte und unfaire Preispolitik der Pharma-Unternehmen, einschließlich der Monopolstrategien und des Transferpreis-Systems; und die Praxis, unzureichende und oft irreführende Informationen über ihre Produkte an Ärzte und Arzneimittelbehörden auszugeben.

Trotz unterschiedlicher Prioritäten und Sichtweisen kam das neugegründete Netzwerk zu dem gemeinsamen Beschluß, gegen den »Handel der Pharma-Firmen mit gefährlichen, wirkungslosen, ungeeigneten und oft unerhört teuren Produkten« zu kämpfen, besonders wenn Kranke und Arme betroffen sind.

Bei diesem Treffen in Genf waren Delegierte von 27 Ländern, einschließlich Ländern der Dritten Welt, anwesend. Heute sind mehr als 100 Gruppen und viele Einzelpersonen in über 60 Ländern mehr oder weniger eng mit dem ständig wachsenden Netzwerk verbunden. Das Spektrum seiner Aktivitäten hat sich auch erweitert. Abgesehen davon, daß sie weiterhin ein scharfes und kritisches Auge auf die Pharma-Industrie haben, arbeiten HAI-Mitglieder auch für ein umfassenderes und äußerst konstruktives Ziel – für den sicheren, wirtschaftlichen und rationalen Gebrauch von Arzneimitteln weltweit, doch mit besonderer Dringlichkeit in der Dritten Welt. Die Bemühungen des HAI stehen im Einklang mit der »Unentbehrliche-Arzneimittel«-Politik der WHO und ihrem Programm der elementaren Gesundheitsversorgung. Heute besitzt das HAI international Anerkennung und Einfluß.

Es überrascht nicht, daß das HAI als eins der ersten Probleme den fortgesetzten Verkauf von Oxychinolin-Präparaten in den Ländern anging, in denen die Arzneimittelbehörden sie noch nicht ausdrücklich verboten hatten. Ein Gründungsmitglied des HAI, die britische Bürgerinitiative *Social Audit*, veröffentlichte in Zusammenarbeit mit der IOCU eine »Anti-Werbe«-Broschüre, die auf die Gefahren von Clioquinol und die bekannten Clioquinol-Produkte von Ciba-Geigy, ENTERO-VIOFORM und MEXAFORM, aufmerksam machte. Die Broschüre hatte den Zweck, die Oxychinolin-Kampagne von HAI-Gruppen zu unterstützen. Mit Hilfe dieser Broschüre, des HAI-Netzwerk-Newsletter *HAI News*, und der Maßnahmen der HAI-Koordinationsstelle in Penang, Malaysia, wurde die Botschaft von den Oxychinolinen und von SMON in der ganzen Welt verbreitet.

Es wurden bald unbestreitbare Ergebnisse und Erfolge erzielt, obwohl die Industrie versuchte, Ziele und Motive des HAI zu verunglimpfen. Um 1982/83 verboten mehrere Länder Clioquinol bzw. alle Oxychinoline, darunter Malaysia, Bangladesch (als Teil einer umfassenden Reorganisation des Arzneimittelmarktes und der Arzneimittelpolitik), Nepal, Spanien, Simbabwe und Hongkong.

Ich war an den Ereignissen beteiligt, die in Malaysia zum Verbot führten. Sie liefern ein lehrreiches Beispiel für wirksame Verbraucheraktionen. Es gibt viele gute Gründe, die wunderschöne malaysische Insel Penang zu besuchen. Doch ich reiste im Oktober 1981 dorthin, weil dort das IOCU-Regionalbüro für Asien und den Pazifik ist, das schon seit mehreren Jahren eine aktive Rolle gespielt hatte. Von hier koordinieren Anwar Fazal und seine aktiven Kollegen das HAI-Netzwerk (zusammen mit dem europäischen Koordinator im HAI-Büro in Den Haag) und organisieren *Consumer Interpol*, ein Frühwarnsystem für die schnelle Verbreitung von Nachrichten über gefährliche Produkte. Die *Verbraucher-Interpol* hatte auch das Oxychinolin-Problem aufgegriffen.

Nach dem heftigen Protest der IOCU im Jahr 1975 hakte die *Consumers Association of Penang* (CAP) bei dem Problem auf lokaler Ebene nach. Als Folge dieses Drucks wurden ENTERO-VIOFORM und MEXAFORM offiziell der Rezeptpflicht unterstellt. Doch im Juni 1979 berichtete die CAP von einer Überprüfung von elf Apotheken und chinesischen Medizinläden in Malaysia: Man hatte festgestellt, daß zehn von ihnen Clioquinol ohne jede Einschränkung rezeptfrei verkauften.

In einem Land wie Malaysia, wo die wenigen existierenden Arzneimittelgesetze recht willkürlich gehandhabt werden, ist Arzneimittelüberwachung nicht einfach. Bis Ende 1984 gab es in Malaysia noch keinerlei Gesetzgebung für die Registrierung und Zulassung von Arzneimitteln, und der Markt war mit etwa 20000 verschiedenen Präparaten überschwemmt.

Doch Malaysias Verbraucheraktivisten gaben nicht auf. Im Oktober 1981 nahm die CAP meinen Besuch zum Anlaß, um noch einmal die Aufmerksamkeit der Öffentlichkeit und der Behörden auf das nach wie vor ungeklärte Oxychinolin-Problem zu lenken. Sie luden mich zu einer Pressekonferenz ein, auf der ich im Detail die betreffenden Probleme erklären und die Hersteller wie die Behörden anprangern konnte. Anschließend brachte die *New Straits Times*, eine der beiden wichtigsten englischsprachigen Zeitungen, einen zornigen Leitartikel. »Will das Gesundheitsministerium mit dem Verbot von Clioquinol so lange warten, bis es bei uns auch 10000 Opfer gibt wie in Japan?« fragte der Chefredakteur.

Die Behörden waren gezwungen zu reagieren, doch als sie am 19. März 1982 das Ergebnis einer entsprechenden Untersuchung verkündeten, erklärten sie, daß sie keinen Anlaß sähen, Maßnahmen zu ergreifen, da oxychinolinhaltige Arzneimittel »registrierte« Arzneimittel seien (die Bezeichnung für Arzneimittel, die nicht freiverkäuflich sind) und sie auch in anderen asiatischen Ländern verwendet würden.

Als ich diese Nachricht erhielt, war ich sprachlos. Ich schrieb sofort an das Gesundheitsministerium und äußerte meine Zweifel darüber, ob die Regierungsentscheidung gerechtfertigt sei. Ich brachte vor, daß wissenschaftliche Argumente über den therapeutischen Nutzen des Arzneimittels und über vertretbare Nebenwirkungen sehr viel überzeugender gewesen wären (solche Argumente gab es natürlich nicht). Dies deutete ich in meinem Brief auch an und erkundigte mich gleichzeitig, auf was für wissenschaftliches Material sich die Entscheidung, Clioquinol nicht zu verbieten, stütze.

Was letztendlich den Ausschlag gegeben hat, weiß ich nicht – ob es die Wirkung meines Briefes war oder die Ernennung eines neuen

Direktors der staatlichen Arzneimittelbehörde oder die Verkündigung einer neuen Arzneimittelpolitik in Bangladesch im Juni 1982, die radikale Maßnahmen gegen unwirksame, unnötige und schädliche Arzneimittel (eins davon war Clioquinol) beinhaltete, oder die Ankündigung einer für den 10. August geplanten IOCU/HAI-Pressekonferenz, auf der die »Clioquinol-Anti-Werbe«-Broschüre in indonesisch/malaiischer Übersetzung lanciert werden sollte –, jedenfalls verkündete der Gesundheitsminister Tan Sri Chong Hon Hyan am Samstag, dem 7. August, daß die Regierung mit sofortiger Wirkung die Einfuhr, die Lieferung und den Verkauf von Clioquinol verboten habe. Am Sonntag änderten meine Freunde erleichtert und eilig die Presseerklärung, die sie für die zwei Tage später geplante Konferenz vorbereitet hatten.

Die *New Straits Times* brachte wieder einen scharf formulierten Leitartikel. »Das Verbot ... von Clioquinol durch das Gesundheitsministerium wird keine Stürme der Begeisterung auslösen«, hieß es, »denn die Maßnahme war schon längst überfällig.« Forderungen von allen malaysischen Verbrauchergruppen und der IOCU, das Verbot zu verhängen, seien jahrelang ignoriert worden. »Warnungen des im Lande weilenden schwedischen Neurologen Dr. Olle Hansson« seien mißachtet worden. »Wäre das Gesundheitsministerium bereit zu erklären, wodurch es veranlaßt wurde, das Arzneimittel schließlich doch zu verbieten?« Der mit Recht entrüstete Artikel wies auf eine neue Art der Einmischung aus dem Norden hin, den Arzneimittel-Kolonialismus, der in Ländern der Dritten Welt grassiert, einen Einfluß, dessen sich das Gesundheitsministerium wohl bewußt war. Der Artikel schloß daher mit den Worten: »Wenn nötig, muß man sofort ein Verbot über jeden Artikel verhängen, der in Verdacht steht, gefährlich zu sein, bis seine ›Unschuld‹ bewiesen ist. Mittlerweile sollten die Behörden wissen, daß es – wenn es um Gesundheit geht – besser ist, eher zu vorsichtig zu sein als zu unkritisch.«

Die wichtigste Lehre, die sich aus dem endlosen Kampf um die Befreiung der Welt von Oxychinolinpräparaten ziehen läßt, ist die, daß die Unterstützung und Zusammenarbeit fortschrittlicher Kräfte außerhalb des medizinischen Establishments nicht nur unschätzbar, sondern tatsächlich entscheidend ist.

Trotz des Erfolges des Ciba-Geigy-Boykotts in Schweden und trotz der Protestaktionen von Ärzten in Norwegen, Dänemark und in der Schweiz bleibt die Hoffnung auf internationale Solidarität unter der Ärzteschaft in bezug auf eine Frage wie Oxychinolin eine Illusion. Die Pharma-Riesen sind sich dieser Tatsache zweifellos sehr wohl bewußt und verlassen sich darauf. Der Grund liegt in der hierarchischen und konservativen Machtstruktur der Ärzteschaft und ihrer Orientierung an Geld und Prestige, wodurch die Neigung entsteht, enge Verbindungen mit der Industrie anzustreben. Druck muß daher auch von außerhalb kommen, Druck, der auf die Ärztevereinigungen, Regierungen, internationalen Organisationen wie etwa die WHO und natürlich auf die Industrie ausgeübt wird.

Kritische und gewissenhafte Ärzte müssen sich mit Verbraucherinitiativen und anderen Bürgerinitiativen verbünden. Wenn man die Sachkenntnis der Ärzte mit der Fähigkeit der Bürgerinitiativen, Kampagnen zu organisieren und Einfluß geltend zu machen, verbindet, besitzt man ein wirkungsvolles Instrument, das man dem medizinisch-industriellen Komplex entgegensetzen kann. Ein solches Instrument ist das HAI, so daß es hinsichtlich der zukünftigen Koordinierung internationaler Aktivitäten Anlaß zu Optimismus gibt.

Im Oktober 1982 gab Ciba-Geigy ihre Absicht bekannt, im Verlauf der nächsten drei bis fünf Jahre die Produktion der clioquinolhaltigen Präparate einzustellen. Diese Entscheidung wurde getroffen »nicht nur angesichts von Fortschritten und neuen Entwicklungen bei Präparaten gegen Durchfallerkrankungen, sondern auch aufgrund der Tatsache, daß Clioquinol ein altes Arzneimittel ist, das bereits seit 1934 auf dem Markt ist«. In der Bekanntmachung fand sich kein einziges Wort über die Nebenwirkungen von Clioquinol! In einer Notiz in *Lancet* wurde die Vermutung geäußert, daß das Timing dieser Maßnahme etwas mit der bevorstehenden Veröffentlichung des *Programms gegen Durchfallerkrankungen* der WHO zu tun hatte, das wahrscheinlich eine Beurteilung des therapeutischen Wertes von Clioquinol enthalten würde. »Mit der langsamen ›stufenweisen Zurückziehung‹ ... wird man die Kritik kaum endgültig zum Schweigen bringen«, prophezeite *The Lancet*. Zu Recht. Ciba-Geigys Verlautbarung konnte keineswegs zufriedenstellen. Erforderlich war nichts weniger als ein sofortiger Stopp überall und von allen Herstellern.

Bei dem internationalen Seminar der IOCU über Gesundheit,

Sicherheit und den Verbraucher in Ranzan, Japan, im April 1983 standen die Oxychinoline ein weiteres Mal im Mittelpunkt. Die Oxychinolin-Kampagne erhielt wieder einen neuen Schub. Die Teilnehmer veröffentlichten die *Ranzan-Erklärung zu Clioquinol*, in der sie u. a. Ciba-Geigys langsame Produktionseinstellung kritisierten, weil dadurch »große Bevölkerungsteile drei bis fünf Jahre lang ohne irgendeinen ersichtlichen Nutzen einem unvertretbar großen Risiko ausgesetzt würden«. Die Teilnehmer drängten daher »alle nationalen Überwachungsbehörden und die WHO, sicherzustellen, daß die Produktion und der Verkauf oraler Präparate, die Clioquinol oder irgendein anderes Hydroxychinolin enthalten, *sofort* gestoppt wird«.

Nach diesem ermutigenden Seminar wurde der Druck auf die Oxychinolin-Hersteller verstärkt. Das *Information Center Against Drug-Induced Sufferings* (ICADIS) und die SMON-Vereinigung der Präfektur Hyogo, beides langjährige und bewährte japanische Pionierorganisationen im Kampf gegen Oxychinolin, drängten Ciba-Geigy, ihre Produkte umgehend zurückzuziehen. Sie baten auch die WHO und den Internationalen Pharma-Herstellerverband um Hilfe bei der vollständigen Beseitigung oraler Oxychinolin-Arzneimittel und forderten die japanische Regierung und die SMON-Kommission auf, bei Gesundheitsbehörden in anderen Ländern vorstellig zu werden, um sie von der Gefährlichkeit des Arzneimittels zu überzeugen.

Ciba-Geigy gab schließlich nach – viele Jahre zu spät. Doch wenigstens hielt sie nicht an ihrem Plan fest, den Zeitraum der Produktionseinstellung auf drei bis fünf Jahre auszudehnen. Am 26. November 1984 informierte die Firma die Presse, daß sie den Einsatz von clioquinolhaltigen und -verwandten Arzneimitteln aufgeben werde. Sie ließ die Presseerklärung einigen Schlüsselpersonen der Oxychinolin-Kampagne umgehend zukommen. Die beschleunigte Produktionseinstellung würde bis »Ende des ersten Quartals 1985« abgeschlossen sein. Das bedeutet, daß vom 1. April 1985 an keine Oxychinolin-Präparate von Ciba-Geigy mehr auf den Weltmärkten im Handel sein sollten.

Die Presseerklärung nannte nicht die schwerwiegenden Nebenwirkungen von Oxychinolin als Grund für die Entscheidung, allerdings erwähnte sie, daß wegen des Auftretens von SMON in Japan »diese Präparate im Mittelpunkt kontroverser öffentlicher Diskussion bezüglich Arzneimittel-Nutzen und -Risiko standen«. Die Verbraucher der Welt hatten Anlaß, froh zu sein, doch nicht zu froh. Die Ära der Oxychinoline ist noch nicht endgültig beendet. Viele andere Arzneimittel-Hersteller produzieren und verkaufen weiterhin orale Oxychinolin-Präparate, kleine lokale Firmen wie auch große Multis wie Sandoz, Wyeth, Searle, Squibb usw. Die Arzneimittelverzeichnisse in Südostasien z. B. sind noch voller Oxychinolin-Präparate, viele davon Kombinationen mit anderen unsinnigen und gefährlichen Substanzen. Alte Bestände von zurückgezogenen Produkten können auch noch auf verschiedenen Märkten im Handel sein.

Außerdem haben neue Untersuchungen ergeben, daß Oxychinolin auch durch die Haut resorbiert werden kann, vor allem durch junge Haut. Gruppen wie die *American Public Citizen Health Research Group* haben jetzt das Problem von Salben und Cremes aufgegriffen, die Oxychinolin enthalten (einige davon von Ciba-Geigy hergestellt) und die vor allem für Säuglinge und Kleinkinder verwendet werden.

Es ist also klar, daß wir weiterkämpfen müssen, bis die Oxychinoline endgültig und ein für allemal aus Arzneimitteln, Märkten und Köpfen verschwunden sind.

Haben wir irgend etwas gelernt?

»Herr Präsident, können wir aus dieser Lektion irgend etwas für die Zukunft lernen, oder wird die Menschheit immer wieder nur durch Katastrophen oder Tragödien klüger?« fragte Senator Paul H. Douglas in Anspielung auf die CONTERGAN-Katastrophe in einer berühmten Rede im US-Senat. Damals, am 23. August 1962, wurden epochemachende Gesetze für den pharmazeutischen Bereich, die Senator Estes Kefauver eingebracht hatte, angenommen.

Auch zwei Jahrzehnte später muß diese Frage unbeantwortet bleiben.

Als ich auf das Buch von Sjöström und Nilsson über den Contergan-Skandal stieß,[43] war ich beeindruckt von der Analogie zur SMON-Affäre. Entsetzt fand ich dort wieder, was ich selber erlebt hatte: Skrupellosigkeit der Pharma-Unternehmen, Trägheit und mangelnden Mut der Arzneimittelbehörden, Infragestellung der Motive jener, die Alarm geschlagen hatten, die Politisierung wissenschaftlicher Tatsachen, Lügen, Halbwahrheiten, feiges Schweigen...

Auch die naheliegenden Schlußfolgerungen waren mir bekannt: was getan werden kann und sollte, aber nicht getan wurde, um einer weiteren Tragödie – SMON – vorzubeugen, und was auf schmerzhafte Weise neu entdeckt werden mußte.

Der Schock der CONTERGAN-Tragödie machte den Menschen bewußt, wie schlecht es um die Kontrolle der Arzneimittel und deren Hersteller bestellt war. Die Enthüllungen über unmoralisches und sogar unmenschliches Verhalten bestimmter Pharma-Unternehmen löste Bestürzung aus.

Als Reaktion darauf nahm die Industrie hier und dort einige Korrekturen vor. Das Vertrauen in ihre »Ernsthaftigkeit« war bald wiederhergestellt, und die Profite konnten wieder ungestört wachsen.

In mehreren Ländern verschärften die Behörden die Gesetzgebung in bestimmten Bereichen. Die Einführung strengerer Kontrollen stieß vornehmlich in den USA auf den heftigen Widerstand der Pharma-Industrie (was kaum überrascht) und der Ärzteschaft (was bedauernswert ist, aber vielleicht nicht überraschend – wenn man in Betracht zieht, was über den medizinisch-industriellen Komplex gesagt wurde).

Einer der grundlegenden Lehrsätze von Hippokrates, dem alten griechischen Vater der Medizin, lautete, daß es die erste Pflicht des Arztes ist, keinen Schaden zu verursachen. Dieses Prinzip gilt heute immer noch, und es dürfte keinen Arzt geben, der das ernsthaft in Frage stellt. Ärzte können jedoch auch durch Unterlassungen Schaden verursachen – SMON ist ein Beispiel dafür. Doch wenn sie offen gegen Gesetze opponieren, deren Zweck es ist, Patienten vor Arzneimittelkatastrophen zu schützen, dann verstoßen sie offen gegen das Mandat ihres Berufes.

Schweigen über bestimmte Arzneimittelnebenwirkungen oder negative Tatsachen eines Arzneimittels wird oft damit gerechtfertigt, daß die Öffentlichkeit nicht beunruhigt werden soll: Menschen könnten sich notwendigen Behandlungen verweigern, heißt es. Dies kann zugegebenermaßen geschehen, wenn Patienten nicht umfassend und verständlich informiert werden. Wenn sie über Risiko und Nutzen der Behandlung und deren Gründe in einer verständlichen Sprache umfassend informiert werden, kann das nur zu ihrem Vorteil sein. Untersuchungen haben sogar gezeigt, daß ausreichende Information die Bereitschaft des Patienten, Rat und Verschreibung des Arztes zu akzeptieren, eher erhöht.

Wissen über Arzneimittel seitens des Patienten kann nur demjenigen schaden, der unnötige oder unwirksame Arzneimittel mit einem unvertretbaren Risiko-Nutzen-Verhältnis herstellt. Es gibt nur wenige Länder, deren Arzneimittelgesetzgebung auf den Schutz des Verbrauchers ernsthaft Rücksicht nimmt. Die USA sind dafür eins der besten Beispiele, obwohl, verglichen mit anderen Ländern, der offene Widerstand gegen eine solche Gesetzgebung dort scheinbar besonders ausgeprägt und unverhüllt egoistisch war. In der Bundesrepublik z. B. war der Protest subtiler, beser verborgen hinter diplomatischer Phraseologie und vielleicht aus diesem Grund auch wirksamer. Auf diese Weise gelang es, in den 70er Jahren einen fortschrittlichen und im Sinne von Verbraucherschutz und Arzneimittelkosten äußerst vielversprechenden Gesetzesvorschlag zu verwässern. So wurde die Öffentlichkeit im großen und ganzen vom Entscheidungsprozeß ausgeschlossen – es gab keine öffentlichen Proteste, keine öffentliche Diskussion, keine öffentliche Meinungsbildung wie in den USA, so daß die Pharma-Industrie ihre Position durchsetzen konnte.

Normalerweise verlangen die Behörden vom Hersteller einen Beweis dafür, daß es keine Hinweise auf eine mögliche Gefährlichkeit des Arzneimittels gibt, das in einem bestimmten Land auf den Markt gebracht werden soll. Solche Gesetze konnten jedoch weder die CONTERGAN- noch die Oxychinolin-Tragödie verhindern.

Meines Wissens gibt es nur eine einzige lobenswerte Ausnahme: Norwegen. Dort verlangen die Gesundheitsbehörden alle fünf Jahre die Vorlage sämtlicher neuer Daten über ein Präparat. In diesem Zeitabstand wird regelmäßig überprüft, ob die weitere Verwendung des Arzneimittels gerechtfertigt ist. Bevor ein Arzneimittel auf den norwegischen Markt gelassen wird, muß der Hersteller nicht nur die Wirksamkeit und relative Sicherheit des neuen Produkts belegen, sondern auch seine Überlegenheit gegenüber vergleichbaren bereits im Handel befindlichen Präparaten.

Wären in den 60er Jahren die norwegischen Kriterien in Japan angewendet worden, wäre SMON dort vielleicht nicht aufgetreten oder zumindest nicht in so großem Ausmaß. Routine-Überprüfungen alter Arzneimittel, die, in welchem Land auch immer, auf dem Markt sind, würden den Verbrauchern sicherlich sehr zugute kommen.

Man wird sich der Probleme, die die zunehmend komplexeren Arzneimittel aufwerfen, immer mehr bewußt, und viele Länder haben sich darangemacht, ihre Arzneimittelgesetzgebung zu revidieren. Zu ihnen zählen Länder der Dritten Welt und auch Länder wie Großbritannien, Kanada, Schweden und Japan. Einige Behörden haben begonnen, die alten Arzneimittel zu überprüfen. Zum Beispiel wurde 1975 in Großbritannien ein Komitee ernannt, das die Dokumentation von 36000 alten pharmazeutischen Produkten überprüfen sollte. Diese Herkulesarbeit sollte, nach damaligen Vorstellungen, an die neun Jahre dauern, doch die Frist wurde inzwischen bis 1990 verlängert. Mittlerweile hat Bangladesch, eines der ärmsten Länder, ein bewundernswertes und dramatisches Beispiel für die Überprüfung alter Arzneimittel geliefert. Im Mai 1982 beauftragte die Regierung von Bangladesch einen Sonderausschuß, den Arzneimittelmarkt des Landes, der damals etwa 4000 Arzneimittel umfaßte, einer Überprüfung zu unterziehen und einen Vorschlag für eine bessere Arzneimittelpolitik auszuarbeiten. Nach Abschluß umfangreicher Vorarbeiten und sorgfältiger wissenschaftlicher Untersuchungen brauchte der Ausschuß nur etwa einen Monat, um die Aufgabe zu erledigen. Man schlug vor, mehr als ein Drittel der 4000 Arzneimittel in Bangladesch vom Markt zu nehmen. Die beanstandeten Produkte seien entweder unwirksam, gänzlich überflüssig oder darum entbehrlich, weil billigere und ähnlich wirksame Alternativen sowieso schon im Handel waren, oder aber eindeutig schädlich durch ein unvertretbares Risiko-Nutzen-Verhältnis. Am 12. Juni 1982 nahm die Regierung diese Vorschläge zusammen mit anderen Empfehlungen des Ausschusses an.

Die neue Arzneimittelpolitik in Bangladesch war als ein erster Schritt hin zu einer rationalen, sicheren und wirtschaftlichen Verwendung von Arzneimitteln gedacht, mit dem endgültigen Ziel, allen Menschen im Land die unentbehrlichen Arzneimittel zugänglich zu machen. Dieser mutige Schritt setzte ein Zeichen nicht nur für andere arme Länder, sondern auch für die gedankenlosen pillenschluckenden

Gesellschaften der Industrieländer. Selbstverständlich setzten die Pharma-Multis eine Schmierenkampagne in Gang, um das neue Programm zunichte zu machen. Noch besorgniserregender ist, daß sie in dieser Kampagne von einigen Regierungen ihrer Heimatländer unterstützt wurden. Besonders hervorgetan hat sich hier die US-Regierung, obwohl sie sich innerhalb der Landesgrenzen relativ gut um die Gesundheitsinteressen der Verbraucher kümmerte. Die *US Food and Drug Administration* (FDA) führte sogar selbst gerade eine Neubewertung alter rezeptpflichtiger Medikamente durch, eine Arbeit, die sich über zwei Jahrzehnte erstreckte. Als die US-Untersuchung gegen Ende 1984 kurz vor dem Abschluß stand, waren an die 3400 rezeptpflichtige Medikamente geprüft worden. Davon wurden mehr als 1100 vom Markt genommen, weil ein Beweis ihrer Wirksamkeit nicht erbracht werden konnte. Bei etwa 2300 Präparaten wurden zweifelhafte Behauptungen von den Beipackzetteln entfernt, und etwa 7000 Präparate, die den überprüften ähnlich waren, wurden ebenfalls vom Markt genommen, oder es wurden Änderungen in ihrer Zusammensetzung vorgenommen.

Eine Schlußfolgerung aus diesen Beispielen ist klar: Der weltweite Arzneimittelmarkt hat offensichtlich eine gründliche Säuberung nötig.

Doch wo immer eine solche Säuberung in Angriff genommen wurde, haben sich kommerzielle Interessen im Verein mit politischen eingemischt, oft genug mit Erfolg. Beispiele für derartige Versuche sind aus Sri Lanka, Moçambique, Argentinien, Pakistan und Bangladesch bekannt.

Wer die Pharma-Industrie kritisiert, muß oft mit aggressiven Reaktionen rechnen. Mehr oder weniger neutrale Organisationen, deren politische Integrität weitgehend anerkannt ist, werden jedoch allmählich immer kritischer.

Die WHO z. B. hat sich über mehrere Jahre im Rahmen ihres Programms der »unentbehrlichen Arzneimittel« mit der Lage auf dem Arzneimittel-Weltmarkt befaßt. Mehrere Mitarbeiter der WHO, darunter ihr Generaldirektor Dr. Halfdan Mahler,[44] haben ernste Anschuldigungen gegen die Pharma-Industrie erhoben. Ferner ermutigt die WHO ihre Mitgliedsstaaten, vor allem die ärmeren, eine volksorientierte Arzneimittelpolitik zu betreiben, mit Schwerpunkt auf der

Bereitstellung unentbehrlicher Arzneimittel und Maßnahmen, die mit denen in Bangladesch zu vergleichen sind.

Aber auch die WHO ist nicht gefeit gegen Beeinflussung durch die wirtschaftlich mächtige Pharma-Industrie, da die Heimatländer der einflußreichen Unternehmen zu den wichtigsten Mitgliedern der Organisation zählen. Die USA steuern ein Viertel des WHO-Budgets bei. Im Verlauf der vergangenen Jahre haben die USA mit steter Regelmäßigkeit immer wieder gegen UNO-Resolutionen, die zum Nutzen der Menschen, vor allem jener in der Dritten Welt, erarbeitet wurden, die aber den Interessen der Industrie zuwiderliefen, opponiert oder ihr Veto eingelegt.

Aus diesen und anderen Gründen sind von den etablierten Mächten keine Initiativen für große Veränderungen zu erwarten. Der massive Druck der öffentlichen Meinung und eine Flut öffentlicher Forderungen sind erforderlich, um derartige Initiativen zu schaffen und progressive Elemente innerhalb von Regierungen, Organisationen und vielleicht sogar der Industrie zu unterstützen.

Bei diesem Machtspiel scheint die zentrale Figur in der Debatte um die Pharma-Industrie – nämlich der Patient, für den die Arzneimittel bestimmt sind – in den Hintergrund geraten zu sein. Bürgeraktionen müssen den eigentlichen Kernpunkt der Debatte wieder ins Rampenlicht rücken.

Was also sind, vom Patienten aus betrachtet, die besonders fragwürdigen Aspekte im Geschäftsgebaren der Pharma-Unternehmen? Zweifellos die Arzneimittelinformation, die Werbung und die Marketing-Methoden.

Ein Arzneimittel, dessen Vorteile gegenüber seinen unerwünschten Nebenwirkungen und Risiken nicht eindeutig überwiegen, sollte nicht eingesetzt werden. Zweifellos wird jeder Arzt diesem Prinzip zustimmen. Doch ob man auch nach ihm handeln kann, hängt zum großen Teil von der Information ab, die die Hersteller anbieten. Die Saga der Oxychinoline veranschaulicht diese Tatsache eindrucksvoll, wie auch die Tatsache, daß die Hersteller nur sehr widerwillig Informationen herausgeben, die das prächtige Image, das sie für ihr Produkt geschaffen haben, trüben könnten. Leider ist die Information, die zurückgehalten wird, von entscheidender Bedeutung.

Die Industrie versucht, ihre Produkte in größtmöglicher Zahl abzusetzen und zu Höchstpreisen, die sich auf dem jeweiligen Markt an der Kaufkraft der Verbraucher orientieren. Im zweiten Teil des Buches wird hierauf noch ausführlicher eingegangen. Die Information, die der Hersteller ausgibt, wird soweit wie möglich im Hinblick auf dieses Ziel zurechtgestutzt. Es ist daher besorgniserregend und geradezu gefährlich, daß die Pharma-Unternehmen im großen und ganzen, was Arzneimittelinformation betrifft, ein Monopol besitzen.

»Informationen über neue Arzneimittel werden praktisch ausschließlich von den Pharma-Unternehmen erstellt, und alle Informationsstellen außerhalb der Industrie müssen ihre Information über ein Arzneimittel unmittelbar von den Pharma-Unternehmen beziehen«, erklärt stolz der Industriesprecher Dr. Lars Werkö. Für den Verbraucher ist das eine erschreckende Tatsache. Ein derartiges Monopol läßt sich mit Objektivität und Vollständigkeit in keiner Hinsicht vereinbaren. Ganz gewiß ist es nicht dazu angetan, die höchstmögliche Sicherheit für den Patienten zu garantieren, da es keine Kontrolle gibt. Selbst wenn man die besten Absichten unterstellt, ist Kontrolle erforderlich, weil Spezialisten nicht ohne weiteres wissen, welche Erklärungen ein Laie braucht. Doch im Fall der Pharma-Industrie kommt einem eine Talleyrand zugeschriebene Bemerkung in den Sinn: Krieg ist eine viel zu wichtige Angelegenheit, als daß man sie den Generälen überlassen könnte. Das läßt sich voll und ganz auf Arzneimittelinformation und Pharma-Industrie übertragen.

Wer also sollte dann mit der heiklen Aufgabe betraut werden, die Ärzteschaft und die Öffentlichkeit mit Arzneimittelinformation zu versorgen? Ich habe lange über dieses Problem nachgedacht und selbst einige Vorschläge für ein durchführbares System in Schweden gemacht. Im wesentlichen geht es darum, die Zuständigkeit für Arzneimittelinformation von der Ärzteschaft auf eine Behörde zu übertragen, die der Arzneimittel-Überwachungsbehörde unterstellt ist. Diese Behörde hätte auch die Aufgabe, ständig die Notwendigkeit von aktuell im Handel befindlichen Arzneimitteln zu überprüfen. Da in Schweden eine staatliche Behörde über das alleinige Recht verfügt, Arzneimittel zu erwerben und zu verteilen, könnte sie leicht die Aufgabe übernehmen, die Patienten angemessen zu informieren. Der Vertrieb der Arzneimittel unter ihrem Freinamen würde die Aufgabe zusätzlich erleichtern und außerdem wirtschaftliche Vorteile bringen.

Ähnliche Modelle haben sich da und dort als funktionsfähig erwiesen. Ein Beispiel ist Moçambique. Bestandteile der beispielhaften Arzneimittelpolitik in diesem Land sind eine nationale Körperschaft, die zuständig ist für Arzneimitteleinkauf und -vertrieb, ein Verzeichnis der unentbehrlichen Arzneimittel, die Verwendung von Freinamen und das Verbot von Werbung der Industrie bei der Ärzteschaft. Die Regierung hat die Arzneimittel- und Gesundheitsinformation selbst in die Hand genommen. Moçambiques System der Gesundheitsversorgung, das vor der Unabhängigkeit 1975 international an letzter Stelle rangierte, ist heute, trotz der Armut des Landes, eins der am besten organisierten in der Dritten Welt.

Sowohl Schweden als auch Moçambique sind, gemessen an der Bevölkerungszahl, kleine Länder. Es steht außer Zweifel, daß eine Lösung des Problems in einem bevölkerungsreichen Land wie etwa Indien unweigerlich sehr viel komplexer wäre. Doch im wesentlichen gilt überall das gleiche: Arzneimittelinformation darf nicht länger Monopol der Industrie bleiben.

Reformen, wie sie hier umrissen wurden, würden eine verbesserte Sicherheit der Patienten zur Folge haben, abgesehen davon, daß sie die Belastung des Gesundheitsbudgets verringern würden (Moçambique konnte seine Arzneimittelausgaben über die letzten zehn Jahre stabil halten, während die der Nachbarländer unkontrollierbar in die Höhe geschossen sind). Die verwirrende und unnötige Vielfalt des Arzneimittelmarktes würde auf eine überschaubare Größe reduziert werden, und es würden nur die geeignetsten Arzneimittel benutzt. Zuverlässige und ausreichende Informationen könnten somit auch von einer unabhängigen Institution zur Verfügung gestellt werden.

Während ich dies schreibe, kann ich schon alle möglichen Proteste hören, vor allem von Ärzten, die gegen die »Beschneidung ihrer Freiheit, das Arzneimittel für ihre Patienten zu wählen«, protestieren. Doch diese »Freiheit« ist heutzutage in Wirklichkeit eine Illusion, vor allem angesichts der rasanten Entwicklung im pharmazeutischen Bereich. Nur wer umfassend informiert ist, kann wählen.

Ehrliche und freimütige Ärzte werden sogar bereitwillig zugeben, daß sie kaum mehr als an die 30 verschiedene Arzneimittel in ihrem Praxisalltag benutzen und vielleicht 100 oder 200 ingesamt. Es ist schwierig genug, sich all die Phantasie-Markennamen der verschiedenen Produkte von Hunderten von Firmen zu merken, ganz zu schweigen von den Einzelheiten über alle ihre Wirkstoffe, Eigenschaften, Vorteile, Nachteile, alle Vorsichtsmaßnahmen, die berücksichtigt werden müssen, und die kleinen Unterschiede zwischen Markenpräparaten, die für ähnlichen Gebrauch empfohlen werden. Solche Details können jedoch zuweilen über Leben und Tod eines Patienten entscheiden.

Ärzte würden es als eine Erleichterung empfinden, wenn sie sich die Verantwortung, das richtige Arzneimittel für ihre Patienten zu bestimmen, mit einer kompetenten Behörde teilen könnten. Eine Vorauswahl von wirksamen und verhältnismäßig sicheren Arzneimitteln würde ferner für moderne Ärzte eine unschätzbare Hilfe bedeuten. Es würde ihre medizinische Autorität nicht schmälern, da sie dadurch mehr Zeit zur Verfügung hätten, andere Aspekte ihrer Arbeit zu verbessern, wie etwa Diagnosetechniken, nichtmedikamentöse Behandlung, Kommunikation mit dem Patienten usw. Die Verwendung von Arzneimittel-Freinamen (»Generica«) statt des ganzen Wusts von Markennamen würde auch das überstrapazierte Gedächtnis von Ärzten und Apothekern entlasten. Auch die WHO befürwortet die Reduktion des Angebots auf die unentbehrlichen Medikamente, die in ihrer Liste von etwa 250 unentbehrlichen Arzneimitteln aufgeführt sind, sowie die Verwendung von »Generics«. Das dringlichste Ziel des *Aktionsprogramms für unentbehrliche Arzneimittel und Impfstoffe* der WHO ist es, allen Menschen in den armen Ländern die wesentlichen Medikamente zugänglich zu machen und ausreichende Information über unentbehrliche Arzneimittel zur Verfügung zu stellen, hauptsächlich für die Teile der Welt, wo unabhängige wissenschaftliche Information schwer zu bekommen ist. Ziel ist es, »schlechte« Arzneimittel loszuwerden, damit die »guten« die Menschen erreichen können, und das zu erschwinglichen Preisen.

Die wirtschaftlichen Aspekte eines Programms der »unentbehrlichen Arzneimittel« sind in den Industrieländern nicht so brisant wie in den Entwicklungsländern, wohl aber die Aspekte, die Sicherheit und Information betreffen. Überall auf der Welt begreifen Länder dies jetzt allmählich und beginnen, behutsam nach Lösungen zu suchen, trotz des Widerstandes der Pharma-Industrie. Sie brauchen daher die Unterstützung der Verbraucher.

Um »schlechte« Arzneimittel wirkungsvoll zu beseitigen, ist es auch notwendig, dem Arzeimittel-Dumping ein Ende zu machen. Entsprechende gesetzliche Maßnahmen, darunter auch die Zulassungskriterien für arzneimittelexportierende Länder, werden zur Zeit in der EG erörtert, und es gibt Anlaß zu der Hoffnung, daß der Export gefährlicher Arzneimittel und anderer Produkte, die im Ursprungsland verboten oder nicht gebilligt sind, gestoppt wird. Bislang können Pharma-Unternehmen gefährliche oder minderwertige Pharmazeutika exportieren (und tun es auch), die in den meisten Industrieländern nicht verkauft werden können oder dürfen. Sie gehen meist in Länder, in denen es weniger oder gar keine Beschränkungen gibt. Die meisten dieser Länder zählen zu den ärmsten der Welt, wo man noch mit einer Menge anderer Probleme fertig werden muß.

In den meisten, wenn nicht in allen Ländern schützen Gesetze und Vorschriften im großen und ganzen eher die Rechte der Industrie als die Sicherheit der Patienten. Lücken in den Arzneimittel-Kontrollvorschriften von arzneimittelimportierenden Ländern sind rücksichtslos ausgenutzt worden. Doch nicht nur hier zeigt sich die Parteilichkeit der Gesetze. In der Schweiz z. B. ist es strafbar, interne Dokumente zu enthüllen, selbst wenn dies zur Warnung der Öffentlichkeit vor den unethischen, unmoralischen oder geradezu ungesetzlichen Praktiken einer Firma geschieht. So etwas wird als Wirtschaftsspionage betrachtet und nach schweizerischem Gesetz wie militärischer Nachrichtendienst behandelt.[45] Das hat gravierende Konsequenzen. Stellen wir uns vor, jemand bei Ciba-Geigy stößt auf alte interne vertrauliche Dokumente aus den 60er Jahren, die auf die Gefahr von Oxychinolin hinweisen. Eine Person, die diese Unterlagen mit dem Ziel bekanntgemacht hat, zur Lösung des japanischen SMON-Rätsels beizutragen oder Ciba-Geigy Fahrlässigkeit vor Gericht zu beweisen, wäre, wenn man sie entdeckt hätte, wie ein Spion verurteilt und wahrscheinlich hart bestraft worden.

Das Risiko, das solche Menschen auf sich nehmen, wurde im Fall von Stanley Adams eindringlich veranschaulicht, der die Tatsache aufdeckte, daß das Schweizer Pharma-Unternehmen Hoffmann-LaRoche mehrmals gegen die Monopolgesetze der EG verstoßen hatte.[45] Die Konsequenzen seines Handelns waren gravierend für

Adams: Seine private und berufliche Existenz wurde zerstört, und er geriet in Konflikt mit den Behörden. Zweifellos ein Anlaß zur Sorge für jene, die ihrem Gewissen folgen wollen. Es überrascht daher nicht, daß undichte Stellen selten sind. Doch wie ist es möglich, daß hochqualifizierte Wissenschaftler und Ärzte einem solchen System gegenüber weiterhin loyal sind und mit ihm kooperieren, wenn es um solche Angelegenheiten wie die SMON-Affäre geht? Wie können diese Experten gegen ihr eigenes besseres Urteil, ihr Wissen und ihr Berufsethos handeln?

In den Jahren, in denen ich mit der SMON-Affäre zu tun hatte, stand eine kleine Zahl von Personen, Mitarbeitern von Ciba-Geigy in verschiedenen Ländern, direkt oder über Mittelsleute mit mir in Verbindung. Sie haben mir viele solche interne Dokumente zukommen lassen.

Wer eine Antwort auf die eben erwähnten ernsten ethischen Fragen sucht, wird die folgenden Schilderungen von Ciba-Geigy-Mitarbeitern aufschlußreich finden. Ich habe diese Stellungnahmen bei den wenigen geheimen Zusammenkünften, wo ich einige dieser Insider persönlich traf, selbst aufgeschrieben.

> »Im System der Firma haben unloyale Angestellte keinen Platz. Es fällt mir immer noch schwer, die Situation zu analysieren, aber es ist der alles durchdringende Gruppendruck, der alle und jeden dazu bringt, zu erkennen, wo die Grenzen für abweichende Meinungen und Kritik liegen. Ich meine da nicht Routineprobleme – die Maschinerie läuft wie ein Uhrwerk. Doch wenn es um solch kontroverse Probleme wie den Clioquinol-Fall geht, hat jeder, der sich nicht an die Regeln hält, in der Firma ausgespielt. Es ist leicht, jemandem auf unterer Ebene zu verstehen zu geben, daß er oder sie keine große Zukunft mehr in der Firma hat. Eine Möglichkeit, die ich oft erlebt habe, ist, solche Leute einfach nicht mehr für Kurse zuzulassen, für die sie normalerweise ausgewählt worden wären.«

> »Ich bin schon so lange da drin, fast den größten Teil meines Lebens, würde ich sagen. Ich war ein junger Arzt, als alles anfing, einige Jahre bevor Ciba und Geigy fusionierten. Ich war sehr stolz

an dem Tag, als ich gebeten wurde, Mitglied der Firma zu werden. Ich hatte damals bei einem medizinischen Treffen einen Vortrag gehalten.
Während all der Jahre bin ich in so vielen Sitzungen gewesen, in denen es um heikle Arzneimittel ging. Es war immer eine rein ›wissenschaftliche‹ Prozedur, nur die Bewertung des Risiko-Nutzen-Verhältnisses vom Standpunkt der Firma aus. Bedenken bezüglich potentieller Gefahr für die Öffentlichkeit oder Zweifel ohne ›wissenschaftliche‹ Belege wurden als Gefühle abgetan, die nichts mit der Entscheidungsfindung zu tun haben.«

»Schon bei der allerersten Sitzung über die ENTERO-VIOFORM-Affäre, an der ich teilnahm, war mir klar, daß das eine dubiose Sache war. Der Fall hat mich einfach hellhörig gemacht, und ich las die Berichte mit wachsender Besorgnis und Ablehnung.«

»Manchmal dachte ich daran, als Konsequenz meiner neuen Einsicht die Firma zu verlassen. Doch es war unmöglich, wieder ganz von vorne mit einer Praxis zu beginnen. Und mich um eine Stelle in einem anderen Pharma-Unternehmen zu bewerben kam nicht mehr in Frage. Warum sollte es dort besser sein? Ich fühlte mich mehr oder weniger wie in einer Falle, auch wegen der beträchtlichen finanziellen Vorteile, die ich bei Ciba-Geigy genieße, wie etwa billige Kredite, eine günstige Rentenversorgung usw. usf. So sieht mehr oder weniger die Situation für diejenigen von uns aus, die den Glauben und das Vertrauen in die Firma verloren haben, doch trotzdem das Spiel weiterspielen müssen.
Ich spreche von ›uns‹, aber natürlich habe ich keine Ahnung, wie viele wir sind. Ich selber habe nur einen Kollegen, mit dem ich diese Angelegenheit offen diskutieren kann. Er ist ... mein Sicherheitsventil, und manchmal habe ich das Gefühl, daß ich das alles ohne ihn gar nicht überstehen könnte.
Wir sahen rot, jedesmal wenn die unverschämte Verteidigung von den 15% der Patienten redete, die in Japan ›nie‹ die Tabletten genommen hätten. Wir sahen rot, wenn behauptet wurde, daß SMON immer noch ein Rätsel sei. Die Starrheit des Verhaltens

> und der Argumentation der Firma blieb so viele Jahre unverändert – am Schluß ging es mehr oder weniger nur darum, den Verlust von Prestige und Glaubwürdigkeit zu verhindern.«

Leute wie diese waren es, die mich, ungeachtet des großen Risikos, das sie eingingen, mit dem internen Material versorgten, das die Grundlage für den Rest dieses Buches bildet. Sie taten es, weil ihr Gewissen nicht zum Schweigen gebracht werden konnte, weder durch Geld noch durch Macht, noch durch jene »Gehirnwäsche«, die in einer Firma wie Ciba-Geigy immer stattfindet.

Die folgenden Kapitel werden dem Leser einen Blick in die Welt des Pharma-Geschäfts ermöglichen. Sie werden die Kluft zwischen dieser Welt und der Außenwelt aufzeigen. Die Außenwelt, das sind wir, die wir glauben, daß Arzneimittel für die Linderung und Heilung von Krankheit hergestellt und verkauft werden. Die Informationen, die im geheimen an mich weitergeleitet wurden, geben mir das beängstigende Gefühl, daß die Leute hinter den Kulissen, die »Strategie-Macher«, ständig grundlegende Fehler begehen, Fehler, die Tragödien wie SMON und CONTERGAN ausgelöst haben.

Doch wollen wir nicht voreilig eine Verurteilung aussprechen. Nehmen wir zunächst einmal an, daß Ciba-Geigy in der SMON-Affäre einfach das Gesicht wahren wollte. Gehen wir doch einmal von Ciba-Geigys »Unschuld« aus, und sehen wir uns an, wie sich die Firma bei der Vermarktung anderer Präparate verhalten hat, bevor und nachdem SMON mit Oxychinolin in Verbindung gebracht wurde.

II.

Entobex – Lückenbüßer mit Fehlern

Die Geschichte von ENTOBEX ist die Geschichte des letztlich erfolglosen Versuchs, ein altes Medikament neu aufzupolieren. Sie führt uns zum Anfang dieses Buches zurück, zum Oxychinolin-Desaster und zum langen Kampf der Verbraucher, dieses überflüssige und gefährliche Präparat loszuwerden. Die Nützlichkeit von ENTOBEX war kaum besser nachgewiesen als die von Oxychinolin; und für die Unbedenklichkeit gab es so gut wie keine wissenschaftlichen Belege. Doch anscheinend sollte ENTOBEX die Rolle eines Lückenbüßers spielen, sollte es tatsächlich soweit kommen, daß Ciba-Geigys orale Oxychinolin-Präparate vom Markt verschwinden mußten. Wieder einmal – und dies unmittelbar nach der SMON-Tragödie – erwog Ciba-Geigy, aus kommerziellen Überlegungen heraus medizinische Gesichtspunkte außer acht zu lassen. Doch wenigstens dieses eine Mal schien man die Warnung der Verbraucher verstanden zu haben. Vielleicht ließ Ciba-Geigy aufgrund der Erfahrungen mit Oxychinolin und weil ENTOBEX kein besonders wichtiges Präparat war, das Vorhaben recht schnell wieder fallen. Doch daß man ein solches Vorhaben überhaupt erwog, ist angesichts der vorliegenden Tatsachen nur schwer zu begreifen.

Ciba-Geigy versuchte für ENTOBEX, ihr altes Medikament gegen Amöbenruhr (Amöbiasis), neue Märkte zu erschließen – gerade zu dem Zeitpunkt, als für Clioquinol das Ende der profitbringenden Periode in Sicht war. Dies ist lediglich ein weiteres kleines Beispiel für ihre Marketing-Strategie. Die folgende Geschichte ist insofern bedeutsam, als sie zeigt, wie ernst Verbraucherinitiativen genommen werden können.

Zunächst gab es für dieses in Frage kommende Anwendungsgebiet drei Arzneimittel von Ciba-Geigy: ENTERO-VIOFORM mit dem Wirkstoff Clioquinol, ENTOBEX mit Phanquinon und MEXAFORM, das sowohl Clioquinol als auch Phanquinon enthielt. ENTERO-VIOFORM wurde 1934 auf den Markt gebracht, ENTOBEX 1957 und MEXAFORM 1960. Laut Ciba-Geigy war ENTOBEX ein wirksames Heilmittel gegen Amöbenruhr. Gleichwohl war es ursprünglich nur in einigen wenigen Ländern zugelassen worden, während Phanquinon als eines der Wirkstoffe von MEXAFORM weltweit vertrieben wurde.

Plötzlich sah sich Ciba mit dem Problem konfrontiert, in Kürze nicht mehr die beliebten und profitbringenden Präparate ENTERO-VIOFORM und MEXAFORM verkaufen zu können. Nach Marketing-Gesichtspunkten ergab sich die logische Frage, wie man sich den riesigen Markt der Antidurchfallmittel erhalten könne. »ENTOBEX verkaufen«, lautete offenbar Ciba-Geigys Antwort. 1982 erzielte ENTOBEX mit 6,3 Millionen sfr (0,5% von Ciba-Geigys pharmazeutischem Gesamtumsatz in jenem Jahr) einen viel geringeren Umsatz als ENTERO-VIOFORM und MEXAFORM (jeweils 29,8 Millionen und 20,15 Millionen sfr).[46] Es erschien also naheliegend, zu versuchen, den Umsatz von ENTOBEX zu steigern, um den Verlust auszugleichen, der durch die Produktionseinstellung der anderen Präparate entstehen würde. Entsprechende Schritte wurden gegen Ende 1982 und Anfang 1983 unternommen. Zwischen der Ciba-Geigy-Zentrale in Basel und den Niederlassungen in mehreren Ländern der Dritten Welt, unter ihnen Indonesien, Ägypten, die Philippinen und der Libanon, gab es eine vorbereitende Korrespondenz, bei der es um die Neueinführung oder gegebenenfalls um eine neuerliche Lancierung dieses Arzneimittels ging.[47, 48] Die Korrespondenz drehte sich um Informationen und wissenschaftliche Daten über ENTOBEX, die für Werbemaßnahmen oder für die Zulassungsanträge verwendbar waren. Diese Korrespondenz ist insofern äußerst aufschlußreich, weil sie enthüllt, wie wenig wissenschaftliche Daten Ciba-Geigy tatsächlich zur Verfügung standen, um Wirksamkeit und Sicherheit von ENTOBEX zu belegen.

Es lagen »keine verfügbaren Daten über Resorption, Metabolismus und Elimination« vor. Das heißt, es war nicht bekannt, was im Körper aus dem Arzneimittel wurde und was es dort im einzelnen bewirkte. Das Beispiel Oxychinolin hat auf drastische Weise gezeigt, wie wichtig es ist, zu wissen, ob ein Wirkstoff in die Blutbahn resorbiert wird, da er in diesem Fall praktisch alle Organe des Körpers erreichen und möglicherweise schädigen kann. Im Fall von Oxychinolin hatte das verheerende Folgen. Doch Ciba-Geigy war anscheinend bereit, ENTOBEX als eine Art Lückenbüßer zu propagieren, ohne über dieses entscheidende Wissen bezüglich der Resorption des Arzneimittels zu verfügen. Es ist kaum zu glauben – nach all den Erfahrungen, die die Firma mit Oxychinolin gemacht hatte.

Ciba-Geigys wissenschaftliche Daten über ENTOBEX waren sehr alt und zudem in bezug auf einen überzeugenden Wirksamkeitsnachweis wenig beeindruckend. Unter diesen Umständen mußte selbst Ciba-Geigy zugeben, daß sie keinen glaubwürdigen Nachweis dafür erbringen konnte, daß ENTOBEX bei der Bekämpfung der Amöbenruhr den Konkurrenzpräparaten überlegen war.

Die von der Firma selbst als dürftig eingestufte Dokumentation hielt Ciba-Geigy offenbar nicht davon ab, neue Zulassungsanträge (so in den Philippinen oder Indonesien) in Erwägung zu ziehen. Vom Standpunkt des Verbrauchers aus ist ein solches Verhalten äußerst alarmierend.

Nachdem das IOCU-Büro für Asien und die Pazifikregion in Penang, Malaysia, erfahren hatte, daß neue Zulassungsanträge für ENTOBEX in Vorbereitung waren, vor allem für Indonesien, einen der größten Märkte für Ciba-Geigys Clioquinol-Präparate, wandte es sich im April 1983 schriftlich an Ciba-Geigy mit der Bitte um Informationen über ENTOBEX, insbesondere über Wirksamkeit und Sicherheit. Die Verbraucher hatten gegenüber Ciba-Geigys Vorhaben, das Präparat in Indonesien auf den Markt zu bringen, Bedenken und wollten sich daher über seine Sicherheit und Wirksamkeit informieren, vor allem weil es ein ziemlich altes Präparat war und neuere, verhältnismäßig sichere und wirksame Amöbizide im Handel waren. Außerdem bestand Grund zu der Annahme, daß ENTOBEX ein Ersatz für Ciba-Geigys orale Oxychinolin-Präparate werden sollte, die für alle möglichen durchfallartigen Erkrankungen verwendet wurden, während ENTOBEX ausschließlich als Medikament gegen Amöbenruhr bekannt war.

Die prompte Antwort von Ciba-Geigy kam etwa einen Monat später. Um die Wirksamkeit der Medikamente zu belegen, wurden mehrere positiv verlaufene Tests angeführt. Die relative Sicherheit des Präparates wurde damit erklärt, daß »im Zusammenhang mit ENTOBEX (Behandlung oder Überdosierung) keine Todesfälle gemeldet worden waren und Berichte über fötale Mißbildungen nicht vorliegen«. Ergänzend wurden dem Schreiben zwölf Seiten beigefügt mit Hinweisen auf klinische Veröffentlichungen über ENTOBEX (Phanquinon), die Aufschluß über die klinische Wirksamkeit und unerwünschte (Neben)wirkungen des Arzneimittels geben sollten.

Die Dokumentation, die Ciba-Geigy nach Penang geschickt hatte, sah beeindruckend aus. Bei genauerem Hinsehen ergab sich freilich ein anderes Bild. IOCU konnte nichts entdecken, was Ciba-Geigys eigener, in ihrer Korrespondenz mit den Niederlassungen zum Ausdruck gebrachten Einschätzung über die Dürftigkeit der verfügbaren klinischen Daten widersprach. Vor allem das Fehlen von Daten über Resorption, Metabolismus und Elimination des Präparates machten den Verbrauchern aus den bereits erwähnten Gründen Sorgen. IOCU war von der Sicherheit und Wirksamkeit des Präparates keineswegs überzeugt und teilte Ciba-Geigy diese Vorbehalte mit. »Die meisten der vorgelegten Artikel genügen nicht einmal den bescheidensten Anforderungen an modernes wissenschaftliches Arbeiten«, lautete die Kritik der IOCU in bezug auf die alten Veröffentlichungen.

Die geringe Zahl gemeldeter Nebenwirkungen kann unter keinen Umständen als Beweis oder nicht einmal als ein wesentliches Anzeichen für die Sicherheit von ENTOBEX gelten. ENTOBEX wurde fast ausschließlich in Ländern der Dritten Welt vertrieben – 26% in Indien, 1% in Mexiko, 71% in den sogenannten »Pharma-International«-(PHI-)Ländern, das sind die nichtindustrialisierten Länder. Aufgrund der meist schwierigen Verhältnisse werden dort Nebenwirkungen kaum je gemeldet. Nicht einmal in den Industrieländern können die durch Spontanberichterstattung erhaltenen Zahlen als repräsentativ angesehen werden.

Vielleicht hat schon der allererste Brief der IOCU Ciba-Geigy zum Handeln veranlaßt. Dr. R. G. Scott von der Gruppe für Arzneimittelsicherheit erhielt den Auftrag, das ENTOBEX-Dossier zu prüfen. Im Mai 1983 ließ er seiner Gruppe zur Vorbereitung eines Treffens (DMM, Drug Monitoring Meeting) per Rundschreiben ein Memorandum zukommen, in dem er den »Bericht über die klinische Verträglichkeit von Entobex« zur Billigung vorlegte. »Die ›Brauchbarkeit‹ dieses Berichts für den Nachweis der klinischen Sicherheit des Arzneimittels sollte unter der Berücksichtigung der Tatsache beurteilt werden, daß das Präparat von der *International Organization of Consumers Union* geprüft wird«, hieß es in dem Memorandum. Es folgte eine knappe Zusammenfassung der Hintergrundinformationen zu ENTOBEX. Unter anderem wurde erwähnt, daß viele nichtindustrialisierte Länder um »die Erlaubnis ansuchen, ENTOBEX zur Behandlung von Durchfallerkrankungen propagieren zu dürfen«. Dies erhärtet den Verdacht, daß Ciba-Geigy tatsächlich erwog, ENTOBEX, zumindest teilweise, als eine Art Ersatz für die Clioquinol-Präparate darzustellen. Es wurde auch erwähnt, daß ENTOBEX sich erwiesenermaßen im Gehirn von Tieren ansammelt. Die Tragweite dieser Erkenntnis sei noch nicht geklärt. In jedem Fall ist bei der Anreicherung eines Wirkstoffes in den Gehirnzellen Vorsicht geboten, und dieser Befund spricht sicherlich nicht dafür, den Marketingbereich eines Arzneimittels ohne weitergehende Untersuchungen auszudehnen. Insgesamt war Dr. Scotts Beurteilung nicht ermutigend für eine Marktoffensive mit ENTOBEX. Sie schien sogar zu einem Meinungsumschwung bei Ciba-Geigy beigetragen zu haben, wo man jetzt eher erwog, ENTOBEX zurückzuziehen – abgesehen vielleicht von Indien, wo sogar daran gedacht wurde, den populären Markennamen von MEXAFORM auszuschlachten, um Phanquinon (auch Phanquon genannt), den Wirkstoff von ENTOBEX, mit Hilfe dieses Namens zu vermarkten, nachdem Clioquinol vom Markt genommen worden war. Das Protokoll einer Sitzung des Produktentwicklungsausschusses (PEA) vom Juli 1983 enthüllt, daß ENTOBEX ursprünglich als Ersatz für ENTERO-VIOFORM und MEXAFORM vorgesehen war, obwohl die beiden letztgenannten Präparate für eine Reihe von Durchfallerkrankungen empfohlen wurden, unter anderem für unspezifischen Durchfall und Reisedurchfall, während ENTOBEX eindeutig, wenn überhaupt, nur für den durch Amöbeninfektion verursachten Durchfall bestimmt war.

Zum Zeitpunkt der Sitzung hatte man diesen Gedanken jedoch bereits wieder fallengelassen. Ob dies auf die Intervention der Verbraucher zurückzuführen ist, ist nicht bekannt. Doch scheint es naheliegend, daß die Nachforschungen der IOCU einen beträchtlichen Einfluß auf die Entscheidungen im Fall ENTOBEX hatten.

Jedenfalls liefen die Schlußfolgerungen des Produktentwicklungsausschusses auf folgendes hinaus:

»Da ENTOBEX weder für sich genommen noch in Kombinationen

> als Ersatz für ENTERO-VIOFORM und MEXAFORM in Frage kommt, kommt der Vorstand zum Schluß, daß es empfehlenswert ist, das Produkt aus dem Handel zu ziehen.«

Als Ciba-Geigy im November 1984 ankündigte, daß der Vertrieb und die Produktion ihrer oralen Clioquinol-Präparate sowie verwandter Arzneimittel zum Ende des ersten Quartals des Jahres 1985 eingestellt würden, stand auch ENTOBEX auf der Liste dieser Präparate. Offiziell erfolgte der Rückzug im Laufe des Jahres 1985. Dies wurde aus der Schweiz, aus Frankreich und Indien bestätigt. Doch in Berichten aus Indien und Mexiko hieß es, daß das Arzneimittel weiterhin inoffiziell im Handel sei. Wie üblich, wird es eine Zeitlang dauern, bis das Präparat vollständig von den Märkten verschwindet, vor allem von den Schwarzmärkten. Ein Rückruf des Medikaments durch Ciba-Geigy würde diesen Vorgang zweifellos beschleunigen.

Es geschieht fast nie, daß uns ein solcher Einblick gewährt wird in die Reaktionen, die eine Verbraucheruntersuchung bei einem multinationalen Unternehmen auslösen kann. Natürlich wissen wir nicht, in welchem Maße sie ausschlaggebend war. Doch ist es immerhin ermutigend, daß die Untersuchungen einer Bürgerinitiative nicht unbeachtet blieben.

Und wieder stehen wir vor der Frage, was passiert wäre, wenn die IOCU keine Nachforschungen im Interesse der Konsumenten angestellt hätte. Wären Indien, Indonesien, die Philippinen und andere arme Länder heute mit einem überholten Arzneimittel und seiner Werbung überschwemmt, einer Werbung, die für dieses Präparat ein Anwendungsgebiet beansprucht, für das es gar nicht wirksam ist? Wahrscheinlich ist, daß Ciba-Geigy es nicht für lohnenswert hielt, ENTOBEX zu verteidigen, nachdem die Verbraucher bereits alarmiert waren. Und dies führt zu einer weiteren vertrauten Frage: Werden noch andere (überholte) Arzneimittel propagiert, auf die die Verbraucher noch nicht aufmerksam geworden sind?

Ambilhar und die Wirklichkeit der Armen

Die Kluft zwischen kommerziellen Interessen und den Bedürnissen von Patienten ist in der Dritten Welt besonders groß. Ein Marketing-Manager in einer prestigereichen Position, der von einem luxuriösen Ciba-Geigy-Büro in der Schweiz aus operiert, kann sich natürlich nur schwer ein Bild vom Überlebenskampf der Menschen in einem fernen Kontinent wie Afrika machen. Wenn es einem wirklich um den Menschen geht, muß man seinen Glauben und seine Traditionen berücksichtigen, seine gesamte Kultur, sein Unwissen in bestimmten Bereichen und – im Fall der Dritten Welt – seine Armut. Kann ich das von meinem Marketing-Manager erwarten, der – wenn er einmal die »arme Welt« besucht – gewöhnlich von der rauhen, unangenehmen Wirklichkeit abgeschirmt ist und in Luxushotels absteigt?

> »Als ich einmal ein kleines Landkrankenhaus [in Afrika] besuchte, sah ich einen jungen Mann, den die Behandlung mit AMBILHAR in den Wahnsinn getrieben hatte. Er wurde einfach verrückt und lief davon. Wir holten ihn bald im Busch ein, er lag nach einem epileptischen Anfall bewußtlos am Boden. Wir trugen ihn zum Krankenhaus zurück, wo er vor meinen Augen starb.«

Die Erfahrung mit AMBILHAR, einem Präparat gegen Bilharziose, und mit Cibas Haltung haben Dr. A. zutiefst verbittert.

Am 7. August 1964 gab das Management von Cibas Division Pharma bei der Planungsabteilung eine Marktstudie[49] für die Substanz CIBA 32, 644-Ba in Auftrag, die sich als wirksam gegen den Plattwurm, einen tropischen Wurmparasiten der Gattung Schistosoma, erwiesen hatte. Schistosomiasis, auch Bilharziose genannt, ist eine der ältesten bekannten Krankheiten. Es ist eine schwächende und zerrüttende Krankheit, die vor allem in feuchtheißen Regionen auftritt. Die Larven des Parasiten gelangen durch verseuchtes Wasser in den Körper. Dort reifen sie heran und legen Eier ab, wodurch eine Reizung des Körpergewebes verursacht wird. Es folgt eine allmähliche Verschlechterung des Gesundheitszustandes, und oft ist die gesamte Bevölkerung einer Region betroffen.

Voruntersuchungen hatten ergeben, daß CIBA 32, 644-Ba eine hemmende Wirkung auf den Eiablagemechanismus des Parasiten hat, in höheren Dosierungen kann es ihn sogar abtöten. Nach einer Wiederholung der ersten vielversprechenden Experimente mit Versuchstieren, die mit Schistosoma-Würmern infiziert worden waren, wurden klinische Tests mit menschlichen Patienten durchgeführt.

Nach Aussage von Dr. A. löste das Ergebnis der klinischen Prüfungen im Jahr 1965 sowohl in medizinischer wie in kommerzieller Hinsicht beträchtliche Begeisterung aus, was im ersten Absatz der Einführungsdokumentation über AMBILHAR zum Ausdruck kommt. Es hieß dort, das neue Produkt werde eine Revolution in der Behandlung von Bilharziose und anderen Tropenkrankheiten auslösen:

> »Die Bezeichnung ›Revolution‹ ist keine Übertreibung angesichts der Wirksamkeit des Arzneimittels und aufgrund des Fehlens ernsthafter Nebenwirkungen. Wir haben allen Grund anzunehmen, daß AMBILHAR (bislang bekannt als CIBA 32, 644-Ba) nicht nur eine Quelle berechtigten Stolzes für unsere Forschungsabteilung sein wird, sondern daß es sich auch in kommerzieller Hinsicht als außerordentlich erfolgreich erweisen wird.«

Kommerzieller Erfolg war allerdings zu erwarten, angesichts der Verbreitung der Krankheit. Im Einführungsdokument wurde darauf hingewiesen, daß ein Zehntel der Erdbevölkerung derzeit an dieser Krankheit leide und daß das Problem immer dringlicher werde. Zum Teil war es von den Menschen selbst verschuldet, da man beispielsweise durch die Schaffung neuer Bewässerungssysteme zwecks Steigerung der Lebensmittelproduktion »genau jene Bedingungen schuf, die die Ausbreitung der Krankheit begünstigten ... Abschließend ist festzustellen, daß Bilharziose ein weltweites Problem ist, das eine internationale Zusammenarbeit in der medizinischen Forschung verlangt; dies wird auch von der WHO betont.«

Ein wirksames Heilmittel, das keine »ernsten Nebenwirkungen« hatte und in Tablettenform eingenommen werden konnte, erweckte die Hoffnung, daß eine Massenbehandlung möglich sei, die zudem kein medizinisch geschultes Personal erforderte. Massenbehandlung bedeutete Massenumsatz und Massenprofite. Würde AMBILHAR sich als ein herausragender Beitrag zur Beseitigung einer der Geißeln der Menschheit erweisen? Und würde AMBILHAR dabei auch zum wirtschaftlichen Erfolg werden?

Dr. A. zufolge hatte der Forschungsleiter Prof. H. J. Bein Vorbehalte gegen eine voreilige Lancierung von AMBILHAR. Die Ergebnisse von Toxizitätstests bei Tieren, vor allem bei Hunden und Ratten, zeigten, daß AMBILHAR aufgrund der Anreicherung des Wirkstoffes bei den Tieren zu Vergiftungserscheinungen und zum Tode führte, wenn es wiederholt in hoher Dosierung über einen längeren Zeitraum verabreicht wurde. Obwohl beim Menschen ähnliche Wirkungen bislang noch nicht festgestellt worden waren, hielt Prof. Bein derartige Folgen für wahrscheinlich, wenn das Medikament sich akkumulieren konnte. Er empfahl daher Einschränkungen in bezug auf Dosierung und Behandlungsdauer.[50] Die Behandlungsanweisungen wiesen denn auch ausdrücklich darauf hin.

Wie sich herausstellte, waren Prof. Beins Befürchtungen berechtigt. Klinische Prüfungen in Brasilien erbrachten »gewisse überraschende Resultate in bezug auf das Auftreten und das Ausmaß von Nebenwirkungen im zentralen Nervensystem ...« Mit diesen Befunden wurden zwei Vertreter von Ciba (Basel) im März 1966 bei einer Konferenz in Rio konfrontiert, kurz bevor AMBILHAR in Brasilien auf den Markt gebracht werden sollte.[51] Von 810 mit AMBILHAR gegen Bilharziose behandelten Patienten waren bei 54 (6,5%) ernste Nebenwirkungen aufgetreten, die von Krämpfen bis zu Bewußtseinsverlust und Halluzinationen reichten. Diese Nebenwirkungen traten häufiger bei Patienten auf, die an einer Form von Bilharziose litten, die Leber und Milz befällt.

Aus dem auf der Konferenz in Rio vorgelegten Material zogen die Teilnehmer den Schluß, daß »AMBILHAR zweifellos einen sehr guten Beitrag zur Behandlung von Bilharziose darstellt, jedoch vorerst nur als ein erster Schritt in Richtung eines weniger toxischen Derivats zu betrachten ist«.

Folglich wurden Vorsichtsmaßnahmen empfohlen. Besondere Vorsicht sei bei Patienten geboten, deren Krankheitsgeschichte Anfälligkeit für neurologische und psychische Störungen aufweist, ferner bei Patienten mit geschädigter Leber oder hepatolienaler Bilharziose sowie bei anämischen und unterernährten Patienten. Es wurde ebenfalls empfohlen, die Patienten stationär zu behandeln, aber eine Massenbehandlung mit AMBILHAR wurde ausdrücklich *nicht* empfohlen.

Das Ergebnis der Konferenz in Rio war für Ciba enttäuschend und unbequem. Erst kurz zuvor war sie wegen der Art und Weise kritisiert worden, wie sie in der allgemeinen Presse die Lancierung ihres neuen Produktes angekündigt und seine angebliche Bedeutung hervorgehoben hatte, bevor es in der medizinischen Fachliteratur von Wissenschaftlern hinreichend gewürdigt worden war.[52] Trotzdem behauptete Ciba: »Je mehr die Ärzte über Ambilhar wissen, desto früher kann es zur Massenbehandlung von Bilharziose eingesetzt werden ...«[53]

Jetzt, da AMBILHAR in immer mehr Ländern verstärkt eingeführt wurde, war sich Ciba bewußt, daß »es gelegentlich auch weniger günstige« Berichte über das Medikament geben könnte. Doch »das braucht uns nicht über Gebühr zu beunruhigen ...«, hieß es. Trotzdem schien intern Besorgnis über die Nebenwirkungen aufgekommen zu sein. Doch die Idee der Massenbehandlung wurde nicht aufgegeben, obgleich das bedeutete, daß man die Menschen in den Ländern der Dritten Welt, wo Bilharziose endemisch auftritt, gefährdete. Das Fehlen von medizinischem Personal, Kommunikations- und Verteilungsprobleme sowie fehlende wirksame Kontrolle über Verkauf und Verwendung von Medikamenten würden eine Massenbehandlung zu einem riskanten Unternehmen machen.

Trotzdem wurde gegen Ende der 60er Jahre die Werbung für das Arzneimittel forciert. Dr. F. Fontanilles besuchte Länder wie Ghana, Liberia, Sierra Leone, Nigeria und andere afrikanische Länder, um Vorträge über »Die Rolle von Niridazol (Ambilhar) in der Tropenmedizin« zu halten. Seine Bemühungen waren nicht vergeblich. Zum Beispiel bewirkte sein Besuch in Ghana im November 1968, daß das Gesundheitsministerium verkündete, eventuell zur Bekämpfung der Bilharziose ein Massenbehandlungsprogramm mit AMBILHAR einzuleiten.

Ciba lag außerordentlich viel daran, bei afrikanischen Ärzten die Bedenken bezüglich der Nebenwirkungen von AMBILHAR zu zerstreuen, da die US-Firma Winthrop im Begriff war, ihr neues Produkt gegen Bilharziose auf den Markt zu bringen. Doch seit der Konferenz von Rio sah die Realität nicht so prächtig aus, wie sie die Werbekampagne darstellte: Ciba trug dieser Tatsache Rechnung, indem sie bei Erwachsenen AMBILHAR in Kombination mit PHENOBARBITAL (einem Beruhigungsmittel) empfahl. Mit dieser Kombination sollten angeblich weniger Nebenwirkungen auftreten. Ein Beipackzettel von 1982 fügt den in Rio vorgeschlagenen Kontraindikationen sogar weitere hinzu: So heißt es z. B., daß »bei sehr schlechtem Allgemeinzustand« keine Behandlung mit AMBILHAR erfolgen solle. Im Falle von Störungen des zentralen Nervensystems »soll AMBILHAR sofort abgesetzt werden«, wird im Beipackzettel gefordert. Dazu Dr. A.:

> »Aus Erfahrung wissen wir jedoch, daß solche Anweisungen, obwohl sie klinisch präzis sind, nicht dazu ausreichen, einen falschen Gebrauch des Medikaments zu verhindern. Ärzte lesen oft nicht, was da geschrieben steht, und beziehen ihre Informationen über AMBILHAR statt dessen aus Werbematerial und von Pharmavertretern. Außerdem – und das kann ich garantieren – ist es unmöglich, auf diesem Weg die erforderliche Sachkenntnis zu erwerben, die einem ermöglichen würde, für individuelle Fälle eine vernünftige Nutzen-Risiko-Bewertung durchzuführen. Die Relevanz von »einigen« oder »manchen« Fällen oder »außergewöhnliche Umstände«, bei denen, den Beipackzetteln zufolge, ernste Nebenwirkungen auftreten können, wird von jenen, die in diesem Bereich das Produkt vermarkten, noch weiter heruntergespielt und schon gar nicht von selbst erwähnt.
> Oft habe ich mir gewünscht, daß Dr. Fontanilles im Laufe seiner häufigen Reisen, die er als Cibas wissenschaftlicher Fürsprecher für AMBILHAR unternommen hat, selbst etwas von der Wirklichkeit, von den armen, unterernährten und kranken Kindern und Erwachsenen gesehen hätte, die behandlungsbedürftig waren, für die AMBILHAR dem Text auf dem Beipackzettel zufolge jedoch kontraindiziert war. Sie wurden ohne Vorsichtsmaßnahmen behandelt, und die Dosierung stand in keinem angepaßten Verhältnis zu ihrer Krankheit und ihrem allgemeinen Gesundheitszustand. Und was die Nebenwirkungen von AMBILHAR bei diesen Menschen anrichten kann, werde ich nie vergessen.
> .... Die Wirklichkeit, das sind nicht die Kongresse oder Berichte

oder die klinischen Tests, wo Patienten nur noch in Form von Zahlen und Prozenten erscheinen. Sie läßt sich nicht einmal in Berichten von Fällen finden, die tödlich enden – falls solche Fälle aus entlegenen Landkrankenhäusern in Afrika Ciba überhaupt je bekannt werden. Wie oft *das* passiert, kann sich jeder selbst ausrechnen!

AMBILHAR ist ein wirksames Arzneimittel, doch seine fachgerechte Anwendung erfordert gründliche Sachkenntnis, um unnötiges Leiden zu verhindern – und ein solcher Zustand ist kommerziell gesehen nicht rentabel. Und die Tatsache, daß AMBILHAR ein Präparat ist, das für den Einsatz in den armen Ländern der Welt bestimmt ist, die über extrem unzureichende Ressourcen verfügen, erleichtert die Sache nicht, sondern bürdet Ciba, was die Vermarktung betrifft, eine um so größere Verantwortung auf.«

AMBILHAR wurde für Ciba nie zu einem wirklich großen kommerziellen Erfolg. Sein Umsatz im Jahr 1982 betrug 5,456 Millionen sfr, eine Summe, die lediglich 0,13% von Ciba-Geigys pharmazeutischem Gesamtumsatz darstellt.[46] Inzwischen sind neuere Wirkstoffe aufgetaucht, von denen man glaubt, daß sie weniger Nebenwirkungen verursachen. AMBILHAR gilt heute bei Fachleuten als überholt. 1983 wurde es von der WHO-Liste der unentbehrlichen Arzneimittel genommen.

Unterdessen wurde bei Ciba-Geigy nach Möglichkeiten geforscht, »den Lebenszyklus von AMBILHAR zu verlängern«. Im Juni 1983 wurde eine zusätzliche Indikation vorgeschlagen – bei Tungiasis, einer anderen tropischen und subtropischen Krankheit, die durch Flöhe übertragen wird. »Ein zusätzlicher Umsatz« von 0,2 bis 1 Million sfr, je nach Werbung vor Ort, wurde vorausgesagt.[54]

Dieser Vorschlag ist jedoch auf starke Kritik innerhalb der Firma gestoßen. Es war bekanntgeworden, daß die internationale Konsumentenbewegung begonnen hatte, sich für AMBILHAR und seine Risiken zu interessieren. Ich war in der Lage gewesen, ihnen in dieser Sache mit einigen relevanten Informationen zu helfen, worauf die *International Organization of Consumers Unions* im Dezember 1982 von ihrem Büro in Penang aus einen Warnbrief an ihre Schwesterorganisationen jener Länder geschickt hatte, in denen AMBILHAR im Handel war.

Im Februar 1983 beschloß Ciba-Geigy, die Überprüfung der »landesspezifischen« Beipackzettel für AMBILHAR als eine Angelegenheit höchster Dringlichkeit zu Ende zu bringen. Wahrscheinlich kam es zu dieser Entscheidung eher aus Angst vor Kritik und negativer Publicity im Zusammenhang mit einem Produkt, das für Ciba-Geigy wirtschaftlich nicht so besonders wichtig war, als aus dem ehrlichen Bedürfnis heraus, entscheidende und präzise Informationen allgemein zur Verfügung zu stellen.

Es ist schade, daß ein Arzneimittel, das zur Zeit seiner Einführung das Potential hatte, den Ärmsten dieser Welt in beträchtlichem Maße zu nutzen, zu einer Bedrohung für sie wurde, nur weil die Hersteller danach trachteten, in der kürzestmöglichen Zeit soviel Geld wie möglich aus ihrem Produkt herauszuholen. Dies ist nicht der einzige Fall, wo aggressive Einführungswerbung zum Hindernis für den nutzbringenden Einsatz eines Arzneimittels wurde. Für Ciba-Geigy hatte AMBILHAR nie den Stellenwert von ENTERO-VIOFORM und MEXAFORM. Es war »nur« ein Medikament für die Dritte Welt. Die Marketing-Manager in Basel hatten wahrscheinlich wichtigere Dinge im Kopf.

1182 Todesfälle – Die Butazone

Wenn Sie Medizin einnehmen, denken Sie dabei jemals an Marketing-Strategien? »Strategie« bedeutet ursprünglich Schlacht- oder Kriegsplan. Marketing-Strategien sind Pläne, mit deren Hilfe Märkte erobert und Konkurrenten besiegt werden sollen – Schlachten und Kriege um Marktanteile. (Und wo tauchen Sie – der Pillenschlucker – dabei auf?) Vielleicht später in der einen oder anderen streng vertraulichen Firmenstatistik über die Nebenwirkungen der betreffenden Produkte. Vertraulich, nur für den internen Gebrauch – das sind die magischen Worte, die die Öffentlichkeit und gleichzeitig offenbar jegliche Rücksichtnahme auf sie ausschließen.

Rheumatische oder arthritische Beschwerden, viele davon im Alter, werden immer häufiger. Dank höheren Lebensstandards und dank medizinischen Fortschritts leben die Menschen heutzutage durchschnittlich länger, zumindest in den reichen Ländern, und werden daher häufiger von diesen Krankheiten befallen. Kein Wunder, daß sich die Arzneimittel, die die Begleitschmerzen lindern können, als äußerst gewinnbringend erwiesen haben, trotz der harten Konkurrenz auf dem Weltmarkt. Die wichtigste moderne Gruppe unter diesen Präparaten ist die der NSA (nichtsteroidale Antiphlogistika).

Ciba-Geigy war hier schon seit langem einer der Marktführer. BUTAZOLIDIN (Wirkstoff: Phenylbutazon) wurde 1952 auf den Markt gebracht. Damit nahm eine weitere Arzneimitteltragödie ihren Anfang; vielleicht ist sie vergleichbar mit den CONTERGAN- und SMON-Skandalen. Viel Leid und viele Todesfälle hätten vermieden werden können. Die Missetäter waren Ciba-Geigys BUTAZOLIDIN und das eng verwandte TANDERIL (Wirkstoff: Oxyphenbutazon), das 1960 auf den Markt kam. Beide konnten Entzündungen, Schmerzen und Fieber reduzieren und wurden von den Herstellern für ein breites Spektrum von Krankheiten empfohlen. 1982 bestritten diese beiden Präparate 0,94% bzw. 2,64% von Ciba-Geigys Gesamtumsatz für Pharmazeutika. Das entsprach etwa 40 bzw. 111 Millionen sfr, beträchtliche Summen, obwohl zu dieser Zeit bereits ein anderes, verwandtes Präparat, das später zur Sprache kommen wird, den Hauptanteil von Ciba-Geigys NSA-Profiten für sich verbuchen konnte.

1980 wappnete sich Ciba-Geigy mit einem 98seitigen internen Dokument, das ihre Strategie in bezug auf rheumatische Beschwerden und Schmerzen bis zum Jahr 2000 umriß, ihren Plan für die Schlacht um Anteile auf dem internationalen NSA-Markt gegen die starke Konkurrenz.[55] Es war ein streng vertrauliches Dokument, das nur wenigen Managern anvertraut wurde, die für seine sichere Aufbewahrung verantwortlich zeichnen mußten.

Das Dokument umfaßt alle Ciba-Geigy-Produkte, die in dem in Frage stehenden Beschwerdenbereich wirksam sind, also nicht nur die NSA. Die darin aufgestellte Finanzprognose hört sich ziemlich kühn an: Unter der Vorgabe, daß die Ziele voll erreicht werden, sollte der Umsatz für diese Präparategruppen 1990 mehr als 2,5 Milliarden sfr betragen und bis zum Jahr 2000 auf etwa 7 Milliarden ansteigen. Ciba-Geigy war aus zweierlei Gründen optimistisch: Erstens war ein wissenschaftlicher Durchbruch bei der Behandlung der Polyarthritis und anderer chronischer Gelenkerkrankungen nicht zu erwarten, und zweitens rechnete man damit, daß die Anzahl der Menschen in der Altersgruppe ab 55 bis zum Jahr 2000 in der Dritten Welt um 75% und in den Industrieländern um 30% ansteigen würde. Außerdem könne diese Kategorie von Leiden nicht »ausgerottet werden wie bestimmte Infektionskrankheiten«.

Was nun die NSA betraf, so war das Haupthindernis für ihren endgültigen Marketing-Erfolg die Tatsache, daß sie oft Reizungen im Magen-Darm-Bereich und Magengeschwüre verursachten. Es war ein langgehegter Traum von Ciba-Geigy und anderen Pharma-Firmen, ein wirksames, risikofreies Präparat auf den Markt zu bringen. Es würde zweifellos ein »Renner« werden. Es war klar, daß man es hier neben der kommerziellen mit einer medizinischen Herausforderung zu tun hatte und, wie sich herausstellte, auch mit einer ethischen.

Doch anscheinend war Ciba-Geigy nicht in der Lage, angemessen auf diese Herausforderung zu reagieren, da sie zu sehr mit Marketing-Berechnungen beschäftigt war. Ihr strategischer Plan bestand darin, existierende Präparate zu »profilieren« und zusätzlich vor dem Jahr 2000 noch zu entwickelnde neue Schwerpunktprodukte einzuführen, um die Marktposition zu halten. Produktprofilierung ist erforderlich, um *Markt-Kannibalismus* zu vermeiden, das heißt, Konkurrenz innerhalb des eigenen Produktspektrums einer Firma auszuschließen.

Da Ciba-Geigy eine ganze Reihe NSAs anbot, war das Profilieren von entscheidender Bedeutung, um einen Bedarf für alle Produkte zu schaffen, angefangen bei den beiden eng verwandten Medikamenten BUTAZOLIDIN und TANDERIL. Letzteres wurde als eine verbesserte Version von BUTAZOLIDIN lanciert, von dem es tatsächlich ein Derivat ist. In der Wirksamkeit bei arthritischen Symptomen einschließlich Gicht waren sie sich logischerweise sehr ähnlich. Und natürlich ähnelten sie sich ebenso hinsichtlich ihrer Nebenwirkungen.

1952, also schon im ersten Jahr des Verkaufs, erreichten Ciba-Geigy erste Berichte aus Großbritannien über Todesfälle durch Agranulozytose (eine Blutkrankheit, die durch den Verlust von weißen Blutkörperchen gekennzeichnet ist) und durch blutende Magengeschwüre in Verbindung mit BUTAZOLIDIN-Behandlung.

Die potentiellen Nebenwirkungen waren Ciba-Geigy folglich von Anfang an bekannt. Warnende Stimmen hatten sich erhoben, wurden jedoch unterdrückt durch jene kommerzielle Marketing-Strategie, die die therapeutische Wirkung hervorhebt, während sie die Bedeutung von Nebenwirkungen herunterspielt. Andererseits hatte Ciba-Geigy, ihrem Strategiepapier zufolge, verschiedene Pläne, die darauf abzielten, Wohlwollen zu sichern und die eigene soziale Verantwortung hervorzuheben. Dies sollte geschehen, indem Ärzte, Krankenhauspersonal und die Öffentlichkeit über rheumatische Krankheiten informiert wurden, indem man Auszeichnungen für medizinische Forschung verlieh, und vielleicht auch durch Investitionen in die Entwicklung physiotherapeutischer Geräte für körperbehinderte Patienten. Ein verantwortungsbewußtes und vertrauenswürdiges Image ist entscheidend für jeden Marketing-Erfolg.

Aber hat sich Ciba-Geigy im Fall der Butazone verantwortungsbewußt verhalten? Im September 1982 wurden alle bis Ende 1981 mit BUTAZOLIDIN in Verbindung gebrachten unerwünschten Nebenwirkungen in einem vertraulichen Ciba-Geigy-Dokument festgehalten.[56]

Die Liste war nicht für den öffentlichen Gebrauch bestimmt. Sie enthielt alarmierende Fakten, die aus Ciba-Geigys Datenbank stammten: 777 Todesfälle als Folge der Nebenwirkungen von BUTAZOLIDIN, die Hälfte durch die schädlichen Auswirkungen auf das Blutbildungssystem.

Die Daten wiesen auch auf einen engen Zusammenhang zwischen Behandlungsdauer und der beeinträchtigten Blutbildung hin. Mit anderen Worten: Je länger ein nichtsahnender Patient mit dem Medikament behandelt wurde, desto größer wurde die Wahrscheinlichkeit, daß tödliche Komplikationen oder andere Nebenwirkungen auftraten.

Das menschliche Leiden, das sich hinter diesen Statistiken verbarg, ging aus den Computerdaten natürlich nicht hervor. Anhand der Liste der Nebenwirkungen, die sich auf die Haut, das Blut, den Darm, die Leber, die Nieren, die Lungen usw. erstreckten, läßt sich dieses Leiden aber leicht nachvollziehen.

Die Geschichte geht jedoch noch weiter. Die Statistik der 777 BUTAZOLIDIN-Toten stellt nur die Spitze des Eisbergs dar. Die ungleiche Verteilung der gemeldeten Fälle auf verschiedene Länder deutet darauf hin, daß Ciba-Geigy bei weitem nicht alle relevanten Fälle zur Kenntnis kamen. Trotz der weiten Verbreitung in der Bundesrepublik z. B. ging dort der erste gemeldete Fall erst 12 Jahre nach der ersten Meldung aus Großbritannien ein!

Die Computerliste zeigt, daß es sich bei der frühesten Einzelfallmeldung aus Großbritannien im Jahr 1952 um eine 75jährige Frau handelte, die nach einer neuntägigen Behandlung mit BUTAZOLIDIN an blutenden Geschwüren starb. Zur gleichen Zeit gab es eine Meldung (auch aus Großbritannien) über eine 57jährige Frau, die an Agranulozytose (Mangel an weißen Blutkörperchen) starb, nachdem sie 21 Tage lang mit dem Medikament therapiert worden war. Beide Fälle wurden veröffentlicht. Für das Jahr 1953 werden 73 Meldungen aufgeführt, davon 58 veröffentlichte Fallberichte.

Aus der geographischen Verteilung dieser 60 veröffentlichten Fälle in den ersten beiden Jahren, in denen das Medikament im Handel war – 30 aus den USA und 20 aus Großbritannien, die übrigen aus Frankreich (5), Belgien (2), Neuseeland (2) und Australien (1) –, kann man schließen, daß das Problem nur in Ländern bemerkt wurde, die über ein relativ gut funktionierendes System der Berichterstattung über Nebenwirkungen verfügen. In der übrigen Welt scheint es in medizinischer Routine untergegangen zu sein, und die vergessenen Toten dort wird man nie zählen können. Doch mit den verfügbaren Daten hätte Ciba-Geigy schon 1953 ohne Schwierigkeiten eine grobe Hochrechnung anstellen können.

Aus den 60 Veröffentlichungen geht hervor, daß in jenem Jahr bereits die meisten der inzwischen bekannten Nebenwirkungen dokumentiert oder benannt wurden. Sie reichten von Blutkrankheit, Hautproblemen wie etwa Entzündungen, Nesselausschlag (Urtikaria) und allergischen Reaktionen, Störungen im Salzhaushalt des Körpers bis zu akuten Magen-Darm-Beschwerden und bösartigen Geschwüren.

Zu diesem Zeitpunkt war auch das Ausmaß der Nebenwirkungen auf die weißen Blutkörperchen bereits wohlbekannt. Ciba-Geigy hatte von insgesamt 112 Fällen von Agranulozytose Kenntnis und war darüber informiert, daß mindestens 53 der betroffenen Patienten gestorben waren. 141 Fälle von anderen ernsthafen lebensbedrohenden Blutkrankheiten, die durch BUTAZOLIDIN verursacht wurden, waren ebenfalls bekannt. Mindestens 74 dieser Fälle hatten tödlich geendet.

Bereits 1953 wären daher schon gründliche Vorsichtsmaßnahmen erforderlich gewesen. Was auch immer Ciba-Geigys Reaktion gewesen sein mag – wenn es überhaupt eine gab, so war sie jedenfalls nicht angemessen. Ciba hat nicht verhindert, daß es zu einer beklagenswerten Zahl von durch BUTAZOLIDIN verursachten Schädigungen und Todesfällen kam – 1485 davon wurden in Ciba-Geigys Datenbanken archiviert.

Die 1485 Fallberichte stammten aus 39 Ländern, wieder mit einer vielsagenden ungleichen Verteilung: Großbritannien 26,6%, USA 18,3%, Kanada 9,1%, Frankreich 7,2%, Bundesrepublik Deutschland 6,7% und Schweiz 6,2%. Die restlichen 33 Länder kommen zusammen auf 25,9%, ein Prozentsatz, der schon allein von Großbritannien erreicht wird. Aus so bevölkerungsreichen Ländern wie Brasilien und Mexiko kommt *eine* Meldung, desgleichen aus Algerien, Chile, Hongkong, dem Libanon, Mauritius, Monaco, Saudi-Arabien und Tansania. Wieder einmal muß die Frage nach der tatsächlichen Zahl unbeantwortet bleiben.

Doch die detaillierten Fallberichte von unerwünschten Nebenwirkungen zwischen 1952 und Ende 1981 aus den Akten von Ciba-Geigys Abteilung für Arzneimittelsicherheit (Clinical Drug Safety, CDS) wären, selbst wenn sie die Gesamtsumme des durch BUTAZOLIDIN verursachten Schadens darstellen würden, schon erschreckend und empörend genug.

Die Tabelle auf S. 150 kann nur einen groben Überblick über die Zahlen liefern. Schmerzen und Leid aber lassen sich nicht in Zahlen erfassen.

Die Datenbank enthielt auch Meldungen an Ciba-Geigy, die von »Gesundheitsbehörden und Firmenlisten der Ciba-Geigy-Gruppe« und aus der Fachliteratur ohne Falldetails stammten. Sie umfaßten weitere 401 Todesfälle (je 325 und 76), so daß sich insgesamt mit den Einzelfallberichten, die Ciba-Geigy direkt gemeldet wurden, 777 auf BUTAZOLIDIN zurückzuführende Todesfälle ergaben.

Die Ursache für die ausgeprägte geographische Unausgewogenheit und für den Zufallscharakter der Computerzahlen muß man in Umständen suchen wie unkorrekte oder fehlende Diagnose, Mangel an Informationen oder Interesse, Trägheit, fehlende Meldemöglichkeiten usw. Darüber hinaus werden Nebenwirkungen, die bereits veröffentlicht wurden oder die gut bekannt sind, gewöhnlich nicht mehr weiter gemeldet. Es gibt kein Land (nicht einmal Großbritannien, die USA oder Skandinavien), wo alle Nebenwirkungen gemeldet werden, nicht einmal alle tödlichen. Folglich können keine schlüssigen Nutzen-Risiko-Bewertungen auf der Grundlage solcher Zufallszahlen erstellt werden. Auf jeden Fall legten die von Ciba-Geigy gesammelten Daten den Schluß nahe, daß eine enge Verbindung zwischen BUTAZOLIDIN und lebensbedrohenden Blutkrankheiten besteht. Den Daten zufolge waren 50% der Fälle mit Blutplättchenmangel (Thrombozytopenie) maximal acht (!) Tage lang mit BUTAZOLIDIN behandelt worden, die Hälfte der Fälle mit Agranulozytose trat im ersten Monat der Einnahme von BUTAZOLIDIN auf. Von den Erkrankungsfällen mit aplastischer Anämie (totales Knochenmarkversagen) trat die Hälfte während den ersten sechs Monaten der Behandlung mit BUTAZOLIDIN auf. Wie diese etwas technischen Ausführungen zeigen, war das Blut besonders schwerwiegend von den unerwünschten Wirkungen von BUTAZOLIDIN betroffen.

Zur Verteidigung von BUTAZOLIDIN griff Ciba-Geigy auf ein gutbekanntes und vielgebrauchtes Argument zurück. Die Tatsache, daß es »an die 30 Jahre lang von Millionen von Patienten für ein breites Spektrum von Indikationen« benutzt worden sei, wurde als ein überzeugendes Argument für die Unbedenklichkeit des Präparats angesehen. Man hatte keine Bedenken, dieses Argument wieder zu

Interner Bericht Ciba-Geigy: Gemeldete Nebenwirkungen bei Butazolidin 1952–1981

Art der Nebenwirkungen	*Hautreaktionen*	*Bluterkrankungen*	*Beschwerden im Magen-Darm-Trakt einschl. Blutung und Ulzeration*	*Andere Nebenwirkungen auf Leber, Nieren, Herz, Lunge und endokrine Organe*	*Gesamtzahl der Fälle von Nebenwirkungen*
Zahl der Fälle von unerwünschten Nebenwirkungen	453	448 (Ausgang der Bluterkrankung bei 371 Fällen bekannt)	326	258	1 485
% der Gesamtzahl	30,5%	30,2%	21,9%	17,4%	100%
Todesfälle	109	193	71	3	376*
% der Todesfälle innerhalb der Beschwerdekategorie	24,1%	52,0% (nur solche mit bekanntem Ausgang)	21,8%	1,2%	25,3%
% der Gesamtzahl der Todesfälle	29,0%	51,3%	18,9%	0,8%	100%

* Unter diesen 376 gemeldeten Todesfällen sind nach Angabe des behandelnden Arztes 22, bei denen kein Zusammenhang mit der unerwünschten Nebenwirkung besteht. Unter Berücksichtigung dieser Ungenauigkeit würde der Prozentsatz der tödlichen Nebenwirkungen 22,8% betragen.

benutzen, nachdem es schon vor Jahren bei den japanischen SMON-Prozessen widerlegt worden war.

Ich war empört, als ich es 1983 hörte, nachdem ich mich mit der internen Liste von BUTAZOLIDIN-Nebenwirkungen vertraut gemacht hatte. In einer Situation, wo gleichwertige oder wirksamere Präparate mit weniger Risiken im Handel waren (einige sogar von Ciba-Geigy selbst hergestellt), gab es keinerlei Rechtfertigung mehr, das Arzneimittel noch weiter zu verwenden, zumindest nicht im bisherigen Ausmaß. Selbst Ciba-Geigy räumte ein, daß es sicherere Alternativen auf dem Weltmarkt gab.

Die Einführung von TANDERIL im Jahr 1960, das als Weiterentwicklung von BUTAZOLIDIN ausgegeben wurde, erfolgte nach Meinung vieler eher aufgrund kommerzieller als aufgrund medizinischer Erwägungen. Doch damals wie heute konnten sich kritische Stimmen nur selten gegenüber Ciba-Geigys effektiver Marketing-Maschine Gehör verschaffen, die TANDERIL (durch »Produkt-Profilierung«) zu einem der erfolgreichsten Präparate der Firma machte, ohne BUTAZOLIDIN zu »kannibalisieren«.

Man war bei Ciba-Geigy offensichtlich neugierig (wenn auch nur, um für alle Fälle intern mit Informationen gut gewappnet zu sein), ob TANDERIL eine bessere Sicherheitsbilanz würde vorweisen können. Im Februar 1983 wurde, ähnlich wie zuvor für BUTAZOLIDIN, eine Zusammenstellung der Nebenwirkungen fertiggestellt. Der Bericht umfaßte den Zeitraum von 1960 bis Dezember 1982.[57]

Im Fall von TANDERIL erreichte die erste Meldung über akute Nebenwirkungen den Hersteller bereits 1960, also noch im Jahr der Lancierung des Medikaments. Insgesamt gesehen hatte das vertrauliche Dokument eine verblüffende Ähnlichkeit mit dem über BUTAZOLIDIN. Bei TANDERIL war das gleiche Muster von Nebenwirkungen festgestellt worden, auch die am stärksten betroffenen Organe waren die gleichen: das Blutsystem, der Magen-Darm-Trakt und die Haut. Die signifikante und ungleiche Verteilung der Herkunft der Fallberichte war ebenso ausgeprägt. Auch bei den Daten ist die Ähnlichkeit ziemlich groß (siehe Tabelle S. 153).

Wieder sind die Zahlen eindeutig: 1239 Fallberichte, darunter 188 Todesfälle und keine Hinweise darauf, was die Nebenwirkungen für die Betroffenen bedeutet haben. Wie bei BUTAZOLIDIN lagen zusätzlich auch weniger detaillierte Daten über unerwünschte Nebenwirkungen von »Gesundheitsbehörden und Firmenlisten der Ciba-Geigy-Gruppe« und aus der Fachliteratur vor. Die Zahl der gemeldeten Fälle aus diesen Quellen betrug 141 bzw. 76.

Die Gesamtzahl der Ciba-Geigy zwischen 1960 und dem 1. Dezember 1982 bekannt gewordenen Todesfälle, bei denen ein Zusammenhang mit TANDERIL (Wirkstoff: Oxyphenbutazon) angenommen wurde, belief sich folglich auf 405.

Es war jedoch ein Unterschied zwischen BUTAZOLIDIN und TANDERIL festzustellen. Obwohl die Wirkung von TANDERIL auf das Blut in bezug auf die Beschwerden der von BUTAZOLIDIN ähnlich zu sein schien, war das Ausmaß dieser Wirkung sogar noch alarmierender. Bei einer TANDERIL-Behandlung konnten die erschreckenden Blutkrankheiten sogar noch schneller entstehen als bei einer Behandlung mit BUTAZOLIDIN.

In einem anderen vertraulichen Ciba-Geigy-Dokument, das die beiden verwandten Medikamente vergleicht,[58] wird das Urteil über die Butazone von Ciba-Geigy selbst gefällt:

- Die Zahl der gemeldeten Todesfälle ist bei beiden Präparaten hoch.
- Der Prozentsatz von gemeldeten ernsten Blutkrankheiten ... ist bei beiden Präparaten ähnlich.
- Es werden mehr Fälle von gastro-intestinaler Blutung und/oder mehr gutartige Geschwüre für BUTAZOLIDIN gemeldet als für TANDERIL. Dies beruht vielleicht auf der meist kürzeren Behandlungsdauer bei TANDERIL. Wenn dies den höheren Prozentsatz der Fälle von gastro-intestinaler Blutung und Geschwüren bei der BUTAZOLIDIN-Behandlung erklären sollte, würde das bedeuten, daß es bei TANDERIL bei kürzerer Behandlungsdauer mit größerer Wahrscheinlichkeit zu aplastischer Anämie und Agranulozytose kommen kann.
- Bei beiden Präparaten kommt es schon frühzeitig zu gastro-intestinaler Blutung und zu Geschwüren.
- Angesichts vieler »neuer« gleichermaßen wirksamer NSAs, die inzwischen im Handel erhältlich sind und eine relativ geringere Toxizität aufweisen, ist es angemessen und nötig, für BUTAZOLIDIN und TANDERIL das Nutzen-Risiko-Verhältnis einer neuerlichen

Interner Bericht Ciba-Geigy: Gemeldete Nebenwirkungen bei Tanderil 1960–1982

Art der Nebenwirkungen	*Hautreaktionen*	*Bluterkrankungen*	*Beschwerden im Magen-Darm-Trakt einschl. Blutung und Ulzeration*	*Andere Nebenwirkungen auf Leber, Nieren, Herz, Lunge und endokrine Organe*	*Gesamtzahl der Fälle von Nebenwirkungen*
Zahl der Fälle von unerwünschten Nebenwirkungen	591*	348 (Ausgang der Erkrankung bei 260 Fällen bekannt)	145	155	1 239
% der Gesamtzahl	47,7%	28,1%	11,7%	12,5%	100%
Todesfälle	22	116	22	28	188
% der Todesfälle innerhalb der Beschwerdekategorie	3,7%	44,6% (von denen mit bekanntem Ausgang)	15,2%	18,1%	15,2%
% der Gesamtzahl der Todesfälle	11,7%	61,7%	11,7%	14,9%	100%

* Tanderil-Creme wurde mit unerwünschten Nebenwirkungen auf die Haut bei 149 Patienten in Zusammenhang gebracht, die wahrscheinlich Symptome milderer Art hatten.

Überprüfung für die angegebenen Indikationen zu unterziehen. Es muß festgestellt werden, ob auch weiterhin die Anwendung bei allen Formen entzündlicher und degenerativer Arthritis gerechtfertigt ist.

Doch meines Wissens leitete Ciba-Geigy nicht die angemessenen Maßnahmen ein, die als logische Konsequenz ihrer eigenen Beurteilung hätten erfolgen müssen. Ich hätte daraus geschlossen, daß die *einzige* angemessene Maßnahme der Rückzug der in Verruf geratenen Butazone vom Markt gewesen wäre. Ciba-Geigy verschwendete keinen Gedanken auf derart »drastische« Maßnahmen. Statt dessen achtete sie sehr sorgfältig darauf, daß niemand außerhalb der Firma zu derselben Schlußfolgerung kam, indem sie ihre Berichte geheimhielt. Zumindest dies ist ihr dieses eine Mal nicht gelungen. Des weiteren wird in der Beurteilung von TANDERIL/TANDACOTE[57] gewarnt: »Ärzten, Apothekern, Krankenhäusern usw., die wegen der Verträglichkeit eines bestimmten Präparates anfragen, sollten nur ausgewählte, mit entsprechenden Kommentaren versehene Kapitel gegeben werden.«

Angesichts der Bedeutung, die diese beiden Produkte weiterhin für Ciba-Geigy hatten (gemeinsam brachten sie gegen Ende 1983 einen Jahresumsatz von etwa 200 Millionen sfr), war nicht zu erwarten, daß die Firma sie aus eigener Initiative vom Markt nehmen würde.

Ich erwartete damals nicht mehr als eine Überarbeitung und Verbesserung der Produktinformation und vorsichtigere Dosierungsempfehlungen. Doch wer würde von solchen »kosmetischen« Änderungen Notiz nehmen? Eine Minderheit der Ärzte vielleicht, einige mehr, wenn Ciba-Geigy sich die Mühe machen würde, sie direkt zu informieren. Ciba-Geigy wäre dadurch juristisch abgesichert, doch der Schutz der Patienten vor den Nebenwirkungen der Butazone würde sich kaum vergrößern.

Insgesamt enthielt Ciba-Geigys Datenbank Angaben über 1182 Menschen, die als Folge von BUTAZOLIDIN- und TANDERIL-Einnahme gestorben waren, dazu lange Listen, aus deren Hinweise unbeschreibliches menschliches Leid sprach, vermeidbares Leiden in den meisten Fällen. Doch muß ich wiederholen: Dies war nur die Spitze des Eisberges. Dr. Sidney Wolfe von der *Public Citizen's Health Research Group* hat geschätzt, daß »es weltweit über 10 000 Todesfälle und

Hunderttausende ernste Schädigungen gegeben hat, seit die Arzneimittel im Handel sind«.

Anmerkung der Herausgeber:
Diese Enthüllungen lösten weltweite Reaktionen bei den Verbraucherorganisationen aus. Das HAI wurde auch aktiv, und die IOCU schickte dringende Warnungen an ihre Kontaktstellen. Die Öffentlichkeitsarbeit bewirkte, daß in mehreren Ländern beide Präparate verboten wurden oder daß strenge Beschränkungen erlassen wurden. Zu diesen Ländern zählte Norwegen, Großbritannien, Finnland, Bahrain, Jordanien, die Vereinigten Arabischen Emirate, Simbabwe, Neuseeland, Kuwait und Südafrika. Ciba-Geigys Verteidigung war typisch. Sie beharrte darauf, das TANDERIL und BUTAZOLIDIN weder gefährlicher noch weniger gefährlich seien als andere NSA – und dies wider besseres Wissen, wie aus den vertraulichen Dokumenten hervorgeht. Die Firma bezeichnete die beiden Präparate als absolut notwendig und erklärte, daß sie nicht daran denke, »den Patienten die Vorzüge der Produkte vorzuenthalten«.

Doch der Druck der Verbraucher verstärkte sich. Bei Ciba-Geigy wuchs offensichtlich die Besorgnis über den massiven internationalen Protest, den Hansson ausgelöst hatte. Zur gleichen Zeit steuerte die Clioquinol-Kampagne auf einen Höhepunkt zu, und Hansson setzte Ciba-Geigy zusätzlich unter Druck, um sie zu bewegen, die Oxychinolin-Affäre zu einem guten Ende zu bringen – wie bereits beschrieben wurde.

Ein weltweiter Verbraucherboykott schien auf Ciba-Geigy zuzukommen. Sie ließ sich auf Verhandlungen ein, die mit einem Treffen zwischen Hansson und dem Präsidenten Louis von Planta am 22. November 1984 begannen. Neben Oxychinolin und SMON waren die beiden Butazon-Präparate BUTAZOLIDIN und TANDERIL Hauptpunkte der Tagesordnung. Hansson bestand darauf, daß TANDERIL zurückzuziehen sei, außer als Inhaltsstoff von Salben, und daß BUTAZOLIDIN allenfalls als ein Medikament der letzten Wahl für eine äußerst beschränkte Zahl von Indikationen beizubehalten sei. Ciba-Geigy war jedoch noch nicht bereit, eine feste Zusage zu machen. Die Absicht der Firma, eine neuerliche Überprüfung der Butazone durchzuführen, war eine nette »diplomatische Geste«, mit der Hansson sich nicht zufriedengeben mochte. Er brachte deutlich zum Ausdruck, daß er in dieser Sache zu keinem Kompromiß bereit sei, doch war er gewillt, sich zu gedulden, da er wenigstens die Versicherung habe, daß Ciba-Geigys Oxychinolin-Präparate bald gestoppt würden. Da er erklärt hatte, daß er kein Sprecher der Verbraucherbewegung sei, sondern nur als Vermittler agieren könne, bestand die Boykottdrohung weiter. Dies war vielleicht der Anlaß für Cibas dringliche Mitteilung an Anwar Fazal, den Präsident der IOCU, kurz vor deren 11. Weltkongreß, der vom 9. bis 14. Dezember in Bangkok stattfinden sollte. Dr. Klaus von Grebmer wollte in dieser Zeit mit Anwar Fazal in Bangkok zusammentreffen; statt dessen gab man ihm in Bangkok Gelegenheit, mit Dr. Andrew Herxheimer, dem Vorsitzenden der IOCU-Arbeitsgruppe »Gesundheit« (IOCU Health Working Group), sowie mit einigen anderen Delegierten, darunter auch einige aus Japan, zu sprechen. Man vereinbarte ein »Gipfeltreffen« über die Butazon-Präparate zwischen Verbrauchervertretern und Ciba-Geigy.

Am 6. Februar 1985 trafen sich in London Delegierte der IOCU und einiger anderer HAI-Gruppen sowie gesellschaftlich engagierte medizinische Fachleute, die mit dem Standpunkt der Verbraucher sympathisierten, mit Managern von Ciba-Geigy. Leider war Hansson schon zu krank, um teilnehmen zu können.

Die Verbraucherdelegation wiederholte und bekräftigte ihre Forderung, daß Ciba-Geigy TANDERIL weltweit vom Markt nehmen und den Gebrauch von BUTAZOLIDIN auf die wenigen Fälle von Spondylitis ankylosans (eines seltenen rheumatischen Leidens), die auf keine andere Behandlung ansprechen, beschränken solle. BUTAZOLIDIN sollte für diese Indikationen eindeutig als ein Medikament letzter Wahl gekennzeichnet werden. Die Ciba-Geigy-Manager blieben bei ihren üblichen Argumenten.

Doch etwa zwei Monate später, am 3. April, kündigte Ciba-Geigy an, daß sie TANDERIL weltweit zurückziehen und BUTAZOLIDIN als ein Medikament der *zweiten Wahl* für die Behandlung von vier eng umschriebenen Krankheitszuständen ausweisen werde. Die Maßnahmen sollten umgehend eingeleitet werden und bis September 1985 beendet sein. Am 27. September 1985 verkündete Ciba-Geigy den Vollzug ihres Beschlusses vom April.

Es war jedoch nur ein Teilerfolg für die Verbraucher. Vor allem

Hansson war enttäuscht. Wieder einmal hatte Ciba-Geigy nicht die angemessenen Maßnahmen ergriffen. Sie war freilich bis zu einem gewissen Grad auf die Forderungen eingegangen, was in auffallendem Gegensatz zum Verhalten der Firma in der Clioquinol-Affäre stand. Hatte Ciba-Geigy dazugelernt? Oder lag es daran, daß diesmal Patienten in Ländern wie den USA und Großbritannien betroffen waren? War die Public-Relations-Politik subtiler geworden? War es die Angst vor einem weltweiten Boykott?

Wie dem auch sei: Wären diese vertraulichen Dokumente Hansson nicht zugespielt worden, wäre das Ausmaß des Butazon-Problems außerhalb von Ciba-Geigy nicht bekanntgeworden, und die Betroffenen hätten weiterhin unnötig leiden müssen. Doch, wie auch im Fall von Oxychinolin, gibt es für nichtsahnende Patienten immer noch Risiken durch oxyphenbutazon- oder phenylbutazonhaltige Präparate. Die Verbraucheranwälte, unterstützt von Experten, bestehen darauf, daß für optimale Sicherheit noch stringentere Maßnahmen bei BUTAZOLIDIN erforderlich sind. Und obwohl Ciba-Geigy der IOCU und der HAI versichert hat, daß ihre Entscheidung alle Ciba-Geigy-Produkte betreffe, die als Wirkstoff Phenylbutazon oder Oxyphenbutazon enthalten, wurden die an den Einzelhandel bereits ausgelieferten Bestände von TANDERIL nicht zurückgerufen. »Da unsere Entscheidung vom 3. April nicht aufgrund von unmittelbaren Gesundheitsrisiken gefaßt wurde, haben wir keinen offiziellen Rückruf der betreffenden Präparate durchgeführt, doch sind wir bereit, alte Bestände zurückzukaufen«, heißt es in einem Brief vom September 1985. Und was noch beunruhigender ist – es gibt außer Ciba-Geigy noch viele andere Firmen, die weiterhin Butazon-Präparate herstellen und verkaufen und wahrscheinlich jetzt die »Lücke« füllen, die Ciba-Geigy hinterlassen hat.

Die Butazon-Affäre hinterläßt weltweit bei den Menschen wieder einmal ein ungutes Gefühl: Wir wissen nicht, wie viele unerkannte Gefahren noch auf dem Arzneimittelmarkt lauern, Gefahren, die den Herstellern möglicherweise bekannt sind, doch in vertraulichen Papieren »Nur für internen Gebrauch« verborgen bleiben.

Bestseller-Strategie – Ohne Image kein Verkauf

Der Strategie-Papier einer Pharma-Firma liest sich äußerst fesselnd. Die Strategien zur Vergrößerung der Marktanteile oder zur wirkungsvollsten Lancierung eines bestimmten Arzneimittels sind wahrhaftig faszinierend, auf die umrissenen Techniken würde man nicht einmal im Traum kommen. Wer sich damit befaßt, betritt eine völlig neue Welt. Hier wird ein Arzneimittel nicht von Wissenschaftlern, sondern von Werbe- und Marketing-Experten entwickelt. Durch geschickte und subtile Auswahl und Präsentation von Einzelaspekten aus der Gesamtheit der über das Präparat verfügbaren Informationen entsteht das gewünschte Verkaufsprodukt. Verkauft wird das glänzende Image eines Präparats, das die Marketing-Abteilungen verläßt, und nicht das Arzneimittel, das aus den Forschungslabors kommt. Die Ziele des Strategie-Papiers faszinieren auch wegen ihrer Einfachheit: Gewinn – so hoch wie möglich und so schnell wie möglich. Man könnte sich unwillkürlich mitreißen lassen. Aber wahrscheinlich wird man spätestens dann wieder in die Realität zurückgestoßen, wenn die ersten Berichte über Nebenwirkungen auftauchen. Doch dann arbeiten diese Strategen vermutlich schon am Profil für das nächste Arzneimittel.

Angesichts des riesigen Verkaufspotentials für Rheumamittel und der erbitterten Konkurrenz auf diesem Markt überrascht es kaum, daß in den letzten Jahren die Marketing-Methoden in diesem Bereich auch aggressiver geworden sind. Durch eine Menge hochgestochener und, wie sich herausgestellt hat, irreführender Behauptungen ist es einer Reihe von Firmen gelungen, mit Rheumamitteln enorme Gewinne zu erzielen. Doch dieser Markt ist auch berüchtigt, weil in jüngster Zeit mehrere bemerkenswerte Rückschläge für die Hersteller zu verzeichnen waren; sie mußten einige ihrer Produkte vom Markt nehmen, was freilich nicht zur Folge hatte, daß viel menschliches Leid verhindert wurde.

1982/83 mußten – nach Bekanntwerden ernster Nebenwirkungen – ORAFLEX/OPREN (Benoxaprofen) von Eli Lilly, USA, ZOMAX (Wirkstoff: Zomepirac) von McNeil, USA, und OSOSIN/OSMOGIT (Indometacin) von Merck, Sharp & Dome, USA, zurückgezogen werden! Das war ein Rückschlag für die betroffenen Unternehmen, dennoch hatten ihre Konkurrenten keineswegs Grund zum Jubeln. Alle NSA-Präparate haben im wesentlichen ähnliche Eigenschaften. Die Meldungen über ernste Nebenwirkungen einiger Präparate mußten sich unweigerlich auch auf die anderen negativ auswirken. Es war zu erwarten, daß die Ereignisse auch das Verhalten der Aufsichtsbehörden in bezug auf diese Medikamentengruppe ungünstig beeinflussen würden.

In einem Kommentar über die Konsequenzen des Rückzugs von Benoxaprofen im August 1982 äußerte sich Ciba-Geigy besorgt über die unerwünschten Auswirkungen dieses Ereignisses auf die ganze pharmazeutische Industrie. Zu solchen unerwünschten Konsequenzen zählte etwa Kritik aus interessierten Kreisen und eine Verschärfung des Zulassungsverfahrens zumindest in einigen Ländern, vor allem in den USA.

Ciba-Geigy hatte großen Anlaß zur Sorge, da diese Medikamentengruppe, wie bereits erwähnt, eine ihrer Hauptdomänen war. Bis Ende 1983 wurden 25% ihres gesamten Pharma-Umsatzes durch Arzneimittel zur Behandlung von Entzündungszuständen und unspezifischen Schmerzsymptomen erzielt. Innerhalb dieser Gruppe waren die NSA BUTAZOLIDIN, TANDERIL, VOLTAREN (auch als VOLTAROL bekannt) und RENGASIL die wichtigsten. VOLTAREN (Wirkstoff: Diclofenac), 1973 eingeführt, war Ciba-Geigys Bestseller. 1982 betrug sein Umsatz 513 Millionen sfr, 12,22% des gesamten pharmazeutischen Umsatzes. Ciba-Geigys Besorgnis war also wohlbegründet. Tatsächlich verschärften einige Behörden ihre Ansprüche auf die medizinische Dokumentation in einem stärkeren Maße als erwartet. Bei Ciba-Geigys Neuheit RENGASIL (Wirkstoff: Pirprofen), 1982 auf den Markt gebracht, war von den Behörden mehrerer Länder, darunter der USA, der Bundesrepublik Deutschland und Neuseelands, zusätzliche Dokumentation verlangt worden. Die negative Reaktion der Philippinen, wo man in der Vergangenheit nicht gerade eine besonders harte Linie verfolgt hatte, kann vielleicht als Ausdruck eines gewachsenen Bewußtseins der Aufsichtsbehörden auch in der Dritten Welt gewertet werden. Ciba-Geigy vermerkte im Juni 1983 die Weigerung der Philippinen, RENGASIL zuzulassen, und zitierte den dabei angeführten

Grund: »Das Präparat bietet keinen therapeutischen Vorteil gegenüber bereits existierenden Anti-Rheumatika ... Es besteht die Möglichkeit schädlicher Wirkungen, besonders auf die Leber.«

Nebenwirkungen auf die Leber gelten als typisch für diese Medikamentengruppe. Vielleicht aufgrund des neuerwachten Interesses der Behörden führte Ciba-Geigys Abteilung für Arzneimittelsicherheit eine Sonderprüfung durch, die die Nebenwirkungen von VOLTAREN auf die Leber untersuchte. Im Prüfungsbericht wird u. a. empfohlen, den Beipackzettel mit einem Warnhinweis auf solche Wirkungen zu versehen.[59]

VOLTAREN gilt unter Fachleuten als ein sinnvolles Medikament in seinem Anwendungsgebiet und wird weltweit viel verwendet. Doch einige Arzneimittel-Überwachungsbehörden halten das Medikament nicht für unentbehrlich und haben bislang die Zulassung verweigert. Die wichtigste Behörde ist die US Food and Drug Administration, die nicht nur einen riesigen Markt überwacht, sondern auch für Arzneimittelbehörden in anderen Ländern Maßstäbe setzt. Da die FDA aus Prinzip ihre Maßnahmen niemals begründet, bevor eine endgültige Entscheidung getroffen ist, kann man über ihre Gründe im Fall von VOLTAREN nur spekulieren. Es könnte sein, daß die Verantwortlichen noch nicht hinreichend von der relativen Unbedenklichkeit oder von der Wirksamkeit überzeugt sind, oder Ciba-Geigy hat noch keine genügend akzeptablen Packungsprospekte vorgelegt. Wie auch immer die Erklärung lauten mag, für Ciba-Geigy bleibt vorläufig in bezug auf VOLTAREN ein riesiger, lukrativer Absatzmarkt verschlossen. In ihrer Strategie von 1980 setzte sie sich für VOLTAREN im Jahr 1990 einen Umsatz von 1 Milliarde sfr zum Ziel und 1,2 Milliarden im Jahr 2000. Es wurde geschätzt, daß VOLTAREN-Creme zusätzlich zu den VOLTAREN-Tabletten in den Jahren 1990 und 2000 50 bzw. 100 Millionen sfr zu Ciba-Geigys Umsatz beitragen würden.

Trotz ernster medizinischer Zweifel und Fragen, die den Anti-Rheumatika-Markt, Ciba-Geigys »Domäne«, erschüttert haben, richtete sich die Hauptsorge der Firma auf die Verstärkung der Wettbewerbsfähigkeit auf diesem Sektor. Marketing für Rheuma-Mittel erfordert eine Menge ziemlich oberflächliches »Featuring« oder »Produktprofilierung«. Produktprofilierung ist eine Werbetechnik, die kleine Unterschiede bei ähnlichen Medikamenten herausstreicht.

Zwei oder mehr verwandte Produkte werden unabhängig voneinander so dargestellt, daß der Eindruck von eindeutig unterschiedlichen Anwendungsgebieten entsteht. Das ist die gleiche Technik, die auch der Karikaturist benutzt: Einzelne äußerliche Merkmale eines Menschen werden überzeichnet, ein Bild der Gesamtpersönlichkeit entsteht auf diese Weise nicht. Wie wir bei der Marketing-Strategie für RENGASIL sehen werden, sind die Methoden raffiniert und schlau. Ob die Methoden auch gerechtfertigt sind, steht auf einem ganz anderen Blatt.

Neue und teurere Applikationsformen (neue Sorten von Tabletten, Salben, transdermalen Behandlungssystemen usw.), neue Anwendungsgebiete und höhere Dosierung sind weitere Methoden, den Umsatz durch »Innovation« alter Präparate zu steigern.

Sehr wichtig ist es auch, Kontakte mit Medizinern und führenden Krankenhäusern zu pflegen und zu vertiefen und in ihren Stationen klinische Prüfungen durchzuführen.

Die Anti-Rheumatika wurden als »Rückgrat« von Ciba-Geigys Pharma-Abteilung bezeichnet, und VOLTAREN war die Hauptstütze. Es ist folglich nicht überraschend, daß sich große Marketing-Bemühungen auf VOLTAREN konzentrierten. Das interne Motto für das Medikament muß etwa gelautet haben: »Das Produkt jung halten!« Dies sollte erreicht werden durch die Einführung neuer Varianten in der Darreichungsform, durch die Ausweitung des Anwendungsspektrums mittels geringfügiger und billiger chemischer Varianten (Kaliumdiclofenac statt Natriumdiclofenac; ersteres scheint übrigens eine größere Reizung zu verursachen als letzteres) und durch die Durchführung von vergleichenden Tests mit Konkurrenzpräparaten.

Ein Produkt, das speziell für den westdeutschen Markt »entwikkelt« wurde, ist B-VOLTAREN (oder NEURO-VOLTAREN), das Diclofenac Natrium plus Vitamin B_1, B_2 und B_{12} enthält – eine Kombination, die therapeutisch sinnlos ist.

Die Risiko-Nutzen-Bewertung von VOLTAREN fiel, als sie 1982 durchgeführt wurde, günstiger aus als für BUTAZOLIDIN/TANDERIL.[60] Bis zum Sommer 1982 waren in Basel 1614 Fallberichte über Nebenwirkungen eingegangen: 38% über unerwünschte Nebenwirkungen im Magen-Darm-Trakt, 25% betrafen die Haut, 11% die Nieren, 9% das Blut und 8% die Leber. Bis zum Sommer 1982 wurden tödliche

Ausgänge bei 46 Patienten gemeldet. Doch im Herbst 1984 waren Ciba-Geigy bereits 96 tödliche Fälle bekannt.[61]

Bei der ständigen Suche nach neuen Indikationen, um das Produkt jung zu halten, befand sich Ciba-Geigys Stab immer wieder mal auf medizinisch zweifelhaftem Boden, wenn es um die diversen potenten Wirkungen von VOLTAREN ging. Auf abschreckende Weise veranschaulicht wird dies im Fall eines klinischen Tests, der im Krankenhaus de Santa Maria in Lissabon durchgeführt wurde (1977), wenn es hierbei auch um einen völlig anderen Aspekt von VOLTAREN ging. Neun von ursprünglich 30 vorgesehenen schwangeren Frauen wurde das Medikament gegeben, mit der Absicht, das verfrühte Einsetzen der Wehen zu verhindern. »Diese Prüfung wurde vorzeitig beendet, nachdem wir aus Basel die Information erhalten hatten, daß Voltaren-Injektion in hohen Dosen bei schwangeren Frauen nicht empfehlenswert sei. Nach einiger Zeit wurde die Prüfung wieder fortgesetzt, wobei orale und rektale Darreichungsformen von Voltaren zur Anwendung kamen.«[62]

Es wurde behauptet, daß »bei den Nachuntersuchungen der neugeborenen Säuglinge keine Anormalitäten festgestellt werden konnten«. Trotzdem sind die Umstände der Tests, ihr vorzeitiger Abbruch und die Tatsache, daß sie später wiederaufgenommen wurden, alarmierend. Es besteht tatsächlich ein signifikantes Risiko, daß VOLTAREN zu einer katastrophalen Beeinträchtigung des Kreislaufs und dadurch zum Tod des ungeborenen Kindes führen kann. Außerdem scheint es nicht empfehlenswert zu sein, VOLTAREN kurz vor der Entbindung zu geben, da die Blutungsneigung verstärkt werden kann.

1980 wurde am selben Krankenhaus ein neuer Test gestartet, wobei VOLTAREN-Creme vaginal appliziert wurde. Nach der Behandlung von vier Frauen »wurde der Test eingestellt, nachdem aus Basel die Information gekommen war, daß es Probleme mit der Stabilität der erhältlichen Voltaren-Creme-Zubereitung gäbe«.[63] All das weist auf voreiliges Handeln hin, es wurde nicht genügend Zeit eingeräumt, um die Sicherheit zu garantieren. »Zeit ist Geld« war wohl das treibende Motiv.

Ciba-Geigy ist auch dazu übergegangen, VOLTAREN zur Fiebersenkung bei Kindern zu empfehlen. Da andere intensiv erprobte und weniger starke Medikamente verfügbar sind, scheint es nicht gerechtfertigt, Kinder den Risiken eines Anti-Rheumatikums auszusetzen. Außerdem sind ernste Nebenwirkungen bei Patienten mit Fieber gemeldet worden. Anfang 1983 wurden Beobachtungen über akute Schockreaktionen gemeldet, bei Patienten in Intensivbehandlungen, die mit VOLTAREN therapiert worden waren.[64] Ciba-Geigy wandte ein, daß diese Reaktionen auf Überdosierung zurückzuführen seien und nicht als Nebenwirkungen des Medikaments betrachtet werden könnten, obwohl zwei frühere Berichte über ähnliche Nebenwirkungen bereits in den Akten der Abteilung für Arzneimittelsicherheit vermerkt waren. Man erwog daher, das Problem mit den Autoren des obigen Artikels zu diskutieren. Man kam auch zum Schluß: »Es könnte von Nutzen sein, wenn anerkannte Kliniker in ›letters to the editor‹ zu dieser Arbeit Stellung beziehen.«[65]

Ciba-Geigy setzte die VOLTAREN-Tests bei Kindern mit Fieber fort (so z. B. in Österreich und Brasilien).

Während solche Verjüngungsversuche im Gange waren, wurden gleichzeitig Pläne ausgearbeitet, um auch das Nachfolgepräparat RENGASIL zu einem Bestseller zu machen, natürlich ohne die Profite aus VOLTAREN zu schmälern. Schon 1982, im ersten Jahr, näherte sich der Umsatz von RENGASIL 23,5 Mio. sfr. Man erwartete, daß sich sein Gesamtumsatz bis 1990 auf 460 Mio. sfr und bis zum Jahr 2000 auf 1000 Mio. sfr belaufen würde.[55]

Das war das Ziel, das 1980 ins Auge gefaßt wurde, als die Lancierung von RENGASIL erst in der Vorbereitungsphase war. RENGASIL sollte Teil des »Rückgrats« werden.

Im Juni 1980 legte das Zentrale Produkt-Management in Basel in einem speziellen Papier die Strategie fest, mit der RENGASIL zum Bestseller werden sollte.[66] Dieses Dokument zeigt deutlich, worum es geht: Ciba-Geigys Anti-Rheumatika »sind Teil eines wesentlichen Sektors des pharmazeutischen Marktes, der folgende Merkmale aufweist: Jahresumsatz von fast 3000 Mio. Schweizer Franken, überdurchschnittliche Wachstumsrate und hohes Preisniveau«. Über die medizinische Bedeutung, geschweige denn über die Sicherheit, wurde nicht einmal ansatzweise diskutiert. Die Tatsache, daß es noch immer kein Anti-Rheumatikum auf dem Markt gab, das »den Wünschen von Ärzten und Patienten in jeder Beziehung gerecht werden konnte«, wurde als Ursache für die wachsende Zahl von »Rivalen« genannt, die in Ciba-Geigys Revier eindrangen. Das eigentliche Problem der NSA reduzierte sich in diesem Papier lediglich auf eine Erklärung dafür, warum der Erfolg eines neuen Medikaments nicht »ausschließlich von den wirklichen Eigenschaften des Präparats abhing«. Der Erfolg eines Produkts hing auch ab von der Lancierung durch »große Firmen, die über eine wirkungsvolle Marketing-Organisation verfügen und eine positive Haltung gegenüber ihren eigenen Medikamenten haben. Angesichts der Stärke unserer Firma haben wir gute Aussichten, einen ordentlichen Marktanteil zu gewinnen, vorausgesetzt, daß RENGASIL aggressiv genug lanciert wird.«

Als VOLTAREN lanciert wurde, konnte behauptet werden, daß es dem damals führenden Wirkstoff Indometacin überlegen war, da dieses Präparat weniger verträglich war. Damals lautete die Botschaft: »VOLTAREN verbindet hohe Wirksamkeit mit optimaler Verträglichkeit.« Doch jetzt wurde dies auch von den Konkurrenzpräparaten behauptet. RENGASIL mußte also sorgfältig profiliert werden, damit es sich von den anderen abhob, und zwar durch Hervorhebung bestimmter Eigenschaften oder chemotherapeutischer Merkmale. Dies war besonders wichtig, da eine Konkurrenz zwischen den »Hausmarken« VOLTAREN und RENGASIL – das berühmte Problem des »Markt-Kannibalismus« – vermieden werden mußte. Was tun, wenn zwei Medikamente den Anschein erwecken, sie seien sozusagen gleichwertig in Wirksamkeit und Verträglichkeit? Image-Bildung lautete die Antwort für Ciba-Geigy. VOLTAREN hatte ein fest umrissenes Image als ein *Anti-Rheumatikum*. RENGASIL mußte »ein eigenes Image verliehen werden«. Es hieß, daß RENGASIL ein außergewöhnlich potentes *Schmerzmittel* sei. Folglich mußte ebendies im Profil des neuen Präparats betont werden, während bei VOLTAREN die entzündungshemmende Wirkung hervorgehoben werden sollte. Diese Logik ist beeindruckend:

> »Vereinfacht dargestellt, können wir sagen, daß die beiden Produkte folgendermaßen plaziert werden: VOLTAREN ist nicht nur ein hervorragendes Anti-Rheumatikum; es ist auch ein hervorragendes entzündungshemmendes Mittel bei Entzündungen nicht-rheumatischen Ursprungs.
> RENGASIL ist nicht nur ein hervorragendes Anti-Rheumatikum; es

ist auch ein vorzügliches Analgetikum bei Schmerzzuständen nichtrheumatischen Ursprungs.«[66]

Es klingt phantastisch – ein wenig mit Worten jongliert, und schon verlassen zwei ganz unterschiedliche Medikamente die Schreibtische der Strategen. »Dank dieser Bemühungen ... wird sich der Arzt, wenn er mit einem neuen Präparat dieses Typs konfrontiert ist, bereits daran gewöhnt haben, daß es für zweierlei Indikationsbereiche empfohlen werden kann, ohne Glaubwürdigkeit einzubüßen«, wird in dem Strategiepapier zufrieden bemerkt.

Um für RENGASIL einen möglichst großen Markt zu erschließen, bestand die nächste Strategie darin, die behaupteten Produkteigenschaften »den therapeutischen Bedürfnissen einer großen Gruppe der Ärzteschaft« anzupassen. Meinungsbildende Rheumatologen und Allgemeinmediziner sollten ausgehorcht werden, »um zu ermitteln, ob die Produkteigenschaften von RENGASIL geeignte Verkaufsargumente darstellen – wobei hier nicht nur die klassischen Merkmale gemeint sind, die das Medikament besitzen soll, sondern auch die Merkmale, die im Profil besonders betont werden«. Man stellte sich auch auf die unterschiedlichen Marktsituationen in verschiedenen Ländern ein.

Sind die erheblichen Schwankungen, die sich von Land zu Land bei den angegebenen Indikationen eines Medikaments feststellen lassen, vielleicht auf derartige Berechnungen zurückzuführen? Jedenfalls erwartete man bei Ciba-Geigy, daß das Nutzen-Kosten-Verhältnis für einen derartigen Werbefeldzug günstig ausfallen würde. »Ein wichtiger Aspekt der bevorstehenden Lancierung von RENGASIL besteht darin, daß sie aggressiv durchgeführt werden sollte, jedoch ohne nachteilige Wirkung auf VOLTAREN, das zur Zeit starke Zuwachsraten aufweist ... Bei einer speziell geschulten und gut motivierten Außendiensttruppe dürften unsere Bemühungen bald Früchte tragen.«

In Anbetracht der zu erwartenden Gewinnträchtigkeit von RENGASIL hielten die Strategie-Planer eine weitläufige und kostenintensive Vorauskampagne für eine solche »aggressive« Lancierung für unabdingbar und lohnend, vor allem wenn das Profil auf unterschiedliche Marktverhältnisse zugeschnitten werden sollte. Für die »aggressive Lancierung« waren u. a. folgende Maßnahmen vorgesehen: Großzügige Bemusterung, die hauptsächlich auf Ärzte (nicht nur Rheumatologen) in

Schlüsselpositionen abzielte und Veranstaltung von örtlichen Symposien.

Der Preis für RENGASIL in den verschiedenen Ländern sollte sich an dem von VOLTAREN und den neueren Anti-Rheumatika orientieren oder »in Ländern mit hohen Inflationsraten und ungenügend angepaßten Preisen für VOLTAREN« einfach so hoch wie möglich angesetzt werden.

Ciba-Geigy setzte alle Hebel in Bewegung, um RENGASIL zu einem Renner zu machen, und war bereit, die »gesamten Marketing-Ressourcen in den Dienst seiner Einführung zu stellen. Nur wenn wir dies tun, können wir für RENGASIL eine sichere Position unter den führenden Anti-Rheumatika aufbauen.«

Ciba-Geigys Strategen verstanden ihr Handwerk. RENGASIL hatte einen guten Start im Wettlauf der Konkurrenten. In Frankreich z. B. erhielt RENGASIL eine Auszeichnung für das beste Arzneimittel, das 1982 neu angeboten wurde.

> »Im Juni (1983) wurden über 300 000 Packungen RENGASIL verkauft (Marktanteil 8,9%). Nach verkauften Einheiten sind wir dicht auf den Fersen von FELDEN (Pfizer), dessen Marktanteil abnimmt. Unser Spitzenreiter VOLTAREN, mit mehr als 700 000 verkauften Einheiten im Juni, ist immer noch vorne.«[67]

Doch dies ist nur die eine Seite der Bestseller-Story. Die andere ist erheblich dunkler. Schon der Spitzenreiter VOLTAREN hat sich als »nicht harmlos« erwiesen, und was RENGASIL betraf, so waren die Nebenwirkungen auf die Leber ein noch besorgniserregenderes Problem. Bereits im Herbst 1982 wurden in Frankreich acht Fälle bekannt, in denen bei der Behandlung mit RENGASIL Leberschäden festgestellt wurden. Als Konsequenz schlug man bei Ciba Änderungen im Beipackzettel vor.[68]

Einige Angestellte bei Ciba-Geigy äußerten nun (privat) gewisse Zweifel an der Zukunft von RENGASIL.

Ihre Befürchtungen nahmen nicht ab, als die Marketing-Direktoren von Hongkong, Singapur und Malaysia im Anschluß an ein Treffen in Penang Anfang 1983 über eine »extrem hohe« Rate (30%) gastrischer Unverträglichkeit berichteten.[69] Offiziell wurde jedoch nicht vom Ziel abgerückt, »Vertrauen in unser Produkt aufzubauen«, um RENGASIL »groß« zu machen.

RENGASIL ist schließlich doch kein Bestseller geworden. 1984 betrug sein Umsatz nicht mehr als 30 Mio. sfr, also kaum mehr als im Jahr seiner Einführung. Es ist beruhigend, zu wissen, daß es noch Faktoren gibt, die sich auf den Bedarf für ein Medikament auswirken können und dabei außerhalb der Kontrolle von Marketing- und Werbemanagern liegen. Eine entscheidende Rolle in diesem Fall spielte vermutlich die wachsende Aufmerksamkeit der Gesundheitsbehörden aufgrund der beunruhigenden Verbote anderer Anti-Rheuma-Mittel. Doch andere Beispiele zeigen, daß keineswegs immer harte Fakten, wissenschaftliche Argumentation und gesunder Menschenverstand die Oberhand gewinnen. Die Pharma-Strategen werden ihr Ziel – einen Bestseller um jeden Preis – beharrlich weiterverfolgen.

Es drängen sich unvermeidlich einige Fragen auf. Wo ist das Gegengewicht zur einseitigen Denkweise der Pharma-Strategen? Wer vertritt die Arzneimittelverbraucher bei den Planungssitzungen? Wer bringt die Marketing-Manager wieder zurück auf den Boden der Tatsache, daß sie über ein Arzneimittel mit starken Wirkungen reden und nicht über einen kurzlebigen Modeartikel?

Anturan – Die Prüfung einer Prüfung

Ciba-Geigys Strategien, die das Ziel haben, die Ärzte (koste es, was es wolle) dazu zu bringen, ihre Pharma-Produkte zu verschreiben, führen weiter zur Geschichte von ANTURAN. Dabei geht es nur um einen anderen Aspekt desselben Spiels. Hier geht es um den zweifelhaften begründeten Aufstieg eines Präparats und seinen nachfolgenden Fall. Die Geschichte wird hier in Umrissen so wiedergegeben, wie sie in vertraulichen internen Dokumenten festgehalten ist. Der Spruch »Hochmut kommt vor dem Fall« paßt hier sehr gut. Doch diesmal sind nicht nur die unbeirrbaren Manager hochmütig; wir haben es auch mit Wissenschaftlern zu tun, die im Verdacht stehen, wissenschaftliche Daten manipuliert zu haben. Wenn dem so ist, können sie sich nicht einmal mit der simplen Ausrede aus der Affäre ziehen, sie hätten nur »ihre Arbeit getan«. Sie würden in diesem Fall vielleicht entgegnen, das Medikament habe keine Todesfälle verursacht. Aber es hat auch keine Todesfälle verhindert, was es ihrer Behauptung nach tun sollte. Und was für Folgen hat es, wenn man Menschen, die jede Minute vom Tod bedroht sind, leichtfertig derartig große Versprechungen macht?

ANTURAN oder ANTURANE (Wirkstoff: Sulphinpyrazon) ist chemisch eng verwandt mit BUTAZOLIDIN und TANDERIL. Es hat eine starke Wirkung auf die Ausscheidung von Harnsäure, deren Akkumulierung in den Gelenken die typischen Gichtschmerzen verursacht. 1959 wurde ANTURAN daher ursprünglich zur Behandlung von Gicht lanciert.

In den 60er und frühen 70er Jahren entdeckte man, daß es den Blutgerinnungsvorgang störte. Das konnte dazu beitragen, daß eine Blockierung der Blutgefäße durch Blutgerinnsel (Thromboembolie), was zu Gehirnschlag oder Herzinfarkten führen kann, verhindert wurde. 1974 gab die kanadische Gesundheitsbehörde ANTURAN als Medikament gegen Thromboembolie frei. Ciba-Geigy erwartete beträchtliche Gewinne durch den Einsatz als Vorbeugungsmittel gegen das erneute Auftreten von Herzinfarkt. Die potentielle Zielgruppe in den Industrieländern war riesig.

Eine großangelegte Prüfung zur Erhärtung dieser neuen Indikation begann September 1975 in Kanada und den USA und wurde als Ciba-Geigys *Anturan Reinfarction Trial* (ART) bekannt. Als die ersten Ergebnisse bekanntgegeben wurden, sah es so aus, als seien Ciba-Geigys kühnste Träume wahr geworden – allerdings nur bis die US-Arzneimittelbehörde die Daten gründlich unter die Lupe nahm.

Interne Dokumente spiegeln die Geschichte dieser Prüfung ziemlich gut wider. Auf die überschwengliche Begeisterung folgten dramatischer Stimmungsumschwung und PR-Aktivitäten. Man kann sich leicht vorstellen, was in den internen Dokumenten mit Schweigen übergangen wird.

Im Februar 1978 verkündete Ciba intern die Siegesmeldung, daß es »dank ANTURAN neue Hoffnung für Infarktpatienten« gäbe, da die wesentliche Schlußfolgerung des ersten Berichts des *Anturan Reinfarction Trial* lautete: »ANTURAN bewirkt eine dramatische Reduzierung der Postinfarkt-Mortalität«,[70] womit gemeint war, daß die Todesrate bei Reinfarkten verringert wurde. Diese Ankündigung lenkte die Aufmerksamkeit auf etwa eine Million gefährdete Menschen auf der ganzen Welt, denen das Medikament helfen könnte. Allein in den USA lebten 100 Millionen Menschen in (ständiger) Angst vor einem Herzinfarkt, von denen dann jährlich eine Million tatsächlich einen Herzinfarkt erleiden. Nur etwa die Hälfte der Patienten hatte Chancen, den Herzinfarkt um einen Monat zu überleben. Ciba-Geigys Produkt-Management prophezeite einen entscheidenden Durchbruch in der Verbesserung der Lebenserwartung: »Dieser erste Bericht der ›Anturan Reinfarction Trial‹-Forschungsgruppe ist das Ergebnis einer bislang beispiellosen Zusammenarbeit zwischen der pharmazeutischen Industrie und akademischen Forschern«, heißt es im Product Management Bulletin vom Februar. Anschließend wurden einzelne Ergebnisse dieser »beispiellosen Zusammenarbeit« genannt.

Hervorgehoben wurden die positive Reaktion von Fachleuten auf die Studie sowie das beträchtliche Interesse der Medien. »Solche Komplimente werden uns nicht alle Tage gemacht!« bemerkt das Bulletin zu der von der *New York Times* stammenden Beschreibung von ANTURAN als »eine der bedeutendsten medizinischen Weiterentwicklungen der letzten Jahrzehnte«.

Die vielversprechenden Ergebnisse der Studie erlaubten es Ciba-Geigy, »ANTURAN jetzt zum Arzneimittel erster Wahl für die Postinfarkt-Therapie zu machen«. Sie waren für die Firma auch das Startsignal, sich auf eine große Marketing-Kampagne zur Ausschaltung der Konkurrenz vorzubereiten, da der Patentschutz für den in ANTURAN enthaltenen Wirkstoff Sulphinpyrazon abgelaufen war. »Es liegt an uns... ANTURAN so schnell einzuführen, daß wir als erste dieses revolutionär neue Gebiet der medikamentösen Therapie betreten!«

Während der nächsten paar Monate stieg die Begeisterung bei Ciba-Geigy noch höher angesichts der Presseberichte, die sich gegenseitig in Lobreden auf die »lebensrettenden Wirkungen von Anturan« überboten. Eine umfassende Sammlung solcher Pressereaktionen wurde innerhalb der Firma verbreitet.[71] Einige Zeitungen beleuchteten auch die wirtschaftlichen Aspekte. So prophezeite die *Washington Post* ANTURAN »eine Spitzenreiterposition, wie sie derzeit von den Multi-Millionen-Dollar-Beruhigungsmitteln gehalten wird«. Die Bekanntgabe der Ergebnisse des *Anturan Reinfarction Trial* hatte laut dem internen Bulletin sogar schon die Ciba-Aktien steigen lassen.

Die Fachpresse reagierte ebenfalls sehr positiv auf den ANTURAN-Bericht. Das *New England Journal of Medicine* pries die Zusammenarbeit zwischen Industrie und akademischer Forschung. Die Tatsache, daß Ciba-Geigy die Prüfung in Zusammenhang mit einem Wirkstoff beantragt hatte, dessen Patent bereits abgelaufen war, wurde positiv vermerkt. Die Presse lobte in nicht gerade zurückhaltenden Formulierungen »den hohen Standard und die Eleganz der durchgeführten Arbeit«. Doch Ciba-Geigy sah sich jetzt mit einem ungewöhnlichen »ethischen Problem« konfrontiert, das von den Medien auch diskutiert wurde. Zum Beispiel kommentierte *Newsweek*: »Da das Medikament offensichtlich Leben rettete, konnte man kaum verantworten, es irgendeinem Infarktpatienten vorzuenthalten, und das kann nun dazu führen, daß die umfassende Erprobung nie zu Ende geführt wird!«

> »Das Problem wird zu einem echten Dilemma, wenn andere Experten oder Behörden verlangen, daß zusätzliche Forschungen durchgeführt werden, um Langzeit-Wirkung und Verträglichkeit des Präparats zu beurteilen und seinen Wirkungsmechanismus zu ermitteln. Es scheint schwierig, wissenschaftliche und

> ethische Forderungen im Rahmen weiterer Doppel-Blind-Versuche in Einklang zu bringen.« (Product Management Bulletin, März 1978)

Wie sich etwas später herausstellte, lag das eigentliche ethische Problem an ganz anderem Ort.

Inzwischen stand Ciba-Geigy wieder einmal vor der Frage, wie dem Medikament ein möglichst gewinnträchtiges Image verliehen werden konnte. Diesmal mußte ein ganz neues auf die Beine gestellt werden:

> »Interessanterweise wurde das Medikament von den meisten Zeitungen als Gichtmittel dargestellt, das nebenbei noch half, ›plötzlichen Herztod‹ zu verhindern! Dies macht deutlich, wie wichtig es ist, Anturan gleich von Anfang an das richtige Profil zu geben.«

Die *US Food and Drug Administration* (FDA) ist wahrscheinlich die bedeutendste staatliche Arzneimittel-Behörde, die den zukünftigen Absatz sowie das Image eines Präparats beeinflußt, und ihre Zulassung von ANTURAN für die Postinfarkt-Therapie stand noch aus. Im Bulletin vom März 1978 berichtete Ciba-Geigy zuversichtlich, daß die FDA dem Antrag für die neue ANTURAN-Indikation höchste Priorität gab, »weil sie derartig wichtig ist«.

In Ciba-Geigys Marketing-Strategie[72] war schon eine Prognose enormer Profite enthalten: »Wenn wir davon ausgehen, daß jeder Infarktpatient, der die Krankenhausphase überlebt, anderthalb Jahre mit ANTURAN behandelt wird, würde sich das Potential dieses Marktes auf 500 Mio. sfr belaufen.« Dieses Marktpotential würde noch weiter wachsen, wenn die Behandlung nach einem Herzinfarkt bereits im Krankenhaus beginnen könnte oder wenn die Indikation auf Krankheiten ausgeweitet werden könnte, die die Elastizität der Arterien und damit den Kreislauf beeinträchtigen, vor allem im Gehirn. In diesem Fall und unter der Voraussetzung, daß es keine wesentlichen Verzögerungen bei der Zulassung des Medikaments gäbe, würde der Jahresumsatz von ANTURAN 1980 voraussichtlich bei ca. 100 Mio. sfr liegen.

Wieder einmal gehörte zur Strategie ein Konzept, wie die Konkurrenz aus dem Felde geschlagen und ANTURAN weltweit als Mittel erster

Wahl etabliert werden könne. Zu diesem Zweck mußte den Ärzten das neue Präparat-Profil eingehämmert werden:

> »... Hauptziel unseres Marketing-Konzepts wird sein, den Ärzten den ART-Bericht zur Verfügung zu stellen, damit sichergestellt ist, daß sie sich tatsächlich damit befassen. In diesem Zusammenhang müssen wir freilich auch berücksichtigen, daß ANTURAN zwar vielleicht nicht die definitive Lösung des Problems der Postinfarkt-Mortalität darstellt, doch einstweilen das vermutlich beste verfügbare Mittel ist.«

Im Juli äußerten sich die Produkt-Manager befriedigt über den außergewöhnlichen kommerziellen Erfolg von ANTURAN in Kanada. Nach seiner Einführung hatte das Präparat innerhalb von nur dreieinhalb Jahren (Januar 1975 bis Juni 1978) einen Absatz erreicht, der

> »über 100% des Gesamtumsatzes für die Produktlinie vor der Lancierung entsprach. Mit einem monatlichen Umsatz von ca. Can $ 800 000 im Juni 1978 steht ANTURAN jetzt wahrscheinlich an vierter oder fünfter Stelle unter den absatzstärksten Medikamenten auf dem kanadischen Pharma-Markt. Mit Ausnahme von TRASICOR in Großbritannien hat kein anderes Ciba-Geigy-Präparat in irgendeinem Land der Welt eine solche Position erzielt. Ein weiteres Beispiel dafür, daß es sich auszahlt, alles für ANTURAN zu tun, was in unserer Macht steht.«

Auf die 1978 veröffentlichten Zwischenergebnisse der ANTURAN-Forschungsgruppe folgte der Abschlußbericht im Januar 1980.[73] Ciba-Geigy berichtete im März intern darüber und bemerkte mit Genugtuung, daß »die abschließende Schlußfolgerung nach wie vor lautet: ANTURAN bewirkt eine signifikante Reduzierung kardialer Mortalität bei Infarkt-Überlebenden.«

Auch Prof. E. Braunwald, ein Herzspezialist von Weltruf, wird im ART-Abschlußbericht mit Stolz zitiert, er bezeichnete ANTURAN als eine der vier wichtigsten Fortschritte des letzten Jahrzehnts bei der Postinfarkt-Therapie. Prof. Braunwald warnte freilich vor allzu großer Begeisterung und wies auf die bei koronaren Herzkrankheiten außergewöhnlich komplexe Wechselbeziehungen hin. Ciba-Geigy andererseits bedauerte, daß »es durchaus vorstellbar ist, daß uns das von den Gesundheitsbehörden vorgeschriebene Indikationsprofil keine andere Wahl läßt, als uns auf die Hochrisiko-Periode zu beschränken; es könnte aber auch der Fall sein, daß lokale Marketing-Überlegungen eine solche Einschränkung angemessen erscheinen lassen«.

Zwei Wochen nach der Veröffentlichung der endgültigen Resultate der ANTURAN-Prüfung wurde eine Studie über die präventive Wirkung von ASPIRIN bei Herzinfarkten publiziert.[74] Das Ergebnis war negativ. Aufgrund dieser Erkenntnisse wurde ASPIRIN für die Routineanwendung bei Patienten, die einen Herzinfarkt überlebt hatten, nicht empfohlen.

Da ASPIRIN und ein Kombinationsprodukt mit gleichem Wirkstoff als ernste Konkurrenz für ANTURAN betrachtet worden waren, sah Ciba-Geigy jetzt eine einmalige Marketing-Chance. »... wir können jetzt mit voller Berechtigung ANTURAN als das beste derzeit verfügbare Mittel zur Abwehr der tödlichen Komplikationen des Myokardinfarkts propagieren... Wir wollen diese Chance energisch, verantwortungsbewußt und vor allem unverzüglich nutzen!« drängte das Produkt-Management im März 1980.

Nur einen Monat später änderte sich Ciba-Geigys Ton plötzlich. Dr. Robert Temple von der FDA konnte nicht genügend Belege für Ciba-Geigys begeisterte Versicherung finden, daß ANTURAN für Herzkranke wesentlichen Schutz gegen Reinfarkt und plötzlichen Tod bot. Die Schlußfolgerungen der ANTURAN-Prüfung waren also doch nicht so eindeutig.

Nach gründlicher Prüfung der ART-Daten, die der FDA zusammen mit dem Zulassungsantrag vorgelegt worden waren, schickte die Behörde einen Ablehnungsbescheid an Ciba-Geigys US-Niederlassung in Summit, der am 22. April einging. In diesem Schreiben steht als Zusammenfassung:

> »Wir haben unsere Überprüfung abgeschlossen und halten die vorgelegten Informationen für unzureichend. Der Antrag gemäß Absatz 505 B.1 des Gesetzes kann nicht bewilligt werden, da die vorgelegten Daten und Informationen die klinische Wirksamkeit von ANTURAN für die vorgeschlagene Indikation nicht belegen. Die Ergebnisse des ›Anturan Reinfarction Trial‹ liefern keine schlüssigen Beweise dafür, daß ANTURAN die Gefahr des plötzli-

chen Herztods bei Patienten nach überstandenem Herzinfarkt beseitigt oder einschränkt.«

Auf 15 Seiten erläuterte die FDA im Detail die Gründe für ihre Entscheidung. Sie hatte festgestellt, daß die ANTURAN-Prüfung »keine signifikante Reduktion im Zusammenhang mit vorzeitigem Herztod ergab«. Die Definition von »vorzeitigem Herztod« war anscheinend erst bei der Erstellung des Prüfungsprotokolls vorgenommen worden. Offenbar wurde sie in der Folge nochmals modifiziert, so daß Patienten, bei denen die Autopsie auf Herzinfarkt erkannt hatte, ausgeschlossen wurden, was bedeutete, daß weniger Fälle von vorzeitigem Herztod im Protokoll auftauchten.

Die FDA kritisierte die Zuordnungsmethode der Todesursache als »inkonsistent und zufällig«. Dies würde schon gegen die ANTURAN-Prüfung sprechen, doch die FDA hatte darüber hinaus Beweise dafür gefunden, daß »die Klassifizierung der Todesursachen willkürlich vorgenommen wurde«. Eine Überprüfung von 50% der analysierbaren Todesfälle hatte »zahlreiche offensichtliche Fehlklassifizierungen der Todesursache« offenbart, »wobei diese immer die Hypothese begünstigten, daß ANTURAN plötzlichen Herztod verhindert«.

Darüber hinaus kamen die günstigen Ergebnisse wesentlich durch den Ausschluß bestimmter Patienten zustande, die an der gesamten Studie teilgenommen hatten und die nach Meinung der FDA hätten berücksichtigt werden müssen. Um die Position der FDA zu erläutern, enthielt das Schreiben auch detaillierte Analysen einzelner Prüfungsfälle. In einem ungewöhnlichen Schritt publizierte das *New England Journal of Medicine* die Kritik der FDA angesichts ihrer Wichtigkeit und Bedeutung in beträchtlicher Ausführlichkeit.[75]

Diese Kritik bedeutete einen ernsten Rückschlag für Ciba-Geigy, wenn sie auch für einige Mitglieder der Firma keineswegs überraschend kam. Als ein junger Arzt, der in leitender Position an der ANTURAN-Prüfung teilgenommen hatte, plötzlich unter tragischen Umständen starb, gab dies Anlaß zu weiterem Verdacht und peinlichen Gerüchten. Dieser Arzt war möglicherweise einer von jenen, die für die »Fehlklassifizierungen«, wie die FDA es nannte, verantwortlich gewesen waren.

Der neue zurückhaltende Ton bei Ciba-Geigy war jedoch nicht

gänzlich ohne Optimismus: »... trotz unseres Rückschlags bei der FDA Anfang dieses Jahres bekommen wir eindeutig große Unterstützung für Anturan von führenden, weltweit anerkannten medizinischen Spezialisten in diesem Gebiet...«[76] Man setzte die Hoffnung auf die Ergebnisse von Ciba-Geigys ANTURAN-Prüfung in Italien.

Die Ergebnisse der *Anturan Reinfarction Italian Study* (ARIS) wurden 1982 in *Lancet* veröffentlicht. Sie kam allerdings zu anderen Schlußfolgerungen als die nordamerikanische Prüfung. Man hatte zwar festgestellt, daß ANTURAN ein erneutes Auftreten von Herzinfarkt verhindern half, doch eine Wirksamkeit gegen plötzlichen Herztod konnte nicht nachgewiesen werden.

Die Marketing-Strategen schafften es gleichwohl, diese Ergebnisse zu ihrem Vorteil auszulegen, freilich ohne dabei auf die Tatsache aufmerksam zu machen, daß die italienische Untersuchung die Einwände der FDA teilweise bestätigte:

»Auf den ersten Blick... könnte man meinen, daß die ARIS-Daten den ART-Ergebnissen widersprechen und deshalb nur mit Schwierigkeiten oder womöglich gar nicht verwendet werden können. Unserer Meinung nach ist das jedoch nicht der Fall«, heißt es in einem revidierten Strategie-Plan vom Februar 1982. Das Produkt-Management argumentierte, daß die beiden Prüfungen zusammengenommen insgesamt ein günstiges Bild ergaben. Die ernsten Zweifel der FDA an der Gültigkeit der nordamerikanischen Ergebnisse kamen im Strategiepapier nicht zur Sprache. Statt dessen sollte die Publizität rund um die italienischen Ergebnisse ausgenutzt werden, und »es sollten jetzt Schritte unternommen werden, ANTURAN neu zu lancieren«. Es lohnt vielleicht auch festzuhalten, daß das Produkt-Management sich offensichtlich mehr Gedanken darüber machte, wie sich aus den italienischen Untersuchungen am meisten Kapital schlagen ließe, als über die Notwendigkeit einer genauen Überprüfung, welcher der beiden Tests nun die zuverlässigeren Daten ergeben hatte.

Ende Mai 1982 fand ein Treffen des Produkt-Management von Ciba-Geigy in Venedig statt, wo über den Status von ANTURAN in verschiedenen Ländern und über mögliche Strategien für eine Neulancierung unter Verwendung der Ergebnisse der italienischen Studie beraten wurde. In den meisten, wenn nicht sogar in allen Ländern, die zur Sprache kamen, darunter Kanada, die Schweiz, Spanien, die Bundesrepublik Deutschland, Italien, Großbritannien und die USA, hatte ANTURAN als Folge der FDA-Entscheidung an Popularität verloren. Jetzt wurde darüber diskutiert, wie hier Abhilfe zu schaffen sei. Die entsprechenden Maßnahmen sahen sogar ein neuerliches Vorlegen des ANTURAN-Dossiers bei der FDA vor. Man war der Meinung, daß es als ein Mangel an Vertrauen in das eigene Produkt ausgelegt werden könnte, wenn man dies nicht täte.

Obwohl sie sich optimistisch gaben, schienen die einzelnen Ciba-Geigy-Manager in bezug auf ANTURAN Aufmunterung nötig gehabt zu haben, wie die Abschlußbemerkung des Berichts über das Treffen nahelegt: »Die zwei Tage in Venedig waren für alle Teilnehmer sehr anregend und schufen eine positive Motivation bezüglich ANTURAN. Wir hoffen, daß dieses Bulletin eine ähnliche Wirkung auf andere für ANTURAN zuständige Produkt-Manager haben wird, die bei dem Treffen nicht anwesend waren.«

Die neue Motivation schien freilich nicht lange anzuhalten. Ein ANTURAN-Treffen in Basel im August bot ein Bild der Resignation. Die Marktposition von ANTURAN wurde in allen Ländern schwächer, wo es für die Behandlung von Herzleiden zugelassen war, ausgenommen in in Italien. Aktives Marketing hatte man scheinbar aufgegeben. Außerdem verspürte die FDA keinerlei Neigung, ihre Entscheidung zu revidieren.

Bedenken flackerten nun als Folge der FDA-Überprüfung auch in Großbritannien auf.

Etwa ein Jahr später war Ciba-Geigy zum Rückzug bereit. Im Juni 1983 schickte die Zentrale in Basel an ihre Niederlassung in Schweden eine Mitteilung, in der das Eingeständnis einer Niederlage anklang. Während die kanadische Arzneimittelbehörde kurz zuvor noch die Zulassung von ANTURAN als Präventivmittel bei Herzinfarkt-Patienten bestätigt hatte, sah überall sonst die Lage trostlos aus. Die US-Niederlassung hatte ihren Antrag auf Zulassung bei der FDA zurückgezogen. In Großbritannien wurde ANTURAN neu überprüft, nachdem der Überwachungsbehörde Zweifel gekommen waren. Eine Entscheidung wurde für Ende des Jahres erwartet. Die Indikation »Prävention von Tod durch Reinfarkt« war in Dänemark und Finnland abgelehnt worden, in Norwegen stand die Entscheidung noch aus.

Aus all diesen Gründen, scheint es, hat Basel die schwedische Niederlassung nicht gedrängt, die neue Anwendung von ANTURAN um jeden Preis zu verteidigen. »Sollte die schwedische Behörde darauf bestehen, daß Sie Ihren Antrag zurückziehen, würden wir nichts dagegen einwenden, doch vielleicht möchten Sie sie von den neuesten Entwicklungen unterrichten, bevor es zu einer Entscheidung kommt«, hieß es in dem Brief.

ANTURAN war offenbar nur ein kurzes Leben beschieden. Sein Umsatz als Herzmittel lag im Jahr 1984 mit 35 Mio. sfr weit hinter den ersten überschwenglichen Erwartungen selbst für 1980. Gleichwohl zeigen die Zahlen, daß ANTURAN weiterhin verwendet wurde, um einen tödlichen Reinfarkt zu verhindern, obwohl eine Reihe von entscheidenden Fragen nach wie vor offen waren.

Ein eindrucksvolles und angeblich unabhängiges Projekt-Management war verantwortlich für die nordamerikanische ANTURAN-Studie. Wer trägt die Verantwortung für die Mängel (verwenden wir einmal diesen Begriff) dieser Studie? Warum wurden diese Mängel von den Projektleitern nicht entdeckt? Wie gut hatten sie die Daten der einzelnen Patienten unter Kontrolle? Mehrere Namen von Ciba-Angestellten tauchen im Projekt-Management auf. Welchen Einfluß hatten sie auf das Projekt, und welche Kontrolle wurde von ihnen ausgeübt?

Von erheblich größerer Bedeutung als solche Fragen ist die Tatsache, daß jene, die die Berichte über die Studie lasen, keine Möglichkeit hatten, sie zu überprüfen.

Was wäre die Folge gewesen, wenn Dr. Temple von der FDA die gesamte Dokumentation nicht sorgfältig untersucht hätte? Wieviel Millionen Menschen würden heute mit ANTURAN behandelt – zusätzlich zu denen, die ohnehin damit therapiert werden –, erfüllt von wahrscheinlich falschen Hoffnungen? Schließlich: Ist es trotz allem möglich, daß Dr. Temples Kritik ungerechtfertigt war oder zumindest nicht entscheidend für die Schlußfolgerung der Forschungsgruppe?

Es gibt keine direkten Antworten auf diese Fragen in der kleinen Sammlung von Ciba-Geigy-Dokumenten, in die ich Einblick hatte. Aber vielleicht können einige weitere Fragen zu einer Klärung führen:

Wenn die nordamerikanische ANTURAN-Prüfung nicht in dem von

der FDA erläuterten Sinne manipuliert war, warum waren dann Ciba-Geigys Proteste gegenüber der FDA so ungewöhnlich zahm?

Wenn ANTURAN wirklich ein epochemachendes Präparat für die Verhinderung von Tod durch Reinfarkt ist, wie Ciba-Geigy behauptet, wie kommen dann die Gesundheitsbehörden, die Zugang zu allen Fakten hatten (oder hätten haben sollen), dazu, Millionen von amerikanischen Bürgern ein solches vorzuenthalten?

Wenn die ANTURAN-Affäre einer umfassenden Prüfung standhält, warum hat Ciba-Geigy auf das enorme kommerzielle Potential des US-Marktes verzichtet?

Meiner Ansicht nach hat Ciba-Geigy keine dieser Fragen überzeugend beantwortet. Es bleibt der Öffentlichkeit überlassen, die Ereignisse zu deuten und jene Schlußfolgerungen zu ziehen, die für uns alle bedeutsam sind.

Trasicor – Ein ausgeträumter Traum?

TRASICOR ist ein weiteres Medikament, das durch Ciba-Geigys »Produktprofilierung« Hoffnung erwecken könnte, wo es keine gibt. Schlimmer noch, es kann bei manchen Patienten das Risiko, nach einem Herzinfarkt zu sterben, sogar noch vergrößern. Zu der Zeit, als Ciba-Geigy in mehreren Ländern versuchte, für dieses Präparat die Zulassung als Präventivmittel gegen Herzinfarkt zu erwirken, wußte offensichtlich niemand, wen genau dieses Medikament schützte, ob es überhaupt schützte und wer dadurch einem noch größeren Risiko ausgesetzt wäre. Doch bei Ciba-Geigy war man offenbar entschlossen, sich bei den Bemühungen um Zulassung von derartigen Zweifeln nicht irritieren zu lassen. Zeitweilig war auch Profitmaximierung durch eine Kombination der beiden zweifelhaften Präparate ANTURAN und TRASICOR Teil ihrer Strategie. Ob dieser absurde Traum immer noch geträumt wird, ist nicht bekannt. Doch wenn man sich die ANTURAN- und TRASICOR-Dokumentation ansieht, kann man sich nur wundern. Der Traum, TRASICOR als Schutz gegen Reinfarkt anbieten zu können, müßte schon längst ausgeträumt sein. Doch in den Chefetagen von Ciba-Geigy scheint er sich immer noch zu halten.

Im Kampf um den riesigen Markt für Präventivmedikamente bei Herzleiden, wie etwa Koronarthrombose, ist ANTURAN nicht die einzige Karte, die Ciba-Geigy im Spiel hat. Die wesentliche Wirkung der Medikamente in diesem Anwendungsgebiet besteht in der Senkung von hohem Blutdruck.

Lange Zeit setzte man große Hoffnung in jene Gruppe von blutdrucksenkenden Mitteln, die unter der Bezeichnung Beta-Blocker bekannt sind. Mehrere klinische Prüfungen legen den Schluß nahe, daß Beta-Blocker eine gewisse Schutzwirkung besitzen. In einer Reihe von Ländern haben daher die Behörden einige dieser Beta-Blocker zur »Prävention von Reinfarkt« freigegeben.

Der therapeutische Effekt von ANTURAN wurde ursprünglich damit erklärt, daß der Stoff die Blutgerinnung beeinflusse, während die Beta-Blocker die Stimulierung der Herz- und Blutgefäße über die sympathetischen Nerven reduzieren, was zu einer Senkung des Blutdrucks führt. Es kommen hier zwei völlig verschiedene Mechanismen zur Wirkung. Es schien daher möglich, durch eine Kombination eines Beta-Blockers mit ANTURAN die Wirksamkeit, zumindest theoretisch, zu erhöhen. Vom kommerziellen Standpunkt aus wäre dies eine willkommene Gelegenheit zur »Produktprofilierung« – und der Einsatz würde sich somit doppelt auszahlen.

Ciba-Geigy dachte an eine Kombination von ANTURAN und dem Beta-Blocker TRASICOR (Wirkstoff: Oxprenolol, 1968 lanciert). 1982 belegte TRASICOR den fünften Platz unter Ciba-Geigys Rennern mit einem Umsatz von 58 Mio. sfr (wenn alle verschiedenen Dosierungsformen und SLOW-TRASICOR, eine Depotform des Präparats, mitgerechnet werden, sind es 153 Mio. sfr). 1984 belief sich der Umsatz von TRASICOR auf 100 Mio. sfr. Für 1990 rechnete man mit 1350 Mio. sfr für die gesamte TRASICOR-Linie. 1980 wurde im internen Strategiepapier *Herz-Kreislauf 2000 – Plattform für die strategische Planung*[77] vorausgesagt, daß eine Kombination TRASICOR/ANTURAN die Gewinne sogar noch weiter steigern würde. Das Kombi-Produkt sollte 1986 auf den Markt kommen.

Es wurde auch eine Prüfung durchgeführt, um die Präventivwirkung von TRASICOR bei Reinfarkt zu untersuchen – die *Trasicor Reinfarction Study* (TRS). Die Ergebnisse waren günstig und wurden in den USA im November 1982 veröffentlicht.[78] Doch eine weitere, wichtigere Studie, die *European Infarction Study* (EIS), im Juli 1979 begonnen, verlief weniger positiv. Anfang 1980 war Ciba-Geigy immer noch überzeugt, daß diese Prüfung ihr ermöglichen würde, die Marktposition von TRASICOR bei der Postinfarkt-Therapie zu konsolidieren. Man hoffte auch, daß der Weg frei würde für Werbemaßnahmen für eine ANTURAN-TRASICOR-Kombination. Doch das Ergebnis der Studie war katastrophal. Sie verglich SLOW-TRASICOR (TRASICOR-RETARD), das ist die Langzeitform, mit einem Placebo. Der Test wurde in der Bundesrepublik, in Großbritannien und in der Schweiz durchgeführt. Ursprünglich sollten 4000 Patienten teilnehmen, doch das Projekt wurde abgebrochen, bevor das Medikament bei allen getestet worden war. Die ersten Ergebnisse zeigten nämlich, daß bei bestimmten Patienten-Untergruppen *mehr* mit TRASICOR behandelte Patienten starben als solche, die *nicht* mit dem Medikament therapiert worden waren. Dies galt vor allem für die Patienten, die zwischen 65 und 69 Jahre alt waren.[79]

Die EIS-Ergebnisse lösten eine größere Diskussion innerhalb der Zentrale in Basel aus, bei der es auch um die Frage ging, wie man die Resultate in einem für die Firma möglichst günstigen Licht präsentieren könne. Auf der Abschlußsitzung der Kommission wurde die Endfassung, die dem *New England Journal of Medicine* vorgelegt, doch von diesem abgelehnt wurde, ausführlich diskutiert.[79] Ciba-Geigy »bestand auf einer ausgewogeneren Präsentation« in der Zusammenfassung, die ein äußerst wichtiger Teil des Papiers war. Der endgültige Wortlaut, auf den man sich einigte, sollte die Ergebnisse so detailliert wie möglich darstellen. Gleichwohl konnte das Komitee nicht umhin, zu folgern, daß »die Ergebnisse unserer Prüfung insgesamt die scheinbar positiven Wirkungen bei anderen Prüfungen zur sekundären Prävention nicht zu bestätigen vermochten. Die Diskussion dreht sich vor allem um Patienten über 65, um solche mit relativ niedrigem Risiko, und um jene, die die Behandlung mit Oxprenolol (Trasicor) abgebrochen haben.«

Die Kommission war auch bemüht, darauf hinzuweisen, daß in bestimmten Altersgruppen eventuell mehrere Faktoren für die negativen Ergebnisse verantwortlich waren, vornehmlich degenerative Veränderungen in den Koronararterien bei älteren Patienten und der durch frühere Herzinfarkte verursachte Schaden. Doch in den endgültigen Schlußfolgerungen mußte man zugeben, daß unklar war, »welche Patienten-Gruppe von einer Beta-Blocker-Behandlung profitieren könnte und welche nicht«. Folglich gab es immer noch »keine klare Antwort auf die Frage, welche Patienten mit Beta-Blocker behandelt werden sollen, um Tod und Reinfarkt zu verhindern, nachdem sie einen akuten Myokard-Infarkt erlitten haben«.

Vorläufige Daten über das Ergebnis der EIS waren schon verfügbar, bevor die Prüfung am 6. Juli 1981 abgebrochen wurde. Die Daten und die Gründe für den Abbruch wurden ein Jahr später im Mai auf einem US-Symposium vorgelegt.[80] Doch noch im März 1983 sollten sie weiterhin streng vertraulich behandelt werden, »auch gegenüber der Gesundheitsbehörde«, wie in einem Brief vom 10. März 1983 von Ciba-Geigy (Basel) an Ciba-Geigy (Kopenhagen) betont wurde, als Antwort auf eine Anfrage, warum die Prüfung vorzeitig beendet worden war. War der Grund für diese auffallende Geheimnistuerei in der Tatsache zu suchen, daß Ciba-Geigy um die Genehmigung angesucht hatte, TRASICOR in Dänemark zur Vorbeugung von Reinfarkt auf den Markt zu bringen?

Wie dem auch sei, Ciba-Geigy ließ selbst nach den äußerst entmutigenden Resultaten der Europäischen Prüfung nicht locker und versuchte weiterhin, TRASICOR als Mittel gegen den Reinfarkt einzuführen. Noch im Juni 1983 drängte sie ihre Niederlassungen, ihre Zulassungsaktivitäten voranzutreiben, nachdem sie sie ausführlich über das Ergebnis der Europäischen Studie und die daraus entstandenen ernsten Zweifel, wenn nicht gar eindeutigen Vorbehalte, informiert hatte: »Aktivitäten, die auf die Zulassung von Oxprenolol für die Indikation ›Sekundäre Prävention nach Myokard-Infarkt‹ zielten, sollten, wo immer möglich, weitergeführt werden.« Die Mitteilung an die Niederlassungen schloß mit einer erneuten Ermahnung zur Geheimhaltung:

> »Die in diesem Brief enthaltenen Informationen über die EIS sollten vertraulich bleiben, bis die Ergebnisse der Studie veröffentlicht werden. Wir sind jedoch der Meinung, daß zumindest in den europäischen Ländern, in denen die Studie durchgeführt wurde, der Außendienst informiert werden sollte, hauptsächlich um die Ergebnisse der EIS ins rechte Licht zu rücken und um dem Außendienst zu ermöglichen, die Angelegenheit mit Forschern wie mit Ärzten zu diskutieren, die allenfalls durch Mitglieder der Prüfungsgruppe von der Studie gehört haben. Bitte informieren Sie uns, falls es notwendig wird, die Angelegenheit mit Gesundheitsbehörden oder Mitgliedern der Ärzteschaft zu diskutieren.«

Man kann davon ausgehen, daß es Ciba-Geigy einige Mühe kosten wird, Gesundheitsbehörden von der Behauptung zu überzeugen, daß TRASICOR ein hervorragendes Mittel für die Verhinderung von Myokard-Infarkt ist – das gleiche gilt für die geplante ANTURAN-TRASICOR-Kombination.

Diese Kombination erscheint als Hohn im Lichte (oder eher im Schatten) mangelnder schlüssiger Beweise über die Wirksamkeit *beider* Medikamente sowie angesichts der Zweifel über ihre Sicherheit. ANTURAN kann einige für die NSA typischen Nebenwirkungen verursachen, und die langfristige Unbedenklichkeit der Beta-Blocker, zu denen TRASICOR zählt, wird zur Zeit noch überall überprüft.

Man kann nur hoffen, daß wenigstens diese Kombination nicht hergestellt wird, sei es dank der Urteilskraft der Gesundheitsbehörden oder aufgrund wissenschaftlicher oder kommerzieller Überlegungen bei Ciba-Geigy.

Wenn ein Pharma-Unternehmen Verstecken spielt

Die Geschichte von Ciba-Geigys Kalium-Substitutions-Präparat SLOW-K mutet manchmal wie ein Versteckspiel an, allerdings ist es ein gefährliches Spiel mit kranken Menschen. Die Ereignisse um SLOW-K machen wieder einmal deutlich, daß Ciba-Geigy bei positiven Informationen über ihre Produkte außerordentlich informationsfreudig ist – und allzusehr verschwiegen, wo es um die negativen Aspekte geht. Wir kennen das Muster von der Oxychinolin-Affäre her, und wahrscheinlich gilt diese Regel auch für andere Pharma-Firmen. Wenn es ein Spiel wäre, wäre es vielleicht lockend, Firmen herauszufordern und zu versuchen, sie auszumanövrieren. Aber es ist kein Spiel. Deswegen müssen wir sichergehen, daß wir uns in Zukunft nicht wie bei SLOW-K auf Zufallsentdeckungen verlassen müssen.

Es kann gar nicht oft genug betont werden, daß jeglicher Behandlung eine medizinische Abwägung der zu erwartenden Risiken und Vorteile zugrunde liegen muß. Gelegentlich ist die Nutzen-Risiko-Bewertung eindeutig, wie bei ENTERO-VIOFORM, das keine Vorteile bietet und deutliche Risiken in sich birgt. Es sollte daher nicht genommen werden. Im Fall von Arzneimitteln, bei denen das Nutzen-Risiko-Verhältnis unklar ist, bedarf es gründlicher klinischer Untersuchungen.

Bei der Polioimpfung nehmen wir das geringe Risiko von Nebenwirkungen in Kauf, um dagegen das viel ernstere Risiko – nämlich an der gefürchteten Lähmung zu erkranken – zu vermeiden. Es ist jedoch eine ganz andere Sache, wenn ein Medikament routinemäßig eingesetzt wird, um ein mögliches späteres Leiden zu verhindern, das – sollte es ausbrechen – leicht diagnostiziert und (ohne Nachteil für den Patienten) behandelt werden kann. Ist ein solches »vorbeugendes« Mittel mit einem Risiko verbunden, gibt es für seinen routinemäßigen Einsatz keine Rechtfertigung.

SLOW-K ist ein Präventivmittel, das unter Berücksichtigung dieser Überlegung gründlich geprüft werden sollte. Es wird zusammen mit Diuretika gegeben, um den Abbau von Kaliumsalzen im Körper zu verhindern. Diuretika werden gegen Hypertonie (Bluthochdruck) eingesetzt; doch sie verstärken auch die Abfuhr unentbehrlicher Salze im Urin, wie z. B. Kalium. Normalerweise kann diese Kaliumverarmung durch eine kaliumhaltige Kost ausgeglichen werden, doch in bestimmten Fällen, z. B. bei einer gleichzeitigen Behandlung mit Digitalis (einem Herzmittel), kann es zu ernsten Komplikationen kommen.

Kalium-Substitute gibt es in flüssiger oder fester Form. Die flüssige Form hat einen unangenehmen Geschmack, der leicht durch den Zusatz von Geschmacksstoffen verbessert werden kann. Bei der Einnahme von festen Formen kommt es häufig zu hohen lokalen Kalium-Konzentrationen in den Verdauungsorganen, was sich negativ auf die Schleimhäute des Verdauungssystems auswirkt. Geschwüre und sogar der Tod können die Folge sein.

Es braucht nicht ausdrücklich erwähnt zu werden, daß die Kritik an SLOW-K ebenso alle anderen vergleichbaren Präparate von anderen Firmen betrifft, besonders noch minderwertigere. Es traf sich nur, daß das Material über SLOW-K, das ich erhalten habe, mir mehr als nur einen flüchtigen Blick hinter die Fassade einer Firma gestattete, deren Präsident sagt: »Sie können uns ausziehen, wir haben nichts zu verheimlichen – außer das normale Geschäftsgeheimnis, versteht sich.«[81] – Und genau dieses interessiert mich.

Unter allen Umständen den US-Markt erobern

SLOW-K enthält Kaliumchlorid, das in einer Wachshülle oder Matrix eingebettet ist. Nach Einnahme der Tablette wird das Kaliumsalz langsam freigesetzt. 1965 erstmals auf den Markt gebracht, ist es einer von Ciba-Geigys Verkaufsschlagern, 1984 hatte es einen Umsatz von 160 Mio. sfr. Die kommerzielle Basis für SLOW-K liegt auf der Hand, seine medizinische Rechtfertigung war jedoch von Anfang an zweifelhaft, wie die Hintergründe der Einführung auf dem US-Markt zeigen. Im April 1976 berichtete eine Fernsehsendung in Amerika darüber und übte scharfe Kritik an der US Food and Drug Administration (FDA) wegen ihres Verhaltens beim Zulassungsverfahren. Der FDA wurde vorgeworfen, daß sie von Pharma-Firmen vorgelegtes Material mit zu großer Bereitwilligkeit und Vertrauensseligkeit akzeptiert und daß sie nicht willens sei, Maßnahmen gegen eine Pharma-Firma zu ergreifen, selbst wenn die Beweise eindeutig gegen die Firma sprächen. Es wurde sogar unterstellt, daß die FDA sich manchmal von den Unternehmen, die sie eigentlich kontrollieren soll, beeinflussen lasse und daß ihre beratenden Kommissionen nur eine Scheinfunktion hätten.

Die Geschichte begann Anfang 1965, als Dr. Gilbert McMahon (von 1964 bis 1967 Vize-Präsident von Ciba-Geigy Summit), beauftragt wurde, ein besseres Kaliumsalz zu finden als das gefährliche ESIDREX-K, das sich im Dünndarm auflöste und dort zu Geschwüren führen konnte. ESIDREX-K ist ein Kombinationsprodukt und besteht aus einem Diuretikum und einem Kaliumsalz. Im Verlauf seiner Untersuchungen prüfte er auch eine Wachs-Matrix-Zubereitung, die von Cibas Niederlassung in Großbritannien entwickelt worden war. Dies war SLOW-K. Er testete sie an Affen, denen das Präparat fünf Tage lang gegeben wurde, anschließend wurde eine Autopsie gemacht. Da die Ergebnisse eindeutig zeigten, daß SLOW-K Geschwüre verursachte, beschloß man, das Präparat nicht bei Menschen zu erproben. Für SLOW-K einen Zulassungsantrag bei der FDA zu stellen kam zu jenem Zeitpunkt nicht in Frage; statt dessen stellte Ciba 1966 einen Antrag für einen anderen Wirkstoff, Kaliumzitrat, der bei McMahons Prüfungen günstig abgeschnitten hatte. Als McMahon 1967 die Firma verließ, war er der Meinung, daß Kaliumzitrat als ein unbedenkliches Substitut vermarktet werden würde und daß SLOW-K in den USA sicher außer Reichweite der Patienten bliebe.

1969 versuchte er, die Ärzteschaft in Europa auf die Gefahren von SLOW-K aufmerksam zu machen. Ciba hatte dort bereits die Zulassung erhalten, vor allem in Großbritannien. Er schrieb, ohne Erfolg, an *Lancet.* Er war entsetzt, als er 1972 erfuhr, daß Ciba-Geigy am 27. August 1971 auch bei der FDA einen Antrag für SLOW-K gestellt hatte. Besorgt informierte er die FDA im Mai des folgenden Jahres über seine frühere SLOW-K-Studie,[82] die die Behörde offensichtlich nicht kannte. Die Tatsache, daß Ciba 1967 in den USA im Fall von SLOW-K auf weitere Prüfungsmaßnahmen verzichtet hatte, habe, so McMahon, ziemlich eindeutig darauf hingewiesen, daß man allgemein der Meinung war, daß das Präparat Geschwüre verursachen könne. »Wir wurden aufgefordert, sehr sorgfältig darauf zu achten, daß diese durch SLOW-K verursachten Geschwüre in keinem unserer Firmenprotokolle vermerkt wurden«, schrieb McMahon in seinem Brief an die FDA. Seinen Brief rechtfertigte er damit, daß er Zweifel bezüglich des ethischen Verhaltens von Ciba (Basel) habe.

Ein FDA-Inspektor, der im August 1972 zu Ciba-Geigys US-Niederlassung in Summit, New Jersey, geschickt wurde, war nicht in der Lage, die fehlende Studie sofort aufzuspüren. Aber einige Tage später wurde sie gefunden und von der Firma der FDA übergeben. Dort befand man jedoch, daß sie zu spät vorgelegt worden sei. Die Tatsache, daß vorklinische Tierversuchsdaten vorenthalten worden waren, wurde als ernst genug gewertet, um rechtliche Schritte gegen Ciba-Geigy zu erwägen. Dies zeigt, daß das zurückgehaltene Material entscheidend für das Zulassungsverfahren war. Es hätte sicherlich weitreichende Folgen gehabt, wenn Dr. J. Richard Crout, Direktor der Arzneimittelabteilung in der FDA, das Memorandum[83] unterschrieben hätte, in dem beantragt wurde, daß die Akte wegen einer möglichen Strafverfolgung von Ciba an die Rechtsabteilung übergeben werde. Doch das Memorandum ging unterwegs verloren, und der Fall wurde daraufhin wohl ad acta gelegt. Doch etwa zwei Jahre später wurde er bei einer Reihe von öffentlichen Hearings, die im September 1974 von Senator Edward M. Kennedy geleitet wurden, wieder aufgegriffen. Die Untersuchungen beschäftigten sich ausführlich mit McMahons Studien sowie mit den Stellungnahmen der FDA vor und nach der Kenntnisnahme von McMahons Befunden. Es wurde enthüllt, daß sich FDA-Prüfer von Anfang an Sorgen über mögliche Geschwüre durch SLOW-K gemacht hatten, so daß McMahons Beweismaterial tatsächlich eine vernichtende Wirkung hätte haben müssen.

Außerdem hatte die FDA die Tatsache kritisiert, daß keine Patientengruppe ermittelt worden sei, die eindeutig von einer Behandlung mit SLOW-K profitieren würde. Das war natürlich schwierig, weil »derzeit genügend Alternativen für Kalium-Substitution sowohl in flüssiger wie auch in Brause-Form vorhanden sind«, wie Dr. Cortell von der FDA sich ausdrückte. Abschließend bemerkte er, daß seiner Ansicht nach der wesentliche Punkt die Frage sei, »ob der Nutzen von Kaliumchlorid in dieser Form das Risiko, in diesem Fall also das ulzerogene [geschwürverursachende] Potential der vorliegenden Zusammensetzung, hinreichend übersteigt«.

Nach den Hearings lobte Senator Kennedy Dr. McMahon ausdrücklich für sein »verdienstvolles Handeln als verantwortungsbewußter Bürger«. Sein Verhalten sei »beispielhaft für einen Menschen mit Gewissen und Verantwortungsbewußtsein für das Wohl der Allgemeinheit«.

»Mit Ihrer Bereitschaft, den Kopf hinzuhalten, und weil Sie nicht zugelassen haben, daß diese Angelegenheit hinter dem Rücken der Öffentlichkeit über die Bühne ging, haben Sie viele Menschen vor Schaden bewahrt.«

Die öffentlichen Hearings lösten in der Ciba-Zentrale Besorgnis aus. Es wurde sofort im Oktober 1974 eine »Einsatzgruppe Slow-K« gebildet. Aus dem Protokoll ihrer ersten Sitzung geht hervor, daß man sich aufgrund der Hearings wegen zu erwartender unangenehmer Fragen Sorgen machte. In Australien und Südafrika waren bereits entsprechende Probleme aufgetaucht. Während der nächsten Tage entwickelte die Einsatzgruppe hektische Betriebsamkeit, um die Lage in den Griff zu bekommen.

Obwohl negative Presseberichte über SLOW-K aus so verschiedenen Ländern wie Japan, Griechenland, der Türkei und der Bundesrepublik kamen, war die Reaktion weltweit nicht so schlimm, wie Ciba-Geigy befürchtet hatte.

In den USA hatten die Kennedy-Hearings den SLOW-K-Fall jedoch offensichtlich wieder aufgerollt. Ciba-Geigy wurde im Oktober 1974 darüber informiert, daß die FDA die Frage neuerlich untersuchte, ob Ciba »es unterlassen habe, beim Zulassungsantrag eine oder mehrere Untersuchungen zum Produkt SLOW-K vorzulegen«.[84] Wie sich bald zeigte, bewirkte dies freilich nur eine kurze Verzögerung des Verfahrens. Bezüglich der Gefahren von SLOW-K teilte Dr. Crout, der Direktor der Arzneimittelabteilung, offenbar nicht die Sorge seiner FDA-Kollegen, die das Präparat untersucht hatten. Im April 1975 war es wieder soweit, daß er seine Unterschrift unter ein FDA-Dokument setzen sollte, das sich mit SLOW-K befaßte. Diesmal handelte er:

> »... Wir haben die Prüfung dieses Antrags in der revidierten Fassung abgeschlossen und sind zu dem Ergebnis gekommen, daß das Präparat entsprechend dem vorgelegten Beipackzettel

unbedenklich und wirksam ist. Demgemäß wird der Antrag bewilligt.«

Am 1. Mai 1975 begann Ciba Geigy, SLOW-K in den USA zu verkaufen. Die FDA begründete ihre Bewilligung damit, daß es in Fällen, wo flüssige oder Brause-Kalium-Präparate nicht verträglich sind oder wo Probleme mit der Einnahme bei solchen Darreichungsformen auftreten, verhältnismäßig »unbedenklich und wirksam« sei. Im August wurde diese offizielle Auffassung vom *Medical Letter* ernsthaft in Frage gestellt. *Medical Letter* ist eine renommierte, unabhängige, nichtkommerzielle US-Zeitschrift über Arzneimittel. Die Schlußfolgerung war glasklar: »Kalium-Tabletten in Depotform wie SLOW-K und KAON-CL (Tabs) sind gefährlich und sollten nicht verwendet werden. Anreicherung der normalen Kost mit kaliumreichen Nahrungsmitteln ist die sicherste Methode, Hypokaliämie bei Patienten zu verhindern, die Diuretika einnehmen. Wenn kaliumreiche Nahrung nicht erhältlich ist oder nicht ausreicht, werden kaliumhaltige Lösungen empfohlen.«

Mit allen Mitteln den Markt halten

In einer Mitteilung an ihren Außendienst nahm Ciba-Geigy zu diesem Artikel Stellung und versuchte, diesen Artikel Punkt für Punkt zu widerlegen.[85] Er erregte weitherum Aufmerksamkeit. Aufgrund ihrer Unabhängigkeit und Integrität genießt diese Zeitschrift einen guten Ruf und Einfluß weit über die Grenzen der USA hinaus. In Israel z. B. löste der Artikel erhebliche Beunruhigung aus. Anfang 1976 beschloß das israelische Gesundheitsministerium, feste Kalium-Präparate vom Markt zu nehmen.[86] Dr. Jacobson, Ciba-Geigys Vertreter in Tel Aviv, konnte jedoch einigen Einfluß auf das Ministerium ausüben. Der vorgesehene Rückzug wurde aufgegeben zugunsten eines Rundbriefes an die Ärzte, in dem diese aufgefordert wurden, »das Verschreiben von Kaliumchlorid-Depot-Tabletten zu unterlassen«, mit dem Hinweis, daß derartige Präparate Geschwüre verursachen können.[87]

Zur gleichen Zeit erwog die holländische Arzneimittelbehörde ernsthaft, SLOW-K vom holländischen Markt zu nehmen. Bei einem Treffen der Einsatzgruppe im April 1976 befaßte Ciba sich mit dieser Angelegenheit und diskutierte, ob sich die Situation durch Änderung der Beipackzettel verbessern ließe.

Zu allem Überfluß kamen der FDA während dieses (für SLOW-K) turbulenten Frühlings 1976 noch einmal Bedenken. Aufgrund mehrerer gemeldeter Fälle von akuter gastro-intestinaler Schädigung durch SLOW-K in den USA wurde im März 1976 vorgeschlagen, daß den Beipackzetteln ein Warnhinweis beigefügt werde, wonach Kaliumchlorid-Depot-Präparate »nur Patienten nehmen sollten, die flüssige oder brauseförmige Kalium-Präparate nicht vertragen oder die Einnahme verweigern«. Die FDA schlug auch vor, darauf hinzuweisen, daß der Gebrauch von Kalium-Präparaten bei Patienten, die Diuretika einnehmen, im allgemeinen nicht erforderlich sei. Entsprechende Diät sei ausreichend, außer bei akuteren Fällen von Kaliummangel, die leicht durch regelmäßige Blut-Tests überprüft werden könnten. Doch es sollten noch mehrere Monate verstreichen, bevor in den USA irgendeine Revision des Beipackzettels von SLOW-K erfolgte.

Unterdessen schickte die FDA am 22. März 1976 eine schriftliche Verwarnung an die Ciba-Geigy Corporation, Summit, in der auf eine Affenstudie Bezug genommen wurde, die vorsätzlich zurückgehalten worden sei (dies war die Studie, die McMahon 1972 in seinem Brief an die FDA erwähnt hatte). Im Schreiben der FDA wurde behauptet, die zurückgehaltenen, wesentlichen Daten hätten »die FDA-Wissenschaftler veranlassen können, entweder weitere tierexperimentelle Untersuchungen zu fordern oder zu einer anderen Schlußfolgerung zu gelangen«. Daten auf diese Weise zurückzuhalten bedeute einen Gesetzesverstoß. Man verlangte von Ciba-Geigy umgehende Korrekturmaßnahmen, ferner »eine Bestätigung, daß Sie in Zukunft alle einschlägigen Tieruntersuchungen vorlegen werden«. Anderenfalls werde die FDA einen Strafantrag erwägen.

Der Präsident der Division Pharma in Summit beantwortete diesen Brief einige Tage später, indem er auf leichte Abweichungen im Aufbau der in Frage stehenden Studien hinwies. Er vertrat die Meinung, daß das Zurückhalten keinen Verstoß gegen irgendein

Gesetz oder eine Vorschrift bedeute, weil die ursprünglich nicht vorgelegte Studie (also jene, die McMahon durchführte und später bekanntmachte) unter etwas anderen Bedingungen ausgeführt worden sei als die vorgelegten Studien. Gleichwohl gab er das verlangte Versprechen ab, in Zukunft der FDA alle einschlägigen Tieruntersuchungen vorzulegen.

Dr. Robert M. Diener, Direktor der Abteilung für Toxikologie und Pathologie in Summit, der persönlich dafür verantwortlich gemacht wurde, die fraglichen Daten »vorsätzlich« zurückgehalten zu haben, fügte eine persönliche Stellungnahme bei.[88] Er bestätigte die Zusicherung der Firma und gelobte auch, den Überwachungsbehörden gegenüber offen zu sein, wobei er noch auf seine führende Rolle bei der Entwicklung des »ursprünglichen hochsensiblen Modells für die Unbedenklichkeitsprüfung verschiedener kaliumhaltiger Präparate« hinwies.

Obwohl mit Cibas Verteidigung die Angelegenheit nur teilweise erledigt war, verzichtete die FDA auf gerichtliche Schritte, wie der FDA-Commissioner, Dr. A. Schmidt, bei seiner Zeugenaussage am 8. April 1976 während erneuter Hearings über SLOW-K vor Senator Edward Kennedy erklärte: »... das *Bureau of Drugs* und das *Office of the General Counsel* sind der Auffassung, daß ein Antrag auf Strafverfolgung jetzt nicht angemessen ist, obwohl wahrscheinlich ein Verstoß gegen unsere Vorschriften vorliegt.« Er erläuterte weiter:

> »Wegen geringfügiger Unterschiede zwischen der in der Affenstudie getesteten Form und SLOW-K läßt sich argumentieren, daß unsere Vorschriften nicht eindeutig die Vorlage der Studie verlangt hätten. Ferner hat die Firma die Studie umgehend zur Verfügung gestellt, als man auf sie aufmerksam wurde [allerdings hatte unser Inspektor sie nicht finden können].
> Die schließliche Zulassung von SLOW-K erfolgte in voller Kenntnis der in der Studie genannten Daten. Aus diesen Gründen kommen unsere Rechtsexperten zum Schluß, daß dieser Fall nicht für eine strafrechtliche Verfolgung geeignet ist, sondern besser durch eine schriftliche Verwarnung geregelt wird, die bereits ausgestellt wurde.«

Dr. Schmidt schloß mit der Bemerkung, daß der Fall aufgrund von

Kommunikationsschwierigkeiten und infolge einer mangelhaften internen Organisation bei der FDA bedauerlicherweise »beschämend langsam abgewickelt wurde«.

Offensichtlich wurde Ciba-Geigy aber noch etwas länger in Atem gehalten. Die FDA lud die Ciba-Geigy Corporation und eine Reihe einzelner Vertreter, darunter Dr. Otto Sturzenegger, den Präsidenten des Unternehmens, zu einem Hearing, auf dem über einen Strafantrag entschieden werden sollte. Da die Vorladung trotz der brieflichen Zusicherungen seitens der Ciba USA erfolgte, mußte sie als deutliche Warnung seitens der FDA verstanden werden. Doch es blieb bei dieser Warnung. Meines Wissens wurden in dieser Angelegenheit keine weiteren rechtlichen Schritte gegen Ciba-Geigy unternommen.

In der Zwischenzeit war der Fernsehbericht über SLOW-K gesendet worden (6. April 1976), und auf beiden Seiten des Atlantik war Ciba-Geigy besorgt. Noch am Abend der Ausstrahlung ging ein Telex in alle Länder, in denen SLOW-K auf dem Markt war.[89] In diesen Telex-Mitteilungen wurden die Vorgänge in den USA aus Ciba-Geigys Sicht erläutert, und es wurde eine Liste von Gegenargumenten und Argumentationshilfen von Summit und Basel mitgeliefert.

In einer von Summit vorbereiteten Argumentationshilfe wurde zum Beispiel der Vorwurf erhoben, es handle sich bei dem Bericht »um verantwortungslosen Journalismus, und [daß] er in einer Art und Weise aufgemacht wurde, die größte Gleichgültigkeit gegenüber Genauigkeit, Fairneß oder dem Interesse der öffentlichen Gesundheit erkennen läßt«.[90]

Eine weitere Mitteilung wurde für den gesamten Außendienst vorbereitet. Dort hieß es, daß »SLOW-K und Ciba die Opfer eines klassischen Falls einer von den Medien verzerrten, einseitigen und unausgewogenen Darstellung einer Story sind, über die, wenn überhaupt, nur hätte berichtet werden dürfen, ohne unser Produkt und unsere Firma mit hineinzuziehen«.[91]

Im Dezember 1976 schließlich kam eine Änderung der Packungszettel, die innerhalb der FDA bereits im März vorgeschlagen worden war, langsam ins Rollen. Im Januar 1977 wurde Summit darüber informiert, daß der folgende Warnhinweis aufgenommen werden müsse:

»Aufgrund von Berichten über intestinale und gastrische Ulzeration und Blutung bei Kaliumchlorid-Depot-Präparaten sollten diese Medikamente jenen Patienten vorbehalten bleiben, die flüssige oder brauseförmige Kalium-Präparate nicht vertragen oder die Einnahme ablehnen.«

Ferner sollte bei den Indikationen klarer formuliert werden, daß die prophylaktische Einnahme von Kalium-Substituten bei Patienten mit unkomplizierter Hypertonie nicht erforderlich ist. Die FDA wollte auch für andere Kalium-Präparate ähnliche Änderungen verlangen.

Bei Summit erwartete man nicht, daß die Modifizierung die Verwendung von SLOW-K in den USA beeinflussen würden, doch war man sich bewußt, daß sich möglicherweise ein Domino-Effekt für andere Länder ergeben könnte. Mit der Vermutung, daß keine negativen Auswirkungen auf den Umsatz entstehen würden, hatte man recht. Die Verkaufszahlen zeigten einen stetigen Aufwärtstrend. Der Domino-Effekt blieb freilich aus.

Doch *Medical Letter* plante eine Fortsetzung zum Thema SLOW-K. Im Januar 1978 wurde der Entwurf eines Artikels mit dem Titel *Slow-K – Follow-up,* der in einer der kommenden Ausgaben erscheinen sollte, an Ciba (Summit) geschickt. In der Antwort an den Herausgeber vermied Ciba sorgfältig jegliche Konfrontation.

Der Artikel erschien am 24. März. In ihm wurde die frühere Einschätzung des Journals wiederholt, und abschließend wurde bemerkt, daß »Dünndarm-Ulzeration weiterhin bei Patienten gemeldet wird, die Depot-Tabletten wie SLOW-K oder KAON-CL nehmen. Es gibt sicherere Methoden der Kalium-Substitution.« Der gesamte Ciba-Außendienst erhielt eine Kopie des neuen Artikels »nur zu Ihrer Kenntnisnahme«, zusammen mit Ermahnungen wie: »Sprechen Sie das Thema nicht bei Ihren Ärzten an«; »Seien Sie darauf vorbereitet, Fragen der Ärzte zu beantworten«; »SLOW-K ist das am meisten verwendete orale Kalium-Produkt in den USA«.[92]

Am 21. August konnte Mr. Ronald J. Topper, Produktdirektor in Summit, Basel mitteilen, daß »eine nach Erscheinen des *Medical Letter* durchgeführte Marktanalyse nur minimale negative Auswirkungen verzeichnet«. SLOW-K blieb ein höchst profitables Produkt für Ciba-Geigy.

SLOW-K blieb höchst profitabel – und ist es immer noch – trotz der Tatsachen, die nichts weniger als die Existenzberechtigung des Präparats in Frage stellen. Es sollte noch mehr nachteiliges Beweismaterial dazukommen, doch erst mehrere Jahre später.

Anfang 1982 wurden die Ergebnisse einer neuen Studie von Dr. McMahon und Kollegen bekannt. In einer klinischen Prüfung hatte man SLOW-K und MICRO-K (hergestellt von A. H. Robins, USA – ein sogenanntes mikroverkapseltes Kaliumchlorid-Präparat) verglichen. Man wollte ermitteln, wie häufig es zu einer durch die Medikamente hervorgerufenen Reizung des Verdauungstraktes kam.[93] Über die Ergebnisse, die auf krasse Weise die Minderwertigkeit von SLOW-K belegten, wurde die FDA informiert. Diese wiederum machte Ciba-Geigy darauf aufmerksam, daß »die Studie ernste Fragen aufwirft hinsichtlich der Unbedenklichkeit nicht nur von SLOW-K, sondern von allen festen Wachs-Matrix-Darreichungsformen von Kalium und womöglich von jedem festen Kalium-Produkt, das sich vor allem im Magen auflöst«.[94]

Die FDA forderte Ciba-Geigy und alle anderen Hersteller von festen Kaliumchlorid-Produkten auf, Vergleichstests unter den Bedingungen der McMahon-Studie durchzuführen. Aufgrund der Ergebnisse wolle die FDA »bestimmen, ob und, wenn ja, welche einschränkenden Maßnahmen erforderlich sind«. Es war das erste Mal, daß Sicherheitsprüfungen bei Menschen statt an Tieren durchgeführt worden waren. Außerdem wurden die Ergebnisse mittels Endoskopie ermittelt, einer Technik, die es ermöglicht, in den Körper hineinzusehen und Schädigungen ohne äußerliche Symptome zu entdecken. Es war tatsächlich eines der überraschenden Resultate der Untersuchung, daß die meisten der betroffenen Patienten keine Symptome verspürten, obwohl sie ganz offensichtlich Läsionen hatten. Dies war ziemlich beunruhigend. Daraus folgerte man klarerweise, daß sich bei Patienten, die mit SLOW-K behandelt werden, Magen-Darm-Schäden unbemerkt entwickeln können; das Medikament wird also weiter genommen, und die Schädigung verschlimmert sich.

Die Ergebnisse wurden im Juni 1982 bei einem Symposium vorgestellt, das von der Tulane University Medical School veranstaltet wurde, wo die McMahon-Gruppe arbeitete. Sowohl die Studie wie auch das Symposium wurde von Ciba-Geigys Konkurrenz, der Firma A. H. Robins, finanziert, die die Ergebnisse für sich nutzen wollte und den Bericht bei der Propagierung von MICRO-K verwendete.

Robins' Konkurrenten, einschließlich Ciba-Geigy, waren nicht begeistert über das Symposium und auch nicht über die Aufforderung der FDA, so bald wie möglich die McMahon-Studie mit ihren Produkten zu wiederholen. Im Juni 1982 zeigte Ciba (Summit) (wie auch andere betroffene Firmen) immer noch eine zögernde Haltung gegenüber den von der FDA verlangten Prüfungen, vor allem bezüglich der Versuchsanordnung, obwohl die FDA sie wiederholt gedrängt hatte, die Studie unter den von McMahon gesetzten Bedingungen durchzuführen.[95]

Besonders über eine dieser Versuchsbedingungen waren Ciba-Geigy und die anderen Hersteller unzufrieden. In McMahons Studie wurde Glycopyrrolat – ein sogenannter anticholinergischer Stoff – benutzt, um die Zeitdauer bis zur Magenentleerung zu verkürzen und den Durchgang durch den Magen-Darm-Trakt zu verlangsamen. Damit wollte man bei gesunden Versuchspersonen die klinischen Bedingungen simulieren, die vor allem bei bettlägerigen und bei älteren Patienten vorliegen, bei denen oft eine gleichzeitige Behandlung mit Medikamenten, die anticholinergische Eigenschaften besitzen, stattfindet.

Offensichtlich befürchtete man bei Ciba-Geigy, daß bei erneuten klinischen Prüfungen von SLOW-K die Verwendung von Glycopyrrolat zu ungünstigen Resultaten führen könnte.

In Summit wurde eine SLOW-K-Gruppe (noch nicht die »Einsatzgruppe«) gebildet, die sich mit der Sache befassen sollte. Bei der ersten Sitzung am 15. Juni wurden die Ziele für ein Treffen mit einigen anderen Herstellern, das am nächsten Tag in Chicago stattfinden sollte, festgelegt:

a) Sicherstellen, daß keine anderen Hersteller bereit sind, bei Studien mit SLOW-K Glycopyrrolat zu verwenden, wie von der FDA vorgeschlagen. [Es wurde betont, daß Glycopyrrolat die klinische Situation nicht simuliert.]

b) Andere ausgewählte Hersteller überzeugen, daß weitere Kontakte mit der FDA nur gemeinsam über eine Gruppe von Herstellern laufen sollten.

Am 16. Juni fand ein Treffen zwischen Vertretern von Ciba-Geigy und der Pharma-Unternehmen Abbott, Adria und Mead-Johnson statt. Man kam überein, der FDA vorzuschlagen, eine geschlossene Sitzung nur mit den Herstellern und der Behörde abzuhalten, um in Abwesenheit von McMahon und Vertretern von A. H. Robins über die geforderten Studien zu diskutieren.

Die SLOW-K-Gruppe in Summit teilte Ciba-Geigy in Basel alsbald mit, daß sie aus Basel keine Einmischung wollte. Sie hatte eine Zusammenstellung der SLOW-K-Nebenwirkungen, die in den USA ab 1975 gemeldet worden waren, beendet und wollte kein weiteres Datenmaterial aus Basel erhalten.

Das Datenmaterial, das die Summit-Gruppe nicht wollte, stammte wohl aus Ciba-Geigys computerisiertem »Einzelfallarchiv« (*single case file*). Es enthielt unveröffentlichte Spontanberichte und publizierte Fallberichte über unerwünschte Nebenwirkungen durch SLOW-K. Dieses Archiv, das sich in Ciba-Geigys Abteilung für Arzneimittelsicherheit in Basel befindet, enthielt Unterlagen über 134 Fälle von unerwünschten gastro-intestinalen Nebenwirkungen. 97 davon wurden als ernst eingestuft. Dazu gehörten auch Magengeschwüre oder Zwölffingerdarm-Geschwüre mit oder ohne Blutung. Unter den Berichten über Geschwüre waren 17 aus den USA!

Bei Ciba-Geigy in Basel nahm man die neuen Entwicklungen um SLOW-K jedoch so ernst, daß man im Juni eine eigene »Einsatzgruppe SLOW-K« bildete. Leiter war Dr. J. Sobotkiewicz, der als Vorsitzender der »Einsatzgruppe Clioquinol« reichlich Erfahrung gesammelt hatte. In den folgenden Monaten war die Einsatzgruppe sehr aktiv. SLOW-K, oder vielmehr die Profite aus SLOW-K, sollten unter allen Umständen verteidigt werden. Doch gleichzeitig wurden neue Investitionsmöglichkeiten ausgekundschaftet.

Die »Einsatzgruppe SLOW-K« erkannte, daß »die Methodologie der [McMahon-]Studie nur schwer anzufechten war«, und sie sah auch ein, daß die Studie, einem Berater zufolge, stichhaltig und »wertvoll« sei – eine Auffassung, die, wie sich herausstellte, von Summit nicht vollständig geteilt wurde.

Also schon in diesem Stadium, als McMahons Studie noch der Bestätigung durch Wiederholung harrte, fing man bei Ciba-Geigy an, sich über die Vermarktung einer neuen Darreichungsform von Kaliumchlorid – die sogenannten mikroverkapselten Tabletten – Gedanken zu machen. Man erwog, sich bei der dänischen Pharma-Firma Alfred Benzon um eine Lizenz für deren Kalium-Präparat KALINORM (in Schweden unter der Bezeichnung KALIUM-RETARD geführt) zu bemühen. KALINORM war zu jenem Zeitpunkt in Skandinavien schon seit mehreren Jahren im Handel. Es entsprach mehr oder weniger dem Präparat MICRO-K.

Doch Summit wollte nichts von einem neuen Zulassungsantrag bei der FDA für ein anderes festes Kalium-Präparat wissen, da dies den Eindruck erwecken könnte, Ciba-Geigy habe das Vertrauen in SLOW-K verloren, »was sich zu diesem Zeitpunkt auf ihr [Ciba-Geigys] Verteidigungsprogramm [für SLOW-K] zweifellos ungünstig auswirken würde«.

Doch bei Alfred Benzon bestanden schon Pläne, in den USA eine Verträglichkeitsstudie ihres Produkts zur Wegbereitung für einen Zulassungsantrag durchzuführen. Man kam dann überein, Ciba-Geigy nach außen hin nicht mit diesem Projekt in Verbindung zu bringen, um die SLOW-K-Strategie nicht zu beeinträchtigen. Mit einer solchen zweigleisigen Vorgehensweise würde man Zeit sparen. Benzon sollte ganz allgemein als Ciba-Geigys Zwischenglied bei der FDA fungieren, damit keine für Summit peinliche Situation in bezug auf SLOW-K entstünde.

Unterdessen spielte Summit auf Zeit. Man vermied eine eindeutige Zusage in bezug auf weitere Prüfungen mit SLOW-K und verwickelte die Behörde in ein Tauziehen um neue Beipackzettel.[96]

Mit einer Auswertung gemeldeter Nebenwirkungen bei Patienten, die mit SLOW-K behandelt worden waren, hätte Ciba-Geigy ein Zeichen guten Willens setzen können. Doch als Dr. Hershel Jick vom *Boston University Medical Center* einen entsprechenden Vorschlag (geschätzte Kosten: $ 150 000) unterbreitete, wurde das Angebot abgelehnt.

Es ist nicht bekannt, ob der Firma diese Summe für ein Zeichen des guten Willens zu hoch war oder ob Unsicherheit darüber herrschte, was Dr. Jicks computerisierte Datensammlung zutage fördern könnten. In einem Bericht aus Basel wurde erklärt, daß Dr. Jicks Datenbank nicht »genügend Datenmengen enthält, um diese Studie in Angriff zu nehmen«. Doch etwa sechs Monate später sollte sie sich als völlig akzeptabel erweisen. Unterdessen war der Vergleich zwischen SLOW-K und MICRO-K durch McMahon et al. in einer neuen Studie bestätigt worden; sie wurde später unter der Bezeichnung *Miami Study* bekannt.[97] Die FDA setzte Summit am 30. September 1982 darüber in Kenntnis und sprach zugleich die Warnung aus, daß die Verwendung von Produkten mit höherem Risiko als MICRO-K nicht länger gerechtfertigt sei, selbst wenn schwere Nebenwirkungen selten auftraten. Ciba-Geigy wurde aufgefordert, alle verfügbaren Unterlagen zugunsten von SLOW-K vorzulegen. Diese Forderung wurde zu einem späteren Zeitpunkt, als das Schicksal SLOW-K hold zu sein schien, bereitwillig erfüllt. Ungefähr zur gleichen Zeit wurde SLOW-K durch einen Artikel von Oliver Gillie, der am 3. Oktober 1982 in der *Sunday Times* erschien, wieder zu einem öffentlich diskutierten Thema. Der Artikel berichtete in allgemeinverständlicher Sprache über die beunruhigenden Ergebnisse der Untersuchung von McMahon und seiner Gruppe.

Ciba-Geigy, die es bislang versäumt hatte, irgendeine Arzneimittel-Überwachungsbehörde über die aktuellen Probleme in Amerika zu informieren, mußte jetzt zumindest der Arzneimittel-Überwachungsbehörde in Großbritannien eine Erklärung liefern. Das tat sie auf ihre typische Weise, indem sie darauf hinwies, daß das Medikament »in mehr als 60 Ländern von mehr als 14 Millionen Menschen genommen wird«, und behauptete, daß im Vergleich dazu die Zahl der gemeldeten Nebenwirkungen klein sei. »In Großbritannien sind uns im Laufe von 15 Jahren lediglich 26 Fälle von gastro-intestinalen Nebenwirkungen gemeldet worden (siehe beiliegende Liste). Gemessen an den Verkaufszahlen, scheint SLOW-K daher gut verträglich zu sein.«[98]

Die Liste enthielt neben 18 Fällen aus Großbritannien acht »weitere gemeldete Fälle«. Ciba-Geigy sah offensichtlich keinen Anlaß, der britischen Behörde die Liste mit den 134 Fällen von unerwünschten gastro-intestinalen Nebenwirkungen, geschweige denn einen vollständigen Bericht über Nebenwirkungen, vorzulegen. Vielleicht konnte Ciba-Geigy GB der Aufsichtsbehörde keine präziseren Daten zur Verfügung stellen, oder vielleicht wollte man nur gerade so viel Informationen preisgeben, daß die britische Behörde zufriedengestellt war. Die Fachzeitschrift *Chemist and Druggist* griff das Thema auf. Ihr Artikel über SLOW-K enthielt eine bemerkenswerte Feststellung: »Ciba-Laboratories, die das Präparat in Großbritannien vertreiben, sagen, daß sie keine inhaltliche Stellungnahme zu dem [McMahon-] Bericht abgeben können, da sie ihn noch nicht gesehen haben.«

Basel war seit Ende Juni im Besitz einer Manuskriptkopie von McMahons Artikel![99]

Spätestens nach Erscheinen von Gillies Artikel besaß Dr. Croy, Leiter der Presseabteilung bei Ciba-Geigy (Horsham), jedenfalls erschöpfende Informationen über McMahons Studie. Am 8. Oktober schrieb er an den Herausgeber des *Lancet* und fügte Berichte über das Symposium in Tulane bei, wo die McMahon-Gruppe erstmals ihre Studie vorgestellt hatte.

Meiner Ansicht nach wollte man auf diese Weise verhindern, daß die McMahon-Studie in *Lancet* veröffentlicht wurde. Das *New England Journal of Medicine* hatte nämlich zuvor abgelehnt, sie zu drucken, wie man bei Ciba-Geigy wohl wußte. Der *Ingelfinger-Regel* dieser Zeitschrift zufolge (so genannt nach einem früheren Chefredakteur) sollten Artikel, die bereits woanders publiziert oder besprochen worden waren, nicht veröffentlicht werden.

Für *Lancet* galt diese Regel aber nicht, und man veröffentlichte den Artikel von McMahon et al. am 13. November 1982.

Die sogenannte *Miamy Study,* der Artikel über SLOW-K in der *Sunday Times* und der geplante Artikel in *Lancet* kündigten für SLOW-K schlechte Zeiten an. Ciba hielt es jedoch für unwahrscheinlich, daß die FDA die Zurückziehung von SLOW-K verlangen würde. In erster Linie wollte die FDA, daß Ciba-Geigy die Beipackzettel verschärfte. Dies gab der Firma offenbar die Gelegenheit, durch zeitraubende Korrespondenz Zeit zu gewinnen.

Die FDA wollte, daß im neuen Beipackzettel die derzeit verfügbaren Informationen über SLOW-K berücksichtigt werden, also auch die Resultate von McMahon. Ciba-Geigy sollte ausdrücklich auf diese Befunde hinweisen und den gesamten Text den neuen Erkenntnissen anpassen. Es wurde ein Treffen vereinbart, um die Vorschläge mit Ciba-Geigy zu diskutieren.[100]

Sollte es trotz allem zu einer Debatte über die Zurückziehung von SLOW-K kommen, hatte Ciba-Geigy noch einen Trumpf im Ärmel, den sie gegen die FDA ausspielen konnte: McMahons Studie sei unter kontrollierten Bedingungen mit gesunden Freiwilligen durchgeführt worden. Ciba-Geigy konnte einwenden (und tat es auch), daß eine derartige Prüfung nicht notwendigerweise klinisch relevant sei. Diese Argumentation hätte sich als sehr nützlich erweisen können, wenn die Sache vor Gericht gekommen wäre. Darüber hinaus konnte Summit zur Unterstützung ihrer Position medizinische Experten zitieren.

»Slow-K so lange wie möglich verteidigen« – dieses Motto wurde im Oktober 1982 im Sitzungsprotokoll des Produkt-Entwicklungsausschusses in Basel vermerkt. Zur gleichen Zeit wurde sowohl in der Schweiz als auch in den USA verstärkt darauf hingearbeitet, eine firmeneigene Alternative auf den Markt zu bringen.

Die Verhandlungen mit Alfred Benzon über eine Vertriebslizenz für KALINORM in allen Ländern außer Skandinavien und Benelux machten Fortschritte. Zur gleichen Zeit verhandelte Summit mit der Firma Berlex um Lizenzrechte für ein ähnliches Präparat namens TIMKAPS, für das die FDA anscheinend schon eine Bewilligung erteilt hatte. Neben den skandinavischen Ländern war KALINORM in einigen europäischen Ländern bereits zugelassen, oder man rechnete mit einer Zulassung, während in den USA die Zulassung anhängig war. Eine rasche Einführung von KALINORM in Europa schien also machbar, wenn Ciba-Geigy es für erforderlich hielt. Aber man hatte es nicht eilig.

Anfang November 1982 unterzeichnete Ciba (Summit) eine Vereinbarung mit Berlex und KV Pharmaceutical Company über den exklusiven Vertrieb von TIMKAPS in den USA und Kanada sowie um das Recht, das Präparat in anderen Ländern zu vertreiben, wenn bestimmte Umsatzkriterien erfüllt waren. Von dieser Transaktion versprach sich KV anscheinend eine erhebliche positive Auswirkung auf ihre Gewinne.[101] In Basel freilich wurde TIMKAPS als ein »Übergangsprodukt für die USA« bezeichnet.[102]

Unterdessen wurde, gemäß dem oben erwähnten Motto, die SLOW-K-Front nicht vernachlässigt. Bei einem Treffen mit der FDA und anderen Herstellern von festen Kalium-Präparaten (Abbott, Adria, Mead-Johnson, Purdue-Frederick, A. H. Robins und Squibb) am 22. November 1982 mußte Ciba-Geigy feststellen, daß sie sich auf einem Kollisionskurs mit der FDA befand.[103] Die FDA verlangte wieder drastische Änderung der Beipackzettel, und dies schon innerhalb der nächsten Monate, während Ciba-Geigy die »von der FDA vorgeschlagenen Änderungen entschieden ablehnte« und der Meinung war, daß es für solche Änderungen noch zu früh sei. Aber sie habe »nichts einzuwenden, sofern angemessene und berechtigte Aussagen hinzugefügt werden«.

Im allgemeinen zeigten die Firmen wenig Begeisterung für die Vorschläge der FDA, insbesondere für die geforderten Studien, die sich an der von McMahon et al. orientieren sollten. Ciba-Geigy war dieser Aufforderung immer noch nicht vollständig nachgekommen, desgleichen Abbott, Adria und Mead-Johnson. Ciba-Geigy hatte zunächst damit begonnen, MICRO-K nicht mit SLOW-K sondern mit TIMKAPS zu vergleichen.[104] Angesichts der neuen Marketing-Perspektiven schien es dringlicher, TIMKAPS zu untersuchen. Bei der TIMKAPS-Studie hatte MICRO-K »offene Geschwüre« bei zwei der zehn Versuchspersonen verursacht, und das wurde von Ciba-Geigy bei dem Treffen als Argument gegen neue Packungszettel benutzt. Zusätzlich hatte Ciba eine SLOW-K-Prüfung begonnen, »bei der eine reduzierte Kalium-Dosierung bei gleichzeitiger Nahrungsaufnahme mit und ohne Glycopyrrolat untersucht werden soll«. Eine weitere Untersuchung, diesmal im Einklang mit den Vorgaben der FDA, sollte im Januar 1983 beginnen.

Ciba-Geigys Versuche hatten offensichtlich früher begonnen, als bei dem Treffen mit der FDA vom 22. November angegeben. Der erste provisorische Bericht darüber war schon am 9. Dezember 1982 in Basel eingetroffen.[105] Sie waren im Milton S. Hershey Medical Center, Hershey, USA, durchgeführt worden.

Im Januar 1983 lagen bereits die endgültigen Ergebnisse vor.[106] Sie übertrafen vermutlich Ciba-Geigys Erwartungen. Im Gegensatz zu den McMahon-Studien ergaben die *Hershey-Studies* erheblich weniger Magenreizung durch SLOW-K. Außerdem wurde bei einigen Fällen akute Reizung bei Einnahme von MICRO-K festgestellt und bei zwei von zehn Patienten sogar offene Geschwüre.[107] Die Prüfungsbedingungen entsprachen bis auf einen Punkt denen der McMahon-Studie: Bei der McMahon-Studie blieben Freiwillige während der Testungsperiode in der Versuchsklinik, bei den *Hershey-Studies* nicht.

Ungeachtet aller Schlußfolgerungen, die aus diesem Unterschied der Untersuchung gezogen werden können – die Tatsache blieb bestehen, daß die Ergebnisse beider Studien nicht übereinstimmten.

Bemerkenswerterweise hat Ciba-Geigy die Ergebnisse der *Hershey-Studien,* die sie bereits im Januar 1983 zur Verfügung hatte, nicht sofort bekanntgegeben. Dr. Sobotkiewicz betonte sogar in einem Telex an Summit, daß »die Ergebnisse nicht vor dem Treffen mit der FDA am 2. März 1983 freigegeben werden sollten«.[108]

Die FDA wurde dahin gehend unterrichtet, daß Ciba-Geigy hoffe, die Resultate rechtzeitig für das Treffen vom 2. März bereit zu haben. Man machte Zeitdruck geltend und bat darum, die Untersuchungen direkt bei dem Treffen vorlegen zu dürfen. Auf diese Weise sicherte sich Ciba-Geigy einen Überraschungseffekt, da die FDA das Material somit nicht im voraus prüfen konnte.

Ciba-Geigy hielt für diese Sitzung noch einen weiteren Trumpf bereit. Man präsentierte – welch eine Überraschung – eben jene Untersuchung, die Dr. Hershel Jick sechs Monate zuvor vorgeschlagen hatte und die Ciba-Geigy abgelehnt hatte. Damals hatte Ciba sich geringschätzig über seine Datenbank geäußert. Jetzt erwies sie sich als sehr nutzbringend.

Hershel Jick und Pamela J. Aselton »hatten die Berichte über 15 791 seit 1975 intensiv beobachteten stationär behandelten Patienten ... ausgewertet, um die Beziehung zwischen der Verwendung von Wachs-Matrix-Kaliumchlorid und dem Auftreten von Blutungen im oberen Magen-Darm-Trakt – noch während des Krankenhausaufenthaltes – zu untersuchen«.[109] Es konnte kein Zusammenhang festgestellt werden. »Gleichzeitig schließen die Ergebnisse jedoch einen Zusammenhang mit asymptomatischen Läsionen im oberen Magen-Darm-Trakt nicht aus.«

Diese letztgenannte Einschränkung ist höchst bedeutend, denn in der McMahon-Studie war man u. a. zu dem verblüffenden Ergebnis gekommen, daß trotz der eindeutig nachgewiesenen Schädigung an Schleimhäuten überraschend wenig Versuchspersonen Symptome verspürten. McMahons Studie hatte auch gezeigt, daß eine Schädigung der Schleimhäute durch SLOW-K sich nicht in äußerlich feststellbaren Blutungen äußerte.

Es wäre aufschlußreich gewesen, wenn Aselton und Jick auch

untersucht hätten, ob ein Zusammenhang mit dem Auftreten gutartiger Geschwüre herzustellen war. Dieser Aspekt war nämlich Bestandteil von Jicks ursprünglichem Vorschlag vom August 1982 gewesen. Hatte vielleicht die Möglichkeit, daß unter Umständen ungünstige Ergebnisse gewonnen werden könnten, eine Rolle gespielt?

Wie dem auch sei, die Ergebnisse von Jick und Aselton spielten Ciba-Geigy in die Hände, und die Firma bemühte sich auch, sie wirkungsvoll zu nutzen. Dr. Jick wurde gebeten, sich »den 25. Februar und die Tage vom 28. Februar bis zum 2. März ausschließlich für Ciba-Geigys Vorbereitungen zum Treffen mit der FDA freizuhalten«. Als Programm für Freitag, den 25. März, war »ein Meeting der betroffenen Firmen und ihrer Berater vorgesehen ... damit man noch vor der Sitzung »relevante Informationen austauschen kann«. Einen Teil des 28. Februar sowie den ganzen 1. März »möchten wir ... für die Probe unserer Präsentationen verwenden«, wurde Dr. Jick unterrichtet.[110]

Jick wurde auch gebeten, ein 10-Minuten-Referat über seine Untersuchung vorzubereiten. Schließlich wurde ihm versichert, daß »Ihnen mit diesem Schreiben zugleich ein Beraterhonorar von $ 1000 pro Tag bestätigt wird. Wir vertrauen darauf, daß Sie uns auch weiterhin zur Verfügung stehen werden, um uns zu helfen, diese Angelegenheit auf ernsthafter wissenschaftlicher Grundlage aufgrund fundierter Daten zu klären.« Dr. Jick stand nun in Ciba-Geigys Diensten.[111]

Angesichts der Daten von Jick und Aselton sagte *The Lancet* für den 2. März ein ergebnisloses Treffen voraus. Man erwartete eine Vertagung der Entscheidung. Daher sei es wichtig – so die Zeitschrift –, daß die Behörde und die Firmen »den Ärzten empfehlen, grundsätzlich die Frage neu zu überdenken, ob ein Kalium-Präparat wirklich unbedingt nötig sei, und bei eindeutiger Indikation solle man es als Flüssigkeit verschreiben.«

Tatsächlich führte das Treffen vom 2. März zu einer paradoxen Situation: Auf der einen Seite gab es die von der Firma A. H. Robins finanzierte Studie von McMahon et al., die von der *Miami-Studie* bestätigt worden war, auf der anderen Seite zwei von Ciba-Geigy finanzierte Untersuchungen, die *Hershey II* von Dr. F. Jeffries, die durch die Ergebnisse von Dr. D. Earnest von der University of Arizona, Tucson, bestätigt wurden. Wie sich herausstellte, traf die

Voraussage von *Lancet* durchaus zu. Der Mangel an schlüssigem Beweismaterial verursachte bei der FDA Verwirrung und verzögerte administrative Maßnahmen. Von Ciba-Geigys Standpunkt aus gesehen, verlief die Präsentation vor der FDA sehr gut. Es unterblieb die Aufforderung, auf dem Beipackzettel irgendwelche vergleichenden Aussagen zu machen; es sollte lediglich auf existierende Studien hingewiesen werden, bis weitere Studien eine bessere Einschätzung ermöglichten. Ciba-Geigy war mit dem Ergebnis offensichtlich zufrieden.[112]

Weniger zufrieden war man allerdings darüber, daß in Großbritannien die Diskussion über SLOW-K weiterging. Im Februar 1983 schrieb Gillie noch einmal in der *Sunday Times* über SLOW-K. Diesmal kritisierte er die britische Behörde, weil sie einen Beipackzettel bewilligt hatte, in dem das Risiko von Geschwürbildung bzw. das erhöhte Risiko bei alten Menschen und Invaliden nicht erwähnt war, obwohl die Behörde zugegeben hatte, daß Berichte über vermutete Nebenwirkungen vorlagen.

»Doch Dr. Andrew Herxheimer, ein klinischer Pharmakologe am Charing Cross Hospital und Herausgeber des *Drug and Therapeutics Bulletin,* glaubt, daß eine ›riesige Zahl von Menschen‹, die SLOW-K nehmen (und ein ähnliches Produkt namens LEO-K), nicht darauf warten sollten, daß sich der Verdacht erhärtet«, hieß es in dem Artikel. Und Gillie erwähnte auch, daß Dr. Herxheimer allen, die kaliumhaltige Medikamente nehmen, rate, »beim nächsten Arztbesuch zu klären, ob die Medikamente wirklich erforderlich sind«.

Ciba-Geigy schrieb einen aufgebrachten Brief an die *Sunday Times* und brachte wieder ihre üblichen Argumente vor, nämlich daß das Präparat seit langem und weltweit im Gebrauch sei, und verlangte, daß diese Stellungnahme in vollem Wortlaut abgedruckt werde, da anderenfalls bei den Lesern ein verzerrter Eindruck des Sachverhaltes entstehen könnte. Die Zeitung erfüllte die Forderung jedoch nicht ganz und ließ den folgenden letzten Absatz weg:

> »Es ist gewiß nicht die Aufgabe eines Journalisten und eines einzelnen klinischen Pharmakologen, abschließende Bewertungen vorzunehmen und dabei die Tatsache zu ignorieren, daß in diesem Land für das Medikament ein überzeugender Sicherheits-

nachweis erbracht wurde, und dann, in den Spalten der *Sunday Times,* Patienten in ganz Großbritannien auf solche angstmacherische Weise Ratschläge zu erteilen.«

Ciba-Geigy wollte jetzt nur noch eine Feststellung gelten lassen: SLOW-K ist ein unbedenkliches Präparat. Der Außendienst sollte diese Behauptung verbreiten. Im März 1983 kam ein neues Informationspapier, ein *SLOW-K-Weißpapier,* zum Einsatz.[113] Die Schlußfolgerungen waren unmißverständlich:

1. Nach 8 Jahren Vertrieb und mehr als 5,6 Millionen in den USA registrierten Patientenjahren kann SLOW-K eine klinische Bilanz vorweisen, die von keinem anderen festen Kalium-Präparat erreicht wird.
2. Basierend auf den Hershey- und Tucson-Studien, besteht *kein Unterschied* zwischen SLOW-K und MICRO-K hinsichtlich signifikanter endoskopischer Veränderungen.
3. Diese Studien, die epidemiologische Studie, die Studie über den Blutverlust im Stuhl und Berichte von Nebenwirkungen belegen, daß *SLOW-K ein sicheres Präparat ist.*[114]

Trotz des »SLOW-K-ist-o.k.«-Slogans, der bis in alle Winkel des Ciba-Geigy-Imperiums hinaustrompetet wurde, bereiteten sich die Manager in Basel auf eine Schicksalswende vor. Das Lizenzabkommen vom 8. April 1983 mit der dänischen Pharma-Firma Alfred Benzon läßt auf eine ganz andere Stimmung als die im *SLOW-K-Weißpapier* anklingende schließen. Mit dieser Vereinbarung, Ergebnis der all die Zeit über geführten Verhandlungen, erhielt Ciba-Geigy die Rechte für den Vertrieb des Kalium-Produkts KALINORM (entspricht MICRO-K) in allen Ländern außer Skandinavien.

In der Vereinbarung verpflichtet sich Alfred Benzon, in Großbritannien und in den USA »so bald wie möglich und spätestens bis zum 31. Dezember 1984« in den Besitz einer Vertriebslizenz zu kommen. Alfred Benzon sollte auch eine Vergleichsstudie finanzieren und abschließen, die dem Aufbau der Studie von McMahon et al. von 1982 folgte und neben KALINORM auch SLOW-K und MICRO-K berücksichtigte. Ciba-Geigy behielt sich vor, diese Studie zu prüfen. Die Vereinbarung enthielt die folgenden Bedingungen:

»... daß die Verträglichkeit des vereinbarten Produkts *besser als*

> *Slow-K und nicht schlechter als die irgendeines anderen festen Kaliumchlorid-Produktes* ist [meine Hervorhebung], einschließlich Kapseln, die zum Zeitpunkt dieser Vereinbarung vertrieben werden ...«; »daß der Beipackzettel ... nicht ungünstiger ist als der anderer fester Kaliumchlorid-Produkte ..., die im selben Land vertrieben werden«;
> »daß das vereinbarte Produkt nicht durch die Gesundheitsbehörde in irgendeinem der betreffenden Länder vom Markt genommen wird ...«

Meiner Meinung nach enthüllt diese Vereinbarung die erhebliche Diskrepanz zwischen Ciba-Geigys offizieller Beteuerung der hervorragenden Qualität von SLOW-K und der Beurteilung der Zukunft des Produkts durch Ciba-Geigys Topmanager. Ich stellte mir die Frage, ob Ciba-Geigy im Besitz von vertraulichen, geheimgehaltenen Informationen war, die belegten, daß SLOW-K *nicht* das sicherste feste Kalium-Präparat war.

Wie dem auch sei, eine dritte Untersuchung am *Milton S. Hershey Medical Center (Hershey III)*[115] lieferte Ergebnisse, die neue Zweifel aufkommen ließen. Zufällig wurde Dr. Sobotkiewicz genau an dem Tag über diese Ergebnisse unterrichtet, an dem die KALINORM-Vereinbarung ratifiziert wurde. Die Prüfung fiel eindeutig ungünstig für SLOW-K aus. Von 15 Versuchspersonen, denen jeweils SLOW-K und MICRO-K gegeben wurde, lagen bei einer Versuchsperson der SLOW-K-Gruppe ein Magengeschwür und bei sechs Personen Veränderungen zweiten Grades vor. Dagegen hatte von den mit MICRO-K Behandelten niemand Geschwüre, und bei nur einer Person waren Veränderungen zweiten Grades festgestellt worden. Bei jeweils 15 Versuchspersonen, die mit flüssigem Kaliumchlorid und einem Placebo behandelt wurden, wurden weder Geschwüre noch Veränderungen zweiten Grades festgestellt.

Möglich, daß diese Ergebnisse der Überzeugung jener Personen bei Ciba-Geigy, die voll informiert waren, eher entsprachen als die überschwenglichen Slogans, die die Sicherheit von SLOW-K anpriesen.

Doch nichts davon vermochte Ciba-Geigys Verteidigungskurs ins Wanken zu bringen. In den USA wurde eine Werbekampagne für SLOW-K gestartet, die auf der »Erfahrungsbilanz« herumritt.

Zur gleichen Zeit wurden in Basel Marketing-Strategien für KALINORM ausgearbeitet.[116] Das Dokument enthält Daten über die Marktverhältnisse und Vergleiche mit Konkurrenzpräparaten und vermittelt wieder einen detaillierten Einblick in den Aufbau einer Marktstrategie.

Im Strategiepapier wird die Notwendigkeit erwähnt, das Kaliumpräparat auf den Markt zu bringen, da SLOW-K »nicht mehr allen Ansprüchen des Marktes gerecht wurde«. Die gute Verträglichkeit des mikroverkapselten Produktes (vom gleichen Typ wie MICRO-K) selbst in höheren Dosen und »die dauerhafte und optimale Freisetzung des Wirkstoffes« wurden besonders hervorgehoben. Die Hauptstränge der Strategie wurden wie folgt umrissen:

I. Ausbau unserer Position auf dem Markt für feste Kaliumformen.
II. *Angriff auf den Markt der Flüssigformen* [meine Hervorhebung].
III. Aktive Preispolitik.

Im Dokument drückte Ciba-Geigy die Hoffnung aus, durch entsprechendes Profilieren des neuen Produkts und durch eine vorteilhafte Preispolitik ihren Anteil auf dem Markt für Kalium-Präparate zu vergrößern. Man hoffte, den »innovativen Fortschritt von der dünndarmlöslichen KCl-Tablette zu SLOW-K« wiederholen zu können.

SLOW-K hatte den Markt für Kalium-Präparate auf dramatische Weise monopolisiert. 1982 war es Ciba-Geigys fünftwichtigstes Produkt mit einem Gesamtumsatz von 152 Mio. sfr, von dem 77% allein in den USA erzielt wurden. »Der zusätzliche Marktanteil, der durch die Einführung dazukommt, wird sich 1986 auf 23–39% belaufen. Das entspricht einem zusätzlichen Umsatz von 132–222 Mio. sfr (1986)«, prophezeite das Strategiepapier.

Offensichtlich war Ciba-Geigy auf dem Kalium-Markt für die Zukunft gut gerüstet. Aus den hier erwähnten und zitierten öffentlichen und vertraulichen Dokumenten ergeben sich folgende Prämissen für Ciba-Geigy:

- KALINORM ist so gut wie MICRO-K.
- KALINORM ist besser als SLOW-K.

Die logische Folgerung, daß MICRO-K besser als SLOW-K ist, wurde von Ciba-Geigy vermieden.

Die Verantwortung für die Sicherheit der Patienten wurde auf Aufsichtsbehörden abgeschoben. Es wurde ihnen überlassen, Licht in das Dunkel der Widersprüche zu bringen. Interne Überzeugung, Wissen und Daten wurden vertraulich gehalten. Jede Information, die nicht ausdrücklich gefordert wird, kann ohne rechtliche Konsequenzen zurückgehalten werden – das scheint bei Pharma-Unternehmen das Leitprinzip zu sein. Die Überwachungsbehörden, einschließlich der FDA, sind diesem Machtspiel offenbar nicht gewachsen, wie ein Artikel im *Wall Street Journal* vom Juli 1983 meint:

> »Die FDA hat in dem Dilemma, offenbar unvereinbare Daten in Einklang bringen zu müssen, nicht gehandelt. Als Dr. McMahons Arbeit letztes Jahr erstmals der FDA vorgelegt wurde, hat die Behörde Ciba und andere Hersteller von wachsbeschichteten Kalium-Substituten aufgefordert, die Studie zu wiederholen. Anfangs wollte dies niemand tun. Man kritisierte den Aufbau der Studie, und die FDA verfügt nicht über die Kompetenz, Studien zu erzwingen, wenn sie ein Medikament bereits zur Vermarktung zugelassen hat. Schließlich entwarf jede Firma ihre eigene Studie. Viele haben den Eindruck, daß die FDA mit ihren begrenzten Mitteln, der Aufgabe, im Handel befindliche Arzneimittel auf neu ermittelte Nebenwirkungen hin zu überwachen, nicht gewachsen ist. Dr. McMahon, zeitweilig Berater für einen Kongreß-Ausschuß zum Arzneimittel-Zulassungsverfahren, ist der Meinung, daß ein unabhängiges akademisches Zentrum geschaffen werden sollte, das den Gebrauch von verschreibungspflichtigen Arzneimitteln untersucht. ›Den USA und der [übrigen] Welt fehlt ein derartiger Beobachtungsmechanismus‹, meint er.«

SLOW-K wird immer noch in der ganzen Welt vertrieben. Obgleich sich die von der Firma A. H. Robins finanzierte Studie von McMahon et al. und ihre Bestätigung sowie die anschließende Werbekampagne von Robins auf Ciba-Geigys SLOW-K-Profite hätten nachteilig auswirken können, sind Ciba-Geigys Einnahmen aus dem Präparat nach wie vor beträchtlich. SLOW-K wird immer noch für Patienten verwendet, die überhaupt kein Kalium-Substitut benötigen, schon gar nicht ein festes.

In Ländern wie Ciba-Geigys Heimatland, der Schweiz, oder in

Schweden, Norwegen, Großbritannien, Finnland u. a. erwähnt die Firma in ihrer Produktinformation nicht, wie in den USA verlangt, daß SLOW-K ein Präparat ist, das nur von Patienten mit manifestem Kalium-Mangel genommen werden soll und nur, sofern sie flüssige oder brauseförmige Kalium-Präparat nicht vertragen.

Die Frage, ob das Risiko schwerwiegender Nebenwirkungen hoch oder sehr hoch ist, ist irrelevant im Fall von Arzneimitteln, die in den meisten Fällen, in denen sie benutzt werden, gar nicht notwendig sind. Relevant im Fall von SLOW-K ist die Tatsache, daß es ein unsicheres Arzneimittel ist, dessen Anwendung nur, wenn überhaupt, bei einer sehr begrenzten ausgewählten Patientengruppe gerechtfertigt ist. Da es selbst für diese wenigen Patienten Alternativen gibt (MICRO-K oder vielleicht andere Produkte, die besser verträglich sind), scheint es für den Gebrauch von SLOW-K wirklich keinerlei Rechtfertigung zu geben.

Von Ciba-Geigys Standpunkt aus ist der Konkurrenzkampf zwischen SLOW-K und MICRO-K noch nicht ausgefochten. Ciba scheint sich immer noch an den Grundsatz zu klammern, SLOW-K so lange wie zweckmäßig zu verteidigen. Offenbar will man die Marktposition von SLOW-K nicht einmal durch die Einführung von KALINORM gefährden, das, soweit bekannt ist, immer noch nur von Alfred Benzon in Skandinavien vertrieben wird, von Ciba-Geigy aber nirgendwo.

Wenn man für Ciba-Geigy die Maxime »Im Zweifel für den Angeklagten« geltend machen würde, ändert das auch nichts an der Situation. Wenn es Zweifel im medizinischen Bereich gibt, dann sollte das Äquivalent des Rechtsprinzips »Im Zweifel für den Angeklagten« eher für die Patienten gelten: »Im Zweifel für die Sicherheit des Patienten!«

Dem Arzt bei der Entscheidung helfen?

Kann man sich noch weiter von den Bedürfnissen und Erwartungen der Patienten entfernen? Wenn Sie sich in eine Fliege verwandeln könnten und eine Sitzung von abgekochten Marketing-Strategen belauschen, die darüber diskutieren, wie man die Marktposition eines Präparats festigen und verbessern kann, dann würden Sie diese Frage wohl mit Ja beantworten müssen. Dazu ist es aber gar nicht unbedingt nötig, die befremdliche Atmosphäre einer Produkt-Manager-Sitzung mitzuerleben, es genügt, sich einen Bericht darüber anzusehen. Dieses Kapitel enthält Auszüge aus einem solchen Bericht. Sie werden beim Lesen wahrscheinlich in Zweifel geraten, ob Sie hier noch Ihre gewohnten Wertmaßstäbe ansetzen können. Der Ausspruch »Dem Arzt bei der Entscheidung helfen!« z. B. ist herablassend, und außerdem steckt dahinter schlicht und einfach die Absicht, den Arzt zu veranlassen oder vielleicht sogar zu verführen, Ciba-Präparate zu verschreiben, koste es, was es wolle.

Vielleicht kann die folgende knappe, anekdotische Beschreibung eine Vorstellung vom Alltag in der Marketing-Abteilung eines Pharma-Unternehmens vermitteln.

Im März 1983 veranstaltete Ciba-Geigy ein internationales Produkt-Management-Meeting in Villars in der Schweiz, auf dem solche taktischen Maßnahmen diskutiert werden sollten. Das Thema lautete »Mit bestehenden Produkten Wachstum erreichen«. Was damit gemeint war, wurde ausdrucksstark auf dem Umschlag des Programms für das Treffen illustriert (siehe Abb.). Was der Mann in der Karikatur aus seiner Zitrone preßt, mag sehr wohl sauer schmecken. Hier eine Kostprobe von dem, was in Villars diskutiert wurde.[117]

Ciba-Geigy hatte einen »dominanten Marktanteil« im Bereich der Mittel gegen Depression (Anti-Depressiva) mit einem Marktanteil von 22%; doch in bestimmten Ländern ließen sich die Allgemeinmediziner nur schwer überzeugen, depressive Symptome routinemäßig medikamentös zu behandeln.

Ciba-Geigy sah die Lösung wieder in verfeinerter »Profilierung« verwandter Produkte. Zum Beispiel war LUDIOMIL (Wirkstoff:

International PM-Meeting

Achieving growth with existing products

Villars, March 13–18, 1983
CIBA-GEIGY

Maprotilin HCl) bis dahin als ein Präparat ausgewiesen worden, das vor allem in der Allgemeinpraxis bei mittelschweren oder larvierten Formen von Depression eingesetzt werden sollte. Jetzt sollten zusätzlich »Begleitdepression bei organischen Krankheiten« und »Altersdepression« in die den Allgemeinmedizinern empfohlenen Anwendungsgebiete aufgenommen werden. Das ältere, verwandte Präparat ANAFRANIL (Wirkstoff: Clomipramin) sollte dagegen weiterhin vom Facharzt bei schwerer Depression und Zwangszuständen und Phobien eingesetzt werden. Wegen seiner Wirkung bei schweren chronischen Schmerzzuständen wollte Ciba es darüber hinaus »vermehrt an den Allgemeinpraktiker herantragen«.

Für die »weitere Ausschöpfung des Potentials« dieser Präparate war eine »kombinierte Anwendung« geplant: »LUDIOMIL einmal täglich abends und ANAFRANIL einmal täglich morgens. Bei schweren Fällen: kombinierte Infusionstherapie.« Dies ist eine raffinierte Taktik, um Markt-Kannibalismus auszuschließen. Ob diese »kombinierte Anwendung« auch eine rationale medizinische Grundlage hat, wurde im Bulletin des Product Management Meeting nicht erörtert. Ebensowenig die »Segmentierung unserer Anti-Depressiva«, wie das Profilierungsverfahren bezeichnet wurde. Es wurde auch nicht darüber gesprochen, ob es überhaupt gerechtfertigt war, Allgemeinmediziner zu veranlassen, sich auf das psychiatrische Gebiet der depressiven Erkrankungen zu begeben, deren Behandlung alles andere als unproblematisch ist.

Ciba-Geigy war auch weltweit der Marktführer bei Anti-Epileptika. Auf diesem Gebiet hatte sie 1983 sogar einen Marktanteil von 26%, davon 18% mit ihrem Anti-Epileptikum TEGRETOL (Wirkstoff: Carbamazepin).

In Villars kam die Auffassung einiger »Opinion-leaders« zur Sprache, daß TEGRETOL bei 40% aller Epilepsie-Fälle als Medikament erster Wahl gelten könne. Für TEGRETOL gab es also eine Marktlücke zu füllen zwischen dem de facto vorhandenen Anteil von 18% und dem theoretisch möglichen von 40%. Man mußte also – und das setzte man sich als vorrangiges Ziel für den Bereich der Anti-Epileptika – eine andere Kategorie von Anti-Epileptika (die Hydantoine) vom Markt verdrängen.

Den wesentlichen Schlüssel zur Erreichung dieses Zieles sah man darin, die Ärzte dazu zu bringen, bei neu diagnostizierten Fällen von Anfang an TEGRETOL zu verschreiben. Eine amerikanische Studie habe gezeigt, daß es äußerst schwierig sei, eine Behandlung umzustellen, wenn ein Patient sich erst einmal gut darauf eingestellt hat. Patient wie Arzt sähen dann in einer Umstellung ein unnötiges Risiko. »Ciba-Geigy muß daher die Chance nützen, daß bei der Einstellung frischer Fälle von Epilepsie TEGRETOL eingesetzt wird.«

Als weitere wichtige Marketing-Aspekte wollte man durch gezielte PR-Maßnahmen, genannt »Serviceleistungen«, den Firmennamen und den Markennamen »TEGRETOL« bekanntmachen. Zielgruppen waren nicht nur die Ärzte, sondern auch Patienten und Eltern epileptischer Kinder. »Die Unterstützung der ganzen Sorgemaßnahmen für den Epileptiker und die enge Zusammenarbeit mit den nationalen antiepileptischen Vereinigungen haben sich als bedeutende Imagebildner für Ciba-Geigy bewährt.«

Da der Wirkstoff von TEGRETOL nicht mehr patentgeschützt war, hatten ihn auch andere Hersteller übernommen. Neue Applikationsformen sollten als »Verteidigungsmaßnahme gegen die Generics« – dazu dienen, aufkommende Konkurrenz zu bremsen: eine »originelle Slow-release-Form«, eine Sirupform und eine Kautablette für Kinder.

Ciba-Geigy betrachtete die neuen Präparate für Kinder als eine »Gelegenheit, den Lebenszyklus von TEGRETOL zu verlängern, indem man die Durchdringung des pädiatrischen Sektors verstärkt«.[118]

Schließlich wurden auf dem Treffen in Villars Hoffnungen geäußert, die einen völlig neuen Anwendungsbereich für TEGRETOL bei der Behandlung von psychischen Beschwerden und sogar psychotischen Krankheiten betrafen. »Schlußfolgerung: zwei kleine Zielgruppen (Neurologen und Psychiater) mit großem Verschreibungspotential!« heißt es im Villars-Bericht.

Im Bereich der Herz-Kreislauf-Krankheiten lagen Diuretika 1982 weltweit immer noch an der Spitze mit einem Gesamtumsatz von 2800 Mio. sfr. Doch Beta-Blocker folgten dicht dahinter mit einem Umsatz von 2700 Mio. im selben Jahr. Inzwischen haben die Beta-Blocker die Diuretika überholt. Der Wachstumstrend bei den Verschreibungen machte bereits 1982 die Voraussage dieser Entwicklung möglich: Diuretika + 5%, Beta-Blocker + 24%.[119]

Das britische Pharma-Unternehmen ICI war schon seit langem der

Marktführer bei Beta-Blockern und hatte es durch kommerzielles Draufgängertum geschafft, das neue Präparat TENORMIN (Wirkstoff: Atenolol) erfolgreich einzuführen, ohne ihr eigenes bereits etabliertes Präparat INDERAL (Wirkstoff: Propranolol) durch »Kannibalismus« zu gefährden.

Verglichen mit dieser Leistung von ICI, hielt Ciba-Geigy die Marktdurchdringung ihrer Beta-Blocker TRASICOR (Wirkstoff: Oxprenolol) und LOPRESOR (Wirkstoff: Metoprolol) für eher bescheiden. Den außerordentlich guten Start von ICIs neuem Produkt schrieb Ciba dem großzügigen Marketing zu: »Das internationale Symposium, das ICI in Monaco veranstaltete, soll allein schon an die 4 Millionen Dollar gekostet haben. Zweifellos eine sehr aufwendige Investition, die sich jedoch offensichtlich gelohnt hat!« So lautet ein (vielleicht neidischer) Kommentar aus Villars.

Als weitere Gründe für ICIs Erfolg wurden die folgenden Faktoren erwähnt: marketingorientierte klinische Prüfungen, aggressive Bearbeitung des Krankenhaus-Markts und eine weltweit abgestimmte Promotion.

Ciba-Geigy beherzigte offenbar die Lehre aus ICIs Erfolg. Ihre Schlußfolgerungen: »Bei so einem konkurrenzstarken Markt müssen an der richtigen Stelle ausreichende Werbemittel investiert werden, um angesichts der Höhe des allgemeinen ›Geräuschpegels‹ überhaupt gehört zu werden.« Man war sich auch einig, daß eine einheitliche Vorgehensweise bei Marketing und Werbung von Vorteil sei.

Man lernte auch noch eine weitere Lektion von ICI. Im Fall des Präparats TENORMIN war es möglich, tatsächlich ein Bedürfnis für genau jene Produkteigenschaft zu schaffen, die TENORMIN eindeutig von den Konkurrenzpräparaten abhob. Obwohl die besagte Eigenschaft, die von ICI hervorgehoben wurde, Ciba-Geigy zufolge keinerlei klinische Bedeutung hatte, gab sie dem Produkt gleichwohl den Anschein besonderer Sicherheit.

Der Weltmarkt für Beta-Blocker wuchs jährlich rasant um 26% – während Ciba-Geigys Wachstum auf diesem Sektor nur 18% betrug. Also kam man in Villars zum Schluß, daß man in diesem außerordentlich wichtigen Sektor »aggressiver« vorgehen müsse.

Statt eines Generalangriffs auf den Markt insgesamt setzte Ciba-Geigy wieder einmal auf Erfolg durch »Segmentierung« und »zweigleisige Strategien«. TRASICOR mit all seinen Kombinationen wurde strategisch als ein Präparat für »Hypertonie bei alternden Menschen« profiliert. Die strategischen Ziele lauteten: »alte Kombi-Produkte ersetzen«, »ALDOMET ersetzen« (Wirkstoff: Methyldopa, ein wichtiges Konkurrenzpräparat von Merck, Sharp & Dome) und »bei den älteren Menschen den Sicherheitsaspekt des richtigen Beta-Blockers verstärken«.

LOPRESOR und seinen Kombinationen wurde das Image eines Medikaments für »leichte Hypertonie« und »Frühbehandlung« verliehen. Die Ziele hießen: »Diuretika ersetzen«, »Ärzte von den Langzeit-Vorteilen der Beta-Blocker überzeugen« und »LOPRESOR mit diesem wichtigen Bereich (der Therapie von Hypertonie) identifizieren«.

Schlußfolgerung:
- sich für jede Stoßrichtung auf *ein* Produkt konzentrieren;
- ein deutliches Profil für jedes Präparat schaffen;
- *dem Arzt bei der Entscheidung helfen,* [meine Hervorhebung];
- dadurch Werbeausgaben reduzieren.

CIBACALCIN (das synthetische menschliche Hormon Calcitonin) wurde bis anhin nur für eine einzige Indikation verwendet, nämlich für eine seltene degenerative Knochenkrankheit namens Paget-Krankheit.

Ciba-Geigy hatte aus PR-Gründen erfolgreich auf dieses Medikament aufmerksam gemacht, um sich als ein verantwortungsbewußtes pharmazeutisches Unternehmen hervorzuheben, das in Forschung und Entwicklung investiert und dabei nicht in erster Linie an Profit denkt. Doch diese Selbstlosigkeit war wohl nur ein günstiges Nebenprodukt einer ansonsten als lästig empfundenen Beschränkung, die man bald zu überwinden hoffte:

> »Sofern es uns gelingt – und die Erwartung scheint medizinisch gerechtfertigt –, die Zulassung des Produkts für die Behandlung von Osteoporose [Sprödigkeit der Knochen meist im hohen Alter] und für die Behandlung von Knochenkrebs zu bekommen, könnte CIBACALCIN in wenigen Jahren in die Spitzengruppe der Ciba-Geigy-Produkte aufrücken.«

Die Entwicklung einer neuen Applikationsform von Nitroglyzerin, einem Arzneimittel, das seit 1879 bei Angina pectoris verwendet wird, ist ein klassisches Beispiel dafür, wie einem alten Medikament durch eine technische Neuerung ein neues Marktpotential verschafft wird. Die Innovation bestand darin, daß Nitroglyzerin jetzt durch die Haut mittels eines sogenannten transdermalen therapeutischen Systems (TTS) verabreicht wurde. Ciba-Geigy lancierte die neue Form 1982 unter dem Namen NITRODERM TTS. Das Präparat entwickelte sich zu einem ungeheuren kommerziellen Erfolg. Es erreichte noch im Jahr seiner Einführung einen Umsatz von 26 Mio. sfr. 1984 stand der Umsatz schon bei 300 Mio. sfr.

Das neue Produkt war ein nitroglyzerinhaltiges Pflaster. Der Wirkstoff wird von der Haut aufgenommen und über einen längeren Zeitraum hinweg in die Blutbahn freigesetzt. Doch die Nützlichkeit einer solchen Darreichungsform des Präparats war vor der Lancierung offenbar nicht ausreichend genug untersucht worden. Bei Ciba-Geigy selbst hatte man Zweifel und sah in Villars Probleme voraus: »Wenn die anfängliche Begeisterung über die technische Neuheit abgeebbt ist, müssen wir damit rechnen, daß einige Ärzte dokumentierte Wirkungsnachweise bei Langzeit-Anwendung verlangen, Daten, die wir mit allerhöchster Priorität beschaffen müssen.«

In der Schweiz ließ sich Ciba-Geigy zu einem etwas unseriösen Marketing hinreißen. Als NITRODERM TTS dort eingeführt wurde, wurden die Kosten nicht von den Krankenversicherungen ersetzt, was ein wesentliches Hindernis für einen kommerziellen Erfolg bedeutete. Ciba-Geigys Division Pharma gab bei der angeblich unabhängigen Firma Health Econ eine Kosten-Nutzen-Analyse in Auftrag. Der Zufall wollte es, daß der Direktor von Ciba-Geigys Division Pharma, Jean Orsinger, und der stellvertretende Direktor der Pharmapolitik, Prof. Dr. Walter von Wartburg, Aufsichtsratsmitglieder bei Health Econ waren. Die Analyse ergab, daß die Behandlung durch NITRODERM TTS billiger sei als andere Therapien zur Verhinderung eines Reinfarkts. Der Bericht wurde im Februar 1983 der schweizerischen Heilmittelkontrollstelle vorgelegt. In der Folge wurde NITRODERM TTS als kostenerstattungswürdig durch die Krankenkassen anerkannt und erzielte daraufhin den kommerziellen Durchbruch. Doch ist die Prämisse, von der Health Econs Beurteilung ausgeht, etwas verwirrend: Ein Nitroderm-Pflaster kostete damals 1,90 sfr. Aber obwohl

Ciba-Geigy die Benutzung *eines* Pflasters pro Tag empfiehlt, ging Health Econ in ihren Berechnungen von einem durchschnittlichen Kostenaufwand von 1,40 sfr pro Tag aus.*

Wenn man solche Marketing-Strategien unter die Lupe nimmt, wird das stereotype Muster deutlich. Man stößt auf die ständige Wiederholung der immer gleichen Argumente. Die Faszination des Neuen nutzt sich für den Leser schnell ab, und es bleibt nur der beunruhigende Eindruck von abgestandenem, aber ausgekochtem Zynismus des Marktes.

Ein weiteres Beispiel für die Denkweise in der Marketing-Abteilung ist die im *Product Management Bulletin* vom September 1983 festgehaltene Diskussion darüber, wie dem Medikament ORIMETEN, auch bekannt als CYTADREN (Wirkstoff: Aminoglutethimid), eine Position auf dem Weltmarkt zu verschaffen sei. ORIMETEN ist ein Präparat gegen Brustkrebs, das 1981 auf den Markt gebracht wurde. Es sollte in den meisten Industrieländern eingeführt werden, in denen es nicht schon auf dem Markt war (im Laufe von 18 Monaten ab September 1983).

Ciba-Geigys Produkt-Manager sahen im wesentlichen drei verschiedene Möglichkeiten, ihr Präparat auf dem Markt zu plazieren. Eine Möglichkeit bestand darin, ORIMETEN als eine Therapie für Frauen zu profilieren, bei denen die Krebserkrankung so weit fortgeschritten war, daß bereits die Knochen und Lymphknoten befallen waren. ORIMETEN wäre dann das Medikament der ersten Wahl, was ihm ein »gutes Image« geben würde, doch wäre diese Version mit »hohen Werbekosten« verbunden.

Die zweite Möglichkeit sah vor, das Präparat als Therapie der zweiten Wahl zu profilieren, bei jenen Tumoren, die nicht auf den stärksten Konkurrenten von ORIMETEN ansprechen. Das Image eines Medikaments zweiter Wahl war zwar nicht so gut, doch die Werbung

* *Anmerkung der Herausgeber:* In der Zwischenzeit scheinen sich Ciba-Geigys anfängliche Zweifel bezüglich der Wirksamkeit von NITRODERM TTS durch andere Studien bis zu einem gewissen Grad bestätigt zu haben.[120] Es ist außerdem wahrscheinlich, daß solche Präparate zur Gewöhnung an Nitroglyzerin führen könnten, was die weitere Behandlung des Patienten erschweren oder ein Nachlassen der Wirkung bewirken würde, ganz gleich, in welcher Form es verabreicht wird. Die »neue Ära für Herzinfarkt-Patienten« ist noch nicht angebrochen.

wäre in diesem Fall weniger aufwendig, und ORIMETEN könnte vom Marketing-Erfolg des Konkurrenzpräparates profitieren.

Die dritte Möglichkeit bestand in einer Kombination der beiden ersten. Das würde das Umsatzpotential gegenüber der ersten Möglichkeit um 150% und gegenüber der zweiten um 70% vergrößern und ein »gutes Image« ergeben. Doch dafür wären hohe Investitionen erforderlich.

Diese grobe Skizzierung der Diskussion um ORIMETEN läßt keinen Zweifel daran, daß es sich hier um eine reine Kosten-Nutzen-Analyse handelt – die Kosten und Nutzen für Ciba-Geigy. Die medizinisch optimale Behandlung für Frauen mit Brustkrebs wurde von den Produkt-Managern nicht erörtert. Das sei nicht ihre Aufgabe, würden sie wahrscheinlich argumentieren – es liege außerhalb ihrer Kompetenz und ihrer Verantwortung. Sie seien Verkäufer, nicht Wissenschaftler. Sie müssen ein Produkt verkaufen, nicht den guten Samariter spielen. Es sei nur ein Job, und sie müßten, wie jeder andere auch, ihren Lebensunterhalt verdienen.

Kann man Verantwortung wirklich so leicht abschieben? Was bleibt dann zwischen den Forschungslabors und dem Markt auf der Strecke? Die Wissenschaftler würden nämlich ihrerseits argumentieren, daß sie mit den Mitteln und Methoden der Vermarktung nichts zu tun hätten und nicht dafür verantwortlich seien. Die Informationsschnipsel, auf die sich dieses Kapitel stützt, können ohne Zweifel nur ein vereinfachtes Bild ergeben. Die Realität des Managements sieht sicher sehr viel komplexer aus. Doch Komplexität vergrößert die Möglichkeit, Verantwortung zu streuen, was zu einer Katastrophe führen kann, wie die Geschichte immer und immer wieder gezeigt hat. In diesem Fall kommt einem wieder Talleyrand in den Sinn. Wir können sagen: Eine Medikamententherapie vorzuschlagen ist eine viel zu ernste Angelegenheit, als daß man sie Marketing-Managern überlassen darf.

Und warum empfängt die Ärzteschaft so dankbar die Botschaften, die in den Büros des Produkt-Managements ausgeklügelt werden? Warum lassen sich die Ärzte von Marketing-Strategen so gönnerhaft behandeln? Warum lassen sie zu, daß Marketing-Strategen »dem Arzt bei der Entscheidung helfen«?

Ein Blick nach Süden

Unter widrigen Verhältnissen hat der Schwächste am meisten zu leiden. Wenn es um die Schattenseiten der Medizin und des Pharma-Marktes geht, ist das nicht anders. Die Probleme der modernen Pharmazeutika wirken sich in den armen Ländern aufgrund der dort herrschenden Verhältnisse – Unterernährung, Analphabetismus, schlechte Infrastruktur – besonders schlimm aus. Es ist daher dringend nötig, zu untersuchen, welche Folgen die Aktivitäten der Pharma-Industrie dort im Süden haben. In diesem Kapitel kann dieses brisante Thema nur ansatzweise erörtert werden, es soll zu weiterer Lektüre und zum Handeln anregen. Anhand der wenigen hier geschilderten Erfahrungen wird jedoch hinreichend klar, daß das Verhalten der Pharma-Unternehmen im Süden nichts weiter als eine Fortsetzung ihres hier beschriebenen Verhaltens ist. Ebenso wie sie sich die Schwachstellen der europäischen und nordamerikanischen Gesundheitsbehörden zunutze machen, nutzen sie auch die Schwachstellen in den Ländern der Dritten Welt aus. Gesetze scheinen dabei meist nur insofern von Interesse zu sein, als sie Lücken aufweisen oder nicht zur Anwendung kommen. Daß das Ausmaß der Mängel im Süden größer ist, hat seine Ursache in der Kolonialzeit. Kolonialismus gehört aber keineswegs der Vergangenheit an. Abgesehen davon haben wir es heute mit neuen Varianten des Kolonialismus zu tun, und eine davon ist der »Arzneimittel-Kolonialismus«.

22. September 1979, 21 Uhr. Nachdem ich die klimatisierte Kabine der Maschine verlassen hatte (die gerade in Kano, der nördlichen Hauptstadt Nigerias, gelandet war), brauchte ich nur fünfzig Meter zu laufen, bis mir das Hemd vor Feuchtigkeit und Hitze am Körper klebte.

Ich war nach Nigeria gekommen, um mich über die Verfügbarkeit und Verbreitung von Medikamenten an der Basis zu informieren. Zunächst einmal ist klar, daß allein schon das Klima besondere Anforderungen an die Handhabung von Arzneimitteln stellt. Wie in vielen Ländern der Dritten Welt ist auch in Nigeria die Kühlung der Medikamente ein Problem. Zum Beispiel: Aktiver Polio-Impfstoff muß bei einer Temperatur von $-20°C$ gelagert werden. Ein Apotheker schrieb 1969, daß er nicht glaube, daß irgendein nigerianischer Lieferant einen Kühlschrank besitze, der diese Kühltemperatur erreichen kann. Stromausfälle sind häufig, so daß Kühltransport- und -lagerung in einem Entwicklungsland kaum möglich sind. Das hat zur Folge, daß die Medikamente, wenn sie schließlich den Patienten erreichen, ihre Wirkung verloren haben und sogar schädlich sein können. Auch scheint man dem Verfallsdatum von Medikamenten wenig Aufmerksamkeit zu schenken. Nicht selten passiert es auch, daß importierte Arzneimittel schon vor Abschluß der langwierigen Zollformalitäten verderben.

Bestechung verschlimmert die ohnehin schon bestehenden Probleme. Während meines Aufenthaltes stieß ich auf eine Zeitungsmeldung, die von der Verhaftung eines Zollbeamten berichtete, der, wie man entdeckt hatte, bereits zwei Jahre nach seiner Einstellung im Jahr 1977 über 120 000 Naira (etwa 170 000 US-$) auf seinem Bankkonto angehäuft hatte.

Im Verlauf meiner dreiwöchigen Reise durch Nigeria fand ich wiederholt bestätigt, was schon viele vor mir berichtet hatten: Man konnte so gut wie jedes gewünschte Arzneimittel kaufen, wenn man nur genug Geld hatte. Selbst in entlegenen ländlichen Gebieten war es möglich, Arzneimittel von reisenden Hausierern zu kaufen. Doch konnte man nie sicher sein, was die Packungen tatsächlich enthielten. Mir wurde erzählt, daß in Krankenhäusern und Apotheken, selbst in staatlichen, viel gestohlen wurde. Die gestohlenen Medikamente gelangen letztendlich vermutlich schon zu den Verbrauchern, doch wer weiß, in welchem Zustand und in welcher Form.

Arzneimittelpackungen enthalten oft nicht nur verdorbene Medikamente, sondern auch Fälschungen. Leere Arzneimittelflaschen tauchen garantiert innerhalb kurzer Zeit auf dem »freien Markt« mit neuem und unbekanntem Inhalt wieder auf.

Fachleute, die mit den Verhältnissen in Nigeria vertraut sind, machen im wesentlichen »die Disziplinlosigkeit der Ärzteschaft, den Mangel an Apothekern und Drogisten und die politische und soziale Machtstruktur« dafür verantwortlich. Laurence Ndika, Professor der Pharmakologie, z. B. verwarf mit resignierter Geste den Vorschlag, die Einfuhr von unnötigen und gefährlichen Produkten zu verbieten, da mächtige Einflüsse eine Durchsetzung unmöglich machen würden. Und was den Mangel an Disziplin unter Ärzten betrifft, so nannte ein Soziologe von der University of Ahmadu Bello in Zaira konkrete Beispiele, wie Ärzte und Apotheker gemeinsame Sache machen, um sicherzustellen, daß die teuersten Arzneimittel von den Krankenhäusern gekauft werden, und anschließend teilen sie sich die Profite.

Besonders interessiert war ich natürlich, zu erfahren, in welchem Maße Oxychinolin-Präparate erhältlich waren. Und schon während der ersten Tage meines Aufenthaltes in Nigeria bestätigten sich meine schlimmsten Befürchtungen. ENTERO-VIOFORM und MEXAFORM waren so gut wie überall zu bekommen. Von den Ärzten, die ich traf, hatte kaum einer von SMON gehört. Und wenn doch etwas darüber bekannt war, dann war es ausnahmslos Ciba-Geigys Version des Falles: »Eine japanische Krankheit«, »keine Fälle außerhalb Japans«, »keine Probleme in Nigeria« usw. So unbekannt die Nebenwirkungen von Oxychinolin den Ärzten und Apothekern waren, so bekannt waren, soweit ich das feststellen konnte, die Oxychinolin-Produkte wie ENTERO-VIOFORM und MEXAFORM bei der Bevölkerung. Viele Personen bestätigten mit offensichtlicher Befriedigung, daß dies genau die Arzneimittel seien, die sie zu Hause hätten und die immer benutzt würden, wenn jemand an Durchfall litt. Im nigerianischen Arzneimittelverzeichnis waren über 20 Oxychinolin-Produkte aufgeführt – von verschiedenen Herstellern, Ciba-Geigy eingeschlossen. Einige davon waren unsinnige Kombinationen von Oxychinolin und anderen Inhaltsstoffen, die für die Behandlung einfachen Durchfalls ebenfalls nicht empfehlenswert waren. Ein Beispiel war ENTOMARCOL, hergestellt von der dänischen Firma Marcopharm Laboratories. Zusätzlich zu Clioquinol enthielt es Streptomycin, Chloramphenicol und zwei Sulfonamide – alles antibakterielle Stoffe, die bei einer Behandlung von unspezifischem Durchfall nicht gerechtfertigt sind.

Mein Gefährte, Björn Kumm, der mir bei meiner Reise mit seiner detaillierten Landeskenntnis eine große Hilfe war, besuchte nach unserer Rückkehr die Marcopharm Laboratories in Kopenhagen. Er interviewte den Geschäftsführer Ulrik Hegelund und den Export-Manager Gunnar Skovbo für eine Dokumentarsendung des dänischen Radios, die sich mit Arzneimitteln in der Dritten Welt befaßte und den Titel *Der unbarmherzige Samariter* hatte. Die Manager behaupteten, nichts von den ernsten Schäden zu wissen, die Clioquinol und Chloramphenicol verursachen konnten. Wie sich herausstellte, hatte sich diese Firma seit 35 Jahren darauf spezialisiert, Arzneimittel ausschließlich für den Export herzustellen. Über 90% wurden in der Dritten Welt abgesetzt.

»ENTOMARCOL wird natürlich nicht in den Industrieländern verwendet«, gab Herr Hegelund zu. Ist da denn nicht eine Doppelmoral im Spiel, wenn ein solches Produkt in der Dritten Welt verkauft wird? »Nein, nein ... ganz und gar nicht. Diese Sache hat nichts mit unserer Moral zu tun. Wir verkaufen, was einige Leute kaufen wollen und was in dem fraglichen Land legal verkauft werden kann«, lautete die Antwort. Sie waren der Ansicht, daß die medizinische Verantwortung bei der Arzneimittel-Überwachungsbehörde des Importlandes läge.

»Lesen Sie denn keine medizinischen Berichte über Nebenwirkungen?« fragte Björn Kumm.

»Wir verkaufen Arzneimittel. Wir lesen keine Berichte«, lautete die ungeschminkte Antwort des Geschäftsführers.

»Sie sind also nur Geschäftsmann?«

»Ja, das streite ich nicht ab«, wurde mit einem Lachen bestätigt.

Zum Zeitpunkt des Interviews waren Clioquinol-Produkte in Dänemark bereits verboten. Die Verweigerung von Exportbewilligungen war nach dänischem Gesetz nicht möglich. Obwohl die dänischen Behörden lediglich bescheinigten, daß die Herstellerfabrik in gutem Zustand war, interpretierten die Behörden in der Dritten Welt dies als eine Billigung des Produkts, erklärte Herr Skovbo.

In Nigeria hatte ich Gelegenheit, mit Vertretern von Gesundheitsbehörden zu sprechen. Ich begriff, wie sehr sie durch die Bürokratie und hierarchische Strukturen behindert waren. Mr. J. O. Bankole von der Food and Drug Administration in Kaduna drückte es folgendermaßen aus: »Was kann ich schon in Kaduna ausrichten? Die entsprechenden Maßnahmen müssen in Lagos getroffen werden. Die endgültigen Entscheidungen müssen von den Politikern gefällt werden. Ich habe noch keine Warnungen bezüglich Oxychinolinen seitens der WHO gehört.«

Ciba-Geigys Geschäftsführer in Lagos, Mr. Nwanko, bezeichnete im Gespräch SMON wieder einmal als »ein auf Japan begrenztes Phänomen«. Er gab sogar seiner Überzeugung Ausdruck, daß »es ganz bestimmt gemeldet worden wäre, wenn sich hier in Afrika ein Fall dieser Art ereignet hätte« – in einem Land, wo die Menschen in der Mehrheit obskure Selbstmedikation betreiben und in ihrem ganzen Leben kaum jemals zum Arzt gehen!

Er weigerte sich auch, in irgendeiner Weise die Verantwortung für das zu übernehmen, was mit den Produkten geschieht, nachdem sie das Lager verlassen haben.

> ». . . wir sind da so gut wie machtlos. Doch bemühen wir uns, nur über Ärzte und Apotheken zu verkaufen, und wir vertrauen darauf, daß sie selbst wissen, wo sie die Trennungslinie zwischen Umsatz und Moral zu ziehen haben. Wir hoffen, daß wir Kollegen haben, die moralisch stark sind. Doch wenn es um den Vertrieb von Arzneimitteln in diesem Land geht, muß ich zugeben, daß das Gesetz *eine* Sache ist und was dann tatsächlich geschieht, eine völlig andere. Es sind zweifellos eher die Behörden, die die Verantwortung tragen, als wir von der Pharma-Industrie.«

Es scheint der Pharma-Industrie leichtzufallen, eine Laisser-faire-Haltung einzunehmen, wenn dies dem Profit zugute kommt. Andererseits scheint sie sehr einfallsreich darin zu sein, Mittel und Wege zu finden, Druck auf Regierungen von Ländern der Dritten Welt auszuüben, wenn diese Maßnahmen ergreifen, um ihren Arzneimittel-Markt zu rationalisieren – wie viele Beispiele aus Entwicklungsländern zeigen. Das berüchtigtste Beispiel hierfür ist die Reaktion der Industrie auf die Einleitung einer neuen Arzneimittel-Politik in Bangladesch im Jahre 1982.

Doch im Fall von Oxychinolin geht es nicht darum, zu kontrollieren, *wie* das Präparat nach dem Verkauf gebraucht wird, sondern dieses nutzlose und gefährliche Präparat gar nicht mehr anzubieten.

Es besteht keine Möglichkeit festzustellen, wie viele Kinder täglich als Folge einer falschen Behandlung mit Oxychinolin-Medikamenten, Sulfonamiden, Tetracyclin oder anderen ungeeigneten Präparaten an Durchfall sterben. Dr. Dorothy Esangbedo von der Kinderabteilung von der Lagos-Universitätsklinik ist nicht die einzige, die bezeugen kann, daß solche »Tragödien an der Tagesordnung sind«.

Als einer der wenigen Mitglieder der nigerianischen Ärzteschaft hat der Kinderarzt Dr. Ransome Kuti, Professor in Lagos, versucht, eine kritische und selbstkritische Debatte darüber in Gang zu bringen, wie Arzneimittel verwendet und welche überhaupt benötigt werden. Seine Kritik an den Pharma-Firmen und den Politikern ist scharf und bitter. Doch am kritischsten ist er, wenn es um seine eigenen Berufskollegen geht, um die Ärzte: »Wir werden zu Tode bestochen.«

Von Nigeria aus reiste ich weiter nach Kenia, wo die Lage, wie ich feststellte, mehr oder weniger die gleiche war. Während dieses Besuches und bei einem späteren im Frühjahr 1980 entnahm ich den Berichten von Kollegen aus anderen afrikanischen Ländern, daß anscheinend auch in den meisten übrigen Ländern Afrikas ähnliche Verhältnisse herrschten! In den Zentren wie in den unzugänglichen Teilen des Kontinents litten die Länder an unzureichenden wirtschaftlichen Ressourcen sowie an einem Mangel an medizinischer und organisatorischer Kompetenz und Kontrolle. Wer habgierig ist und diese Mängel ausnützen möchte, hat dazu reichlich Gelegenheit. Überall grassiert Korruption. Ich habe von Beamten gehört, die Schlüsselpositionen im Gesundheitsministerium besetzten und gleichzeitig in enger Beziehung zu heimischen Importgesellschaften standen. Das kann z. B. so aussehen, daß die Frau eines Beamten die offizielle Eigentümerin und Chefin einer Firma ist.

Der Chef eines großen multinationalen Pharma-Unternehmens erzählte mir folgende Geschichte über einen Professor am Kenya National Hospital, der an einem Kongreß in Paris teilnahm:

> »Wir waren zu sechst und hatten uns gerade zu einer Besprechung zusammengesetzt, und ich mußte innerlich lachen, als ich herausfand, daß fünf meiner Kollegen von fünf verschiedenen Firmen an diesem Tisch ein Erste-Klasse-Flugticket für ein und denselben Mann bezahlt hatten, damit er am Kongreß teilnehmen konnte.«

Wie in Nigeria konnte ich auch in Kenia ohne Schwierigkeiten Oxychinolin-Produkte wie ENTERO-VIOFORM und MEXAFORM als freiverkäufliche Präparate erstehen. In Nairobi entdeckte ich ENTERO-VIOFORM sogar in einem gewöhnlichen Supermarkt im Stadtzentrum. Als ich Gelegenheit hatte, den Direktor des Gesundheitsdienstes, Dr. Karuga Koinange, über das Oxychinolin-Problem zu unterrichten, wies er darauf hin, daß das Gesundheitsministerium vorhatte, in nächster Zukunft die derzeitigen gesetzlichen Vorschriften so zu ergänzen, daß die Zulassung aller neuen Arzneimittel verlangt wird (ob im Land hergestellt oder importiert), was, wie er hoffte, »die meines Erachtens unnötig große Zahl von Medikamenten in diesem Land« reduzieren würde.

Es überrascht nicht, daß Ciba-Geigy im gleichen Zusammenhang völlig anders reagierte, nämlich mit massiver Rechtfertigung, als in einem Artikel der *Sunday Nation* im März 1980 öffentlich auf das Problem hingewiesen wurde. Der Artikel war von Dorothy Kweyu geschrieben, einer Journalistin, die ich zuvor kennengelernt hatte. Zusammen waren wir in eine Drogerie gegangen und hatten nach einem Mittel gegen Durchfall gefragt. Uns wurde sofort ENTERO-VIOFORM angeboten, und wir konnten es ohne jegliche Formalitäten kaufen. Dies veranlaßte sie, ihren kritischen Artikel zu schreiben, der einige Unruhe und heftige Kontroversen verursachte. An jedem der folgenden drei Sonntage brachte die *Sunday Nation* weitere Artikel über das Thema Oxychinolin. Darüber hinaus wurde Mrs. Kweyu gebeten, über das Thema mit den Ciba-Geigy-Managern Klaus Leisinger, Stanley Mokaya und Preiswerk am Firmensitz von Ciba-Geigy in Nairobi zu diskutieren. Die Niederschrift der aufgezeichneten Unterhaltung veranschaulicht wieder einmal Ciba-Geigys Verteidigungsstrategie.

Das Interview wurde von Dr. Leisinger beherrscht, der erklärte, daß das Treffen Fehler und irreführende Behauptungen in Mrs. Kweyus Artikel richtigstellen solle, »die bei Ärzten und Patienten Zweifel hervorrufen oder Ängste schüren könnten, die überhaupt nicht gerechtfertigt sind«. Ciba-Geigy habe daher eine Pressemitteilung vorbereitet, in der man die »vollständige Geschichte« von SMON darstellen wolle. Mit anderen Worten, die Journalistin sollte überzeugt werden, daß ihre Kritik an Oxychinolin unbegründet sei. Sie ihrerseits versuchte, konkrete Antworten auf spezifische Fragen zu bekommen, was ein ziemlich schwieriges Unterfangen sein kann, wenn man mit abgebrühten Ciba-Geigy-Vertretern spricht.

Als sie fragte, ob es Prüfungen bezüglich der Sicherheit von Oxychinolin gegeben habe, bevor es auf den Markt gebracht wurde, antwortete man mit allgemeinen Ausführungen über normale Verfahren, die bei allen Medikamenten-Tests angewandt werden, und schließlich gab Dr. Leisinger die Versicherung, daß Tests mit Oxychinolin durchgeführt worden seien und daß sie »sicher genug seien, um die Zulassungsbehörden und uns zu überzeugen«. Es wurde ferner behauptet, daß SMON unvorhersehbar gewesen sei und erst an die zwanzig Jahre nach der Einführung aufgetreten sei. Es wurde abermals darauf hingewiesen, daß bei 15% der japanischen SMON-Fälle eine Einnahme von Oxychinolin vor dem Ausbruch von SMON nicht nachgewiesen werden konnte. Die Tatsache, daß nach dem Verbot von Oxychinolin in Japan keine neuen SMON-Fälle mehr auftraten, ließ sich nach Ciba-Geigys Auffassung durch die Annahme erklären, daß »vorher überdiagnostiziert und nachher unterdiagnostiziert wurde«.

In bezug auf die gerichtlichen Vergleiche in Japan und die Entschädigungen, die Ciba in der Folge gezahlt hatte, sagte Leisinger: »Die Tatsache, daß wir einem Vergleich zugestimmt haben, heißt nicht, daß Clioquinol SMON verursacht hat. Die Tatsache, daß wir bezahlt haben, heißt lediglich, daß wir zugeben, daß es bei einigen SMON-Patienten Nebenwirkungen durch Clioquinol gegeben hat. Und ich möchte, daß dieser Punkt genauso aufgeschrieben wird, wie ich es gesagt habe...« Als er diese Stellungnahme wiederholte, um es Mrs. Kweyu noch eindringlicher klarzumachen, fügte er hinzu, um jegliches Mißverständnis auszuräumen: »Wir geben nicht zu, daß Clioquinol SMON verursacht hat.« Er ritt weiter auf dem Argument herum, daß »Patienten an SMON litten, die überhaupt kein Clioquinol genommen hatten«, und beharrte darauf, daß dies ausschloß, daß das Medikament die Ursache sei. Die 15% SMON-Patienten, »die nie Clioquinol genommen hatten«, wurden zum Kernpunkt von Leisingers Argumentation, als er fortfuhr, seine Verteidigung auf recht emotionale Art und Weise vorzubringen. Er warf Mrs. Kweyu Unfairneß vor und nahm kaum ihre Fragen zur Kenntnis. Schließlich sagte sie: »Ich finde, wenn Sie mir vorwerfen, ich sei unfair, dann sind Sie auch unfair Dr. Hansson gegenüber, weil er gesagt hat, daß SMON ganz einfach ein Extremfall der Nebenwirkungen durch Clioquinol ist.« Ihr Protest wurde von Leisinger schroff abgetan: »Dr. Hansson hat nicht den geringsten wissenschaftlichen Beweis für diese Hypothese! Das ist seine private Meinung!«

Dorothy Kweyu erwähnte, daß die Packungsbeilage der ENTERO-

VIOFORM-Packung, die sie gekauft hatte, bevor sie ihren Artikel schrieb, die Indikation »nicht-spezifischer Durchfall« aufführte, obwohl Leisinger zufolge Ciba-Geigy ihre Oxychinolin-Präparate für diese Anwendung nicht mehr empfahl. Hierfür hatte Leisinger keine Erklärung. Doch er versprach, daß er die Angelegenheit umgehend überprüfen und gegebenenfalls korrigieren lassen würde, und stimmte dann ein Loblied auf Ciba-Geigy an:

> »Ich bin der Meinung, daß Ciba-Geigy eine der seriösesten Firmen ist, nicht nur hier in Kenia. Das ist auch etwas, was Sie festhalten sollten. Wir haben in Kenia oder in China keine andere Politik als in der Schweiz oder den USA. In allen Aspekten wie Qualität, Verantwortung, Information, Ethik gelten überall die gleichen Regeln. Eine jeweils gesonderte Ethik für die Entwicklungsländer, die Industrieländer und die Schweiz gibt es nicht. Wir haben überall die gleichen Regeln und Vorschriften. Das sollte man uns ein wenig zugute halten, ganz einfach weil es wahr ist.«

Herr Preiswerk sagte schließlich, daß er das gesamte Ciba-Geigy-Dossier mit dem vollständigen Hintergrundmaterial zu SMON persönlich noch einmal zum Gesundheitsministerium bringen werde, »damit unabhängige Leute sich ein Urteil bilden können«. Er schloß mit den Sätzen: »Arzneimittel verkaufen ist nicht das gleiche wie Waschpulver verkaufen. Wir haben eine ethische Verantwortung, nämlich unsere Forschung, und wir stellen jedem alle Informationen zur Verfügung.«

Einige Tage später jedoch wurde die kritische Meinung des Direktors des Gesundheitswesens, Dr. Koinange, in einem Artikel in der *Sunday Nation* zitiert:

> »Ehrlich gesagt, bin ich nicht ganz sicher, aber ich nehme an, daß es ungefähr 100 Medikamente gibt, die Clioquinol enthalten. Es trifft auch zu, daß MEXAFORM und ENTERO-VIOFORM diesen Wirkstoff enthalten. Diese Medikamente sollten nur gegen Rezept ausgegeben werden. Ich persönlich habe Anlaß zu der Annahme, daß einige davon ohne Rezept zum Verbraucher gelangt sind. Ich habe den Chefpharmakologen in unserem Ministerium und unser Inspektorat angewiesen, der Sache nach-

zugehen. Ferner habe ich Ciba-Geigy aufgefordert, alle Apotheken im Land anzuschreiben und ihnen mitzuteilen, daß dieses Medikament nicht mehr frei verkäuflich sein sollte.«

Aus dem Artikel ging hervor, daß Ciba-Geigy diese Anweisung immer noch nicht durchgeführt hatte.

»Als Begründung gab Ciba-Geigy an, daß sie den Vorschriften zufolge, bevor die Präparate verschreibungspflichtig werden, für diese einen Zulassungsantrag als Gifte stellen müßten, worauf sie einen zollfreien Status erlangen würden, den sie im Moment nicht haben. Das juristische Verfahren, meinte Ciba-Geigy, würde einige Zeit dauern, ›und wir haben keinen Einfluß darauf‹.«

Interessant in diesem Zusammenhang ist ein Artikel von Dr. Marten van Wijke über seine Erfahrungen in der »wunderschönen, geographisch durch das Rift Valley geteilten Gegend« in Ostafrika im Jahr 1981:

»Wir stellten für die verschiedenen Kompetenzebenen beim medizinischen Personal Listen unentbehrlicher Arzneimittel zusammen und begannen, sie zu gebrauchen. Wenn sich das Gesundheitsministerium nur an solche Listen halten würde, ließe sich eine Menge Geld sparen. Den Aktivitäten der Pharma-Firmen in den Entwicklungsländern ist viel Aufmerksamkeit geschenkt worden. Aus persönlicher Erfahrung kann ich sagen, daß es ihnen gelingt, eine Menge teurer, unnötiger und zweifelhafter Präparate zu verkaufen, und es bestehen zweifellos Geschäftsbeziehungen zwischen diesen Firmen und den Regierungsbeamten, die für den Kauf von Beständen verantwortlich sind.«[121]

In den 70er Jahren wurde in Sri Lanka eine solche Liste, wie sie Dr. Wijke in seinem Artikel erwähnt, tatsächlich aufgestellt und angewendet. Sri Lanka ist eins der wenigen Länder, in denen es (zumindest eine Zeitlang) ein rationales System der Arzneimittelversorgung gegeben hat, das auf dem Konzept einer Liste unentbehrlicher Arzneimittel basiert. Es wurde ein offizielles Arzneimittelverzeichnis erarbeitet, das an die 630 Medikamente unter ihren Freinamen erfaßte. Importe wurden auf Präparate beschränkt, die auf dieser Liste standen, Markennamen der Medikamente wurden beim Verkauf und bei der

Verschreibung durch Freinamen ersetzt. Arzneimittel-Informationen wurden von offiziellen Stellen bereitgestellt. Diese Politik erwies sich als äußerst erfolgreich für die Wirtschaft des Landes, für Produktion, Verteilung, Kontrolle und vernünftigen Gebrauch von Arzneimitteln. Sie wurde zum Modell für andere Länder, und die WHO bezeichnete sie als beispielhaft für ihr Konzept der unentbehrlichen Arzneimittel. Bedauerlicherweise wurde diese volksnahe Arzneimittelpolitik wieder aufgegeben, als eine industriefreundlichere Regierung an die Macht kam, nicht aber weil sie sich als Fehlschlag erwiesen hatte, wie ihre Kritiker behaupten.

Als ich 1979 Sri Lanka besuchte, wurden Medikamente noch unter ihrem Freinamen verkauft. Markennamen und Herstellernamen durften auf den Packungen nur kleingedruckt unter den Freinamen aufgeführt werden. Im öffentlichen Sektor wurde für die Bedürfnisse der verschiedenen Ebenen der Gesundheitsversorgung eine begrenzte Auswahl von Pharmazeutika festgelegt. Arzneimittel-Informationen wurden durch die von der staatlichen Kommission herausgegebene Zeitschrift *Prescriber* verbreitet.

Prof. N. D. W. Lionel, der Leiter der Kommission gewesen war, meinte, daß sich viele Ärzte in der Zeit, in der das neue System in Anwendung war, von den Vorteilen einer Liste unentbehrlicher Arzneimittel und eines nichtkommerziellen Informationsdienstes überzeugen ließen. Die Verbraucher hatten die verringerten Kosten der Arzneimittel begrüßt, und sie waren auch in bezug auf andere neue Produkte auf dem Markt preisbewußter geworden.

Doch der Druck rein kommerzieller Kräfte war bereits spürbar. Kurz vor meiner Ankunft in Sri Lanka war die US-Pharma-Firma Winthrop dabei ertappt worden, wie sie für ihr anabolisches Steroid WINSTROL in Suspensionsform speziell für Kinder warb. Anabolische Steroide sind synthetische männliche Hormone, die in einem Kinderkörper schlimme Verwüstungen anrichten können. In ihrer Pakkungsbeilage verwies Winthrop auf eine »experimentelle« Studie, die im *Philippine Medical Journal* veröffentlicht worden war, die jedoch keine repräsentative Zahl von Kindern umfaßte. Winthrops Versuch, Sri Lankas lockere Importbestimmungen auszunutzen, wurde sofort im Keime erstickt. Doch es war unsicher, wie sich das Überwachungssystem in Zukunft bewähren würde.

In bezug auf Oxychinolin vertrat die Kommission die Ansicht, daß es einen gewissen wissenschaftlichen Beleg dafür gebe, daß der Wirkstoff bei bestimmten Arten von Amöbeninfektion helfen könnte. Obwohl inzwischen wirksamere Medikamente in den Handel gekommen waren, hatte Oxychinolin immer noch den Vorteil, sehr viel billiger zu sein – ein wesentlicher Faktor in einem armen Land. Oxychinolin wurde daher der Rezeptpflicht unterstellt, und es wurden strenge Dosierungsempfehlungen ausgesprochen. Ferner wurde nachdrücklich darauf hingewiesen, daß »Clioquinol und verwandte Verbindungen wie Di-Jodohydroxychinolin und Broxychinolin und Kombinationen wie etwa MEXAFORM nicht für unspezifischen Durchfall empfohlen werden, da ihre Wirksamkeit für diese Indikation nicht nachgewiesen ist«.

Sri Lankas Entscheidung ist ein anschauliches Beispiel für den Balanceakt, den die Regierungen armer Länder beim Abwägen von Risiko und Nutzen zu vollführen gezwungen sind, denn wirtschaftliche Überlegungen spielen dort eine noch größere Rolle als in den reichen Ländern. Der Leiter der Kommission selbst war der Meinung, daß Clioquinol vom Hersteller zurückgezogen werden solle, da es in den meisten Ländern unmöglich war, den Gebrauch des Arzneimittels zu überwachen. Trotz der von Sri Lanka beschlossenen Beschränkungen äußerte er die Befürchtung, daß sich die Verbraucher der Risiken nur ungenügend bewußt seien, nachdem sie jahrzehntelang an den uneingeschränkten Gebrauch von Clioquinol gewohnt waren.

Ich wurde von der *Sri Lanka Times* interviewt. In der Folge veröffentlichte die Zeitung eine von Lionel begrüßte detaillierte Schilderung von SMON und dem Oxychinolin-Problem. Etwa ein Jahr später auf der Genfer Pressekonferenz im April 1980 berichtete er, daß es nach meinem Besuch zu einem starken Verkaufsrückgang von Clioquinol gekommen war und daß die Medien über die Gefahr des Medikaments berichtet hatten. Lionel erwähnte auch, daß die wirksameren alternativen Medikamente billiger würden, so daß es keinen Grund mehr gäbe, Oxychinolin nur einzuschränken, statt es ganz zu verbieten. Er hielt es daher für notwendig, die Situation in Sri Lanka wie auch in anderen Ländern zu überprüfen.

Bedauerlicherweise starb Wilfred Lionel, einer von Sri Lankas stärksten Befürwortern des rationellen Medikamentengebrauchs, frühzeitig, so daß seine Freunde im In- und Ausland sich Sorgen über die zukünftige Entwicklung auf dem Arzneimittelmarkt in diesem Land machen mußten.

Doch viele Länder der Dritten Welt haben keinen Professor Lionel, der ihnen hilft. Die hier geschilderten zufälligen und nicht repräsentativen Erfahrungen aus der Dritten Welt ergeben kein vollständiges Bild der dortigen Lage auf dem Arzneimittelmarkt, doch sie weisen auf eine Reihe von Schwächen im System hin, die im Süden ausgeprägter sind als im Norden. Am auffälligsten ist in vielen Fällen das Fehlen gutfunktionierender Systeme staatlicher Arzneimittel-Überwachung. Arzneimittel-Gesetze existieren entweder gar nicht oder kommen nicht zur Anwendung. In Malaysia z. B. wurde, wie bereits erwähnt, erst 1984 ein Gesetz erlassen, das Zulassungsverfahren für Arzneimittel vorschreibt. In vielen anderen Ländern fehlt ein derartiges Gesetz immer noch. Das läßt den Pharma-Firmen beträchtlichen Spielraum für ihr Marketing, und er wird voll genutzt.

Sicherlich haben die Behörden eines Landes die Pflicht, für das Wohl des Volkes zu sorgen. Bedauerlicherweise ist diese Pflicht im Zusammenhang mit Arzneimitteln in der Dritten Welt weitgehend ignoriert worden, wo so gut wie nichts gegen die Praktiken der Pharma-Industrie unternommen wird. Es ist beklagenswert, daß Korruption, Inkompetenz, Bürokratie und instabile innenpolitische Verhältnisse die Behörden in vielen Fällen daran hindern, auch nur diese Aufgabe zu erfüllen. Es würde hier zu weit führen, auf die Gründe für diese mißliche Lage der Dinge einzugehen. Doch was immer die Ursachen sein mögen – die Schwächen der Gesundheitsbehörden in der Dritten Welt können der Industrie keineswegs als Entschuldigung dafür dienen, immer dann, wenn ordentliche Kontrollen fehlen, beim Marketing Regeln des Anstandes außer acht zu lassen.

Die Beispiele von Nigeria und Kenia zeigen, daß die Pharma-Firmen lokale Besonderheiten nicht berücksichtigen, wie etwa den Verkauf von Arzneimitteln durch Straßenhändler und die Angewohnheit der Menschen, Selbstmedikation zu betreiben. Hier ist eine sehr viel vorsichtigere Marketing-Politik erforderlich als in den Ländern, wo der Arzneimittelmarkt besser unter Kontrolle ist. Doch einige Firmen bedienen sich besonders aggressiver Marketing-Methoden in Ländern mit nur schwachen staatlichen Kontrollen – wie das Beispiel der anabolischen Steroide für Kinder zeigt.[122] Zahlreiche weitere derartige Beispiele werden vielerorts berichtet.

Das Beispiel von Sri Lanka zeigt, daß sich ein armes Land durchaus schützen kann, wenn der entsprechende politische Wille vorhanden ist. Es zeigt auch, daß rationale Politik oft von mächtigen Kräften unterlaufen wird, denen ein armes Land, gerade weil es arm ist, sehr viel stärker ausgeliefert ist. Als Sri Lankas Arzneimittel-Kontrollen in Kraft waren, ging die Industrie dagegen an mit Argumenten, die auch die verschleierte Drohung enthielten, daß sie ihre Investitionen zurückziehen würde. In anderen Ländern, wie in Pakistan und Argentinien, hat der Druck der Industrie sehr viel schneller zu einem Fehlschlagen ähnlicher Versuche geführt. Die Schmierenkampagne gegen die rationale Arzneimittel-Politik in Bangladesch im Jahr 1982 war ein extremes Beispiel dafür, wie die Pharma-Industrie Druck auf Gesundheitsbehörden ausübt.

Gleichwohl geben die Ansätze in Sri Lanka und Bangladesch Anlaß zu Hoffnung. In vielen Ländern der Dritten Welt werden jetzt Versuche unternommen, ihrem Beispiel in einem gewissen Maße zu folgen. Es scheint leider nötig zu sein, den Unternehmen durch strenge Gesetze zu verbieten, überflüssige, nutzlose und gefährliche Medikamente, die zum Teil in ihren Ursprungsländern sogar verboten sind, an arme Menschen zu verkaufen, die kaum genug Geld haben, sich richtig zu ernähren.

Es ist ebenso bedauerlich, daß die Arzneimittel-Industrie inzwischen immer noch nicht gelernt hat, ihr Geschäft ohne zwielichtige Methoden zu betreiben. Die armen Länder brauchen unentbehrliche Arzneimittel von guter Qualität zu einem erschwinglichen Preis. Selbst Industrievertreter bestätigen, daß es der Pharma-Industrie durchaus zugute kommen könnte, wenn man unentbehrliche Arzneimittel unter Freinamen in der Dritten Welt auf den Markt brächte. Doch alte Gewohnheiten sind offenbar in dieser Industrie nur schwer totzukriegen.

Quellennachweis

C-G = Ciba-Geigy

[1] La Semana Medica, 42: 525–529, 14. Feb. 1935, Buenos Aires.
[2] La Semena Medica, 42: 907–908, 21. März 1935, Buenos Aires.
[3] Journal of American Medical Association. 152: 509, 1953.
[4] Lancet 2: 676, 1973 und Lancet 2: 399, 1974.
[5] Acta Dermato-Venereologica 43: 465, 1963.
[6] Lancet 1: 52, 1966.
[7] Lancet 1: 261, 1966.
[8] Acta Pathologica et Microbiologica Scandinavica 74: 405, 1968.
[9] Acta Pathologica et Microbiologica Scandinavica 74: 414, 1968.
[10] Svensk Vetrinaer Tidning 17: 106, 1965.
[11] New England Journal of Medicine, 261: 71–74, 9. Juli 1959.
[12] Briefe der FDA an Ciba vom 11. Aug. 1960 und 14. März 1961.
[13] Deutsche Medizinische Wochenschrift, 95: 1685, 1970.
[14] a) Michiaki Takahashi et al. National Osaka University, Institute of Microbiology, 1970.
b) Lancet 2: 1263, 1971.
[15] Report no 8, Pharma Research, Pharmacological Chemistry, Ciba-Geigy, Basel 1972.
[16] Lancet 2: 424, 1972.
[17] Japanese Journal of Medical Sciences and Biology, 28, Suppl: 165, 1975.
[18] Veröffentlicht im August 1970, beruhend auf einer persönlichen Mitteilung von Prof. Dr. M. Mumenthaler, Bern.
[19] Persönliche Mitteilung vom 28. April 1969.
[20] Persönliche Mitteilung vom 24. Februar 1976.
[21] Persönliche Mitteilung aus dem Jahr 1976.
[22] Läkartidningen 1–2: 19–20, 1977.
[23] Läkartidningen 34: 2789, 1977.
[24] Läkartidningen 45: 3931, 1977.
[25] Ciba-Geigy Pharma Registration Symposium, 15. März 1977.

[26] Brief von C-G Basel an C-G Mexicana vom 23. Feb. 1983.
[27] Brief von C-G Basel an das Int. Health Research, Texas vom 20. April 1983.
[28] Telex von C-G Basel an C-G Mexicana vom 26. Juli 1983.
[29] Brief von C-G Basel an C-G India vom 25. März 1983.
[30] Brief von C-G Basel an C-G Argentina vom 7. Juli 1983.
[31] Schweizerische Ärztezeitung, 61: 1092, 1980.
[32] Squibb House Message vom 7. April 1971.
[33] Lancet vom 21. Februar 1981, 450.
[34] Lancet vom 13. Oktober 1984, 864.
[35] British Journal of Preventive and Social Medicine 29: 157, 1975.
[36] Brief von Prof. Kaeser, Neurologische Universitätsklinik, Basel an Dr. Keberle/C-G Basel vom 2. Januar 1974.
[37] Proceedings of the European Society for the Study of Drug Toxicity, 14: 130–132, 1973.
[38] Brief von C-G Basel an Prof. Kaeser vom 19. Dezember 1973.
[39] Langbein K., Martin H-P., Weiss H., und Werner R., Gesunde Geschäfte. Kiepenheuer & Witsch, Köln 1981.
[40] Notiz über eine Diskussion mit Dr. Dunne, 3. August 1982.
[41] Semler-Collery, Jacques: Le clioquinol et certaines derivés de la quinoline, Boulogne-Billancourt, 1976.
[42] Lancet 28. Mai 1977: 1139.
[43] Sjøstrøm, H., Nilsson, R.: Thalidomide and the Power of the drug companies, Penguin Books, London 1972.
[44] Address to the International Federation of Pharmaceutical Manufacturers Association, Washington D. C., 8. Juni 1982.
[45] Adams Stanley: Hoffmann-La Roche gegen Adams, Unionsverlag Zürich 1985.
[46] »Sortiment Pharma«, C-G Basel, März 1982.
[47] Interne Mitteilung vom 27. Dezember 1982.
[48] Brief von C-G Basel an C-G Scientific Office Cairo vom 19. Oktober 1982, und Antwort Nr. 230 vom 11. Oktober 1982.
[49] Planungstelle des Pharma-Departments Marktforschung, C-G Basel, Dezember 1964.
[50] Memorandum von Prof. Bein vom 11. August 1965.
[51] Conference on Ambilhar, Rio de Janeiro, 26. März 1966.
[52] British Medical Journal, 9. Januar 1966.

[53] First Suppl. to the Introductory Documentation on Ambilhar, Ciba, Basel, März 1966.
[54] Mitteilung von Dr. Thomas an PHI, Pharma International Medicine, C-G Basel vom 7. Juni 1983.
[55] Central Product Management, Dezember 1980.
[56] Butazolidin, Single case reports of unwanted effects 1952–1981. Medical Dep., C-G Basel, September 1982.
[57] Tanderil-General Statement on Tolerability, Medical Department, C-G Basel. Februar 1983.
[58] Comparison between the Tolerability of Butazolidin and that of Tanderil. Medical Dept., C-G Basel, Februar 1983.
[59] Internal Report, Medical Dept. Drug Monitoring, C–G Basel, 9. März 1983
[60] Internal Report, Medical Dept. Clinical Drug Safety, C-G, Februar 1983.
[61] Arznei-Telegramm Nr. 9/1984, Berlin.
[62] Clinical trial report von Dr. Meirinho, Hospital de Santa Maria, Lissabon, an C-G Basel vom 19. Mai 1977.
[63] Clinical trial report von Dr. Meirinho, Hospital de Santa Maria, Lissabon an C-G Basel vom 4. März 1980.
[64] Intensive Care Medicine, 9: 21–23, 1983.
[65] Brief von C-G Basel an C-G Arnhem, Holland, 8. Dezember 1982.
[66] Product Information Marketing, Central Product Management, C-G Basel, Juni 1980.
[67] Flash Report, Central Product Management, C-G Basel, 5. September 1983.
[68] Minutes of Meeting no 14, Task Force Rengasil, 8. Dezember 1982.
[69] Pharma International Protokoll no 6 C-G Basel, 1. März 1983.
[70] Product Management Bulletin no 4, C-G Basel, Februar 1978.
[71] Product Management Bulletin no 5, C-G Basel, März 1978.
[72] Product Information for Marketing, C-G Basel, April 1978.
[73] New England Journal of Medicine, 302: 250–256, 1980.
[74] Journal of the American Medical Association, 243: 661–669, 1980.
[75] New England Journal of Medicine, 303: 1488–1492, 1980.
[76] Product Management Bulletin no 18, C-G Basel, Oktober 1980.
[77] »Herz-Kreislauf 2000 – Plattform für die strategische Planung«, C-G Basel, Februar 1980.

[78] New England Journal of Medicine, 307: 1293–1301, 1982.
[79] Report on the Final EIS Steering Committee Meeting, C-G Basel, 2.–5. Juni 1983.
[80] Symposium on Beta-blockers, US National Institutes of Health, Bethesda, Maryland, 25.–26. Mai, 1982.
[81] Die Zeit, 18. November 1983, S. 73.
[82] Brief von Dr. McMahon an Dr. Simmons, FDA vom 26. Mai 1972.
[83] Memorandum von Dr. DeVaughn Belton, FDA, an Dr. Crout, FDA vom 1. Februar 1973.
[84] Memorandum to the »Task Force Slow-K«, C-G Basel, 8. Januar 1975.
[85] Internes Informationsschreiben: »Slow-K and the Medicial Letter.« C-G Basel, 1975.
[86] Brief von C-G Tel Aviv an C-G Basel vom 3. März 1976.
[87] Brief von C-G Tel Aviv an C-G Basel vom 16. September 1976.
[88] Brief von Dr. Diener, C-G Summit, an Dr. Byers, FDA vom 2. April 1976.
[89] Minutes of Meeting no 10, Task Force Slow-K, C-G Basel vom 9. April 1976.
[90] Standby statement, NBC-TV Special Report, Slow-K, C-G Summit, 7. April 1976.
[91] Communication to the Field Force, C-G Summit, 7. April 1976.
[92] Field Promotion Bulletin no 10, C-G Basel, 4. Juni 1978.
[93] Lancet 2: 1059–1061, 1982.
[94] Brief von Dr. Lipicky, FDA, an Dr. Gauch, C-G Summit vom 25. Mai 1982.
[95] Telefongespräch von C-G Basel mit C-G Summit vom 15. Juni 1982.
[96] Trip Report/FDA, Task force Slow-K, 13. Dezember 1982.
[97] Annals of Internal Medicine 98: 261–262, Februar 1983.
[98] Brief von C-G Horsham, Großbritannien, an Dr. Speirs, Department of Health and Social Security vom 28. Oktober 1982.
[99] Memorandum von Dr. Sobotkiewicz an »Task Force Slow-K« vom 29. Juni 1982.
[100] Brief von Dr. Lipicky, FDA, an Dr. Gauch, C-G Summit vom 10. November, 1982.
[101] Presseerklärung von KV Pharmaceutical Co., November 1982.

[102] Minutes International Marketing Commitee, no 12, 2. Dezember 1982.
[103] Trip Report/FDA from Dr. Gauch to Task Force Slow-K, 13. Dezember 1982.
[104] Brief von Dr. Gauch, C-G Summit an Dr. Lipicky, FDA vom 10. Januar 1983.
[105] Telefongespräch von C-G Summit mit C-G Basel vom 14. Dezember 1982.
[106] Communication Reports, 21. Januar und 7. Januar 1983.
[107] Protocol 01, Medical Report, the Milton S. Hershey Medical Center, USA.
[108] Telex von Dr. Sobotkiewicz, C-G Basel, an Dr. Gauch, C-G Summit vom 26. Januar 1983.
[109] Lancet, 1: 184, 22. Januar 1983.
[110] Brief von Dr. Henis, C-G Summit, an Dr. Hershel Jick, Boston University Medical Center vom 18. Januar 1983.
[111] Brief von Dr. Hershel Jick an Dr. Henis vom 24. Januar 1983.
[112] Minutes of the »Senior Medical Management Meeting, Summit«, 7. März 1983.
[113] Communication from G. M. Doherty, C-G Summit, to Dr. Sobotkiewicz, C-G Basel, 25. März 1983.
[114] Information to field sales representatives on Slow-K, März 1983.
[115] Draft by Dr. Jeffries et al. for publication in Lancet, 14. Juni 1983.
[116] Product Information, Marketing, C-G Basel, Juni 1983.
[117] Product Management Bulletin Nr. 2, C-G Basel, 1983.
[118] Minutes of the International Marketing board, C-G Basel, 2. Juni 1983.
[119] Flash Report no 6, Central Product Management, C-G Basel, 5. September 1983.
[120] Lancet, 14. September 1985, 594–5.
[121] Lancet, 23. Mai 1981, 1151–52.
[122] Report from International Organization of Consumers Unions (IOCU), Regional Office for Asia and Pacifics, Penang, Malaysia 1983.
[123] Olle Hansson: Arzneimittel-Multis und der SMON-Skandal. Z-Verlag und Arzneimittel-Informationsdienst, Berlin 1979.

Personenregister

Sachregister

Firmennamen sind *kursiv*, Medikamentennamen in KAPITÄLCHEN gedruckt

Guter Rat aus dem Unionsverlag

Christine Sengupta
Der Medikamentenführer

Was Sie über Ihre Tabletten, Salben und Tropfen wissen müssen

Über 1700 Arzneimittel werden mit ihren Wirkungen, Nebenwirkungen und Risiken für Laien verständlich vorgestellt und beurteilt. Ein Buch, das in jede Hausapotheke gehört!
400 Seiten, broschiert

Glaus/Pfändler
Patient – was tun?

Ein Handbuch für mündige Patienten, ihre Partner und umsichtige Gesunde

Ein umfassender Rechtsratgeber für alle, die im Krankheitsfall nicht ausgeliefert sein wollen, sich umsichtig vorbereiten und ihre Rechte und Pflichten als Patient kennen wollen.
208 Seiten, broschiert

Ines und Roger Schawinski/Ueli Kasser
Vergiftet!

Wie wir ein Haus bauten, das uns krank machte.

Kaum hat die Familie ihr neues Haus bezogen, zeigen sich Symptome einer schweren Vergiftung. Ein Bericht über den Kampf gegen die eigenen Zweifel, die Experten und die geheimnisvolle Krankheit. Mit Sonderteil: Wohngifte in der Schweiz.
208 Seiten, broschiert

Unionsverlag
Zollikerstraße 138
CH-8008 Zürich
(0041) 01/557282

Sachbücher im Unionsverlag

Stanley Adams
Hoffmann-LaRoche gegen Adams

Ein ehemaliger Pharma-Manager berichtet, wie ihn Big Busineß, Politiker und Justiz zum Schweigen bringen wollten und in den Ruin trieben.
232 Seiten, broschiert

Margaret Alic
Hypatias Töchter

Der verleugnete Anteil der Frauen an der Naturwissenschaft

Eine Würdigung der Naturwissenschaftlerinnen von der Antike bis zum 19. Jahrhundert, deren Ergebnisse weitgehend vergessen oder von Männern vereinnahmt wurden.
260 Seiten, Abbildungen, broschiert

Al Imfeld
Zucker

Aufgrund jahrelanger Recherchen deckt Al Imfeld die Zusammenhänge zwischen Zuckerlobby, Weltwirtschaftsordnung und unserem krankmachenden Überkonsum an Zucker auf.
210 Seiten, broschiert

Unionsverlag
Zollikerstraße 138
CH-8008 Zürich
(0041) 01/557282